낯선 삼일운동

낯선 삼일운동 – 많은 인민을 이길 수 없다

초판 4쇄 발행 2023년 11월 10일
초판 1쇄 발행 2022년 2월 28일

지은이 정병욱
펴낸이 정순구
책임편집 이지안 조수정
기획편집 정윤경 조원식
마케팅 황주영

출력 블루엔
용지 한서지업사
인쇄 한영문화사
제본 한영문화사

펴낸곳 (주) 역사비평사
등록 제300-2007-139호 (2007.9.20)
주소 10497 : 경기도 고양시 덕양구 화중로 100(비전타워21) 506호
전화 02-741-6123~5
팩스 02-741-6126
홈페이지 www.yukbi.com
이메일 yukbi88@naver.com

ⓒ 정병욱, 2022

ISBN 978-89-7696-565-3   03910

책값은 표지 뒷면에 표시되어 있습니다.
잘못 만들어진 책은 구입하신 서점에서 바꾸어 드립니다.

낯선 삼일운동

| 많은 인민을 이길 수 없다 |

정병욱 지음

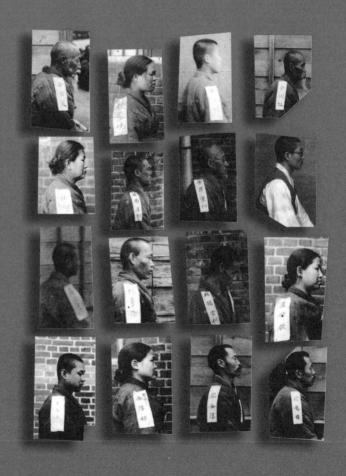

차례

낯선 삼일운동

| 많은 인민을 이길 수 없다 |

책머리에 /6

0 최홍백, 두만강을 건너다 /14

1 단천 천도교인 최덕복의 어떤 결심 /21

2 평양 시민, 경찰서에 돌질하다 /33

3 수안의 황천왕동이 홍석정, 한낮에 비로소 쉬다 /45

4 심영식, 겉눈만 못 보지 속눈마저 못 보는 줄 아냐 /61

5 삼일운동 참여자 수감 사진의 비밀 /73

6 태형, 고통의 크기 /92

7 3월 22일 서울 남대문역 부근 만세시위, 누가 주역인가? /106

8 3월 말 서울의 만세시위, '군중' /126

9 수원군 장안면·우정면 만세시위, "많은 인민을 이길 수 없다" /148

10 제주 신좌면 만세시위, 그 후 /178

보론 1: '삼일운동 데이터베이스'와 사료 비판 /198

보론 2: 1919년 3월 황해도 수안 만세시위의 재구성 /208

보론 3: 삼일운동과 학력주의의 제도화 /257

부표 /290

참고문헌 /300

초출일람 /323

그림·표 차례 /325

책머리에

삼일운동은 민중이 '부화뇌동附和雷同'하지 않았다면 '33인 사건'에 그쳤을 것이다. '부화뇌동'이란 자기 생각 없이 남의 의견에 따라 움직인다는 뜻으로, 당시 식민권력이 만세 부른 민중과 삼일운동을 깎아내리기 위해 종종 썼던 말이다. 뒤집어 보면 '부화뇌동'은 공감하고 연대할 줄 아는 민중의 능력을 의미하며, 이것이 없었다면 우리가 아는 삼일운동은 일어나지 않았을 것이다. 공감하고 연대했던 민중이 주인공인 삼일운동의 역사를 써보자, 애초 이 책의 의도였다.[1]

생각만큼 쉽지 않았다. 왜 민중을 주인공으로 하는 글은 쓰기 힘들까? 과거와 현재의 엘리트 편향 때문이다. 무엇보다 사료史料 대부분이 지배자나 엘리트가 남긴 것이다. 그런 사료에서 민중의 주체적이고 능동적인 모습을 찾기란 쉽지 않다. 다음으로, 후대의 국가, 지역, 단체 위주의 기억과 역사화도 대체로 엘리트를 치켜세우고 민중에 소홀했다. 2019년 대한민국역사박물관과 국가기록원이 공동 주최했던 삼일운동 100주년 특별전 〈대한민국 그날이 오면〉에서 집중 조명한 17인 중 근대 학교교육

---

1 이 책에서 1919년 독립선언과 만세시위 등의 사건을 지칭하는 용어의 표기로 그간 자주 사용되던 '3.1운동' '3·1운동' 대신 '삼일운동'을 사용한다. 전자는 3월 1일의 독립선언을 강조하는 것으로 운동 전체와 그 의미를 담아내기에는 부족하다고 생각한다. 또 '3.1'이나 '3·1'은 최근 대다수 자료와 문헌이 디지털화되는 환경에서 혼선을 초래하기 쉽다. '삼일운동'은 1948년 헌법 전문에 실린 표기이다. 그리고 '민중'은 지배층이나 엘리트층이 아닌 다양한 사람들을 지칭하는 폭넓은 개념으로 사용한다. '권력' 관계에서 주로 약자弱者에 속하는 층이다.

을 받은 자는 13인, 76%였다. 그런데 1919년 삼일운동 관련 피고인, 즉 삼일운동 적극 참여자 1만 9,054인 중 근대 학교교육을 받은 자는 3,624인, 19%에 불과했다. 아무리 교육받은 자가 중요한 역할을 했다지만 역사에서 19%를 점했던 층이 현재 전시에서 76%를 차지하는 것은 문제가 아닐까? 같은 해 전국에서 열린 삼일운동 100주년 특별전 44개도 '엘리트 중심의 전시'였다. 마지막으로, 연구자도 엘리트를 좋아한다. 100주년을 맞이하여 나온 삼일운동 책들을 펼쳐 보시라. 교육을 받은 자가 많이 나오는지, 교육받지 못한 자가 많이 나오는지. 위의 전시 대부분에도 어떤 형태로든 연구자가 관여했다. 과거 식민지배자나 저항세력에서 현재 국가와 지역, 단체와 연구자에 이르기까지 만연한 엘리트 편향의 귀결은 민중의 주변화나 실종이다. 삼일운동 관련 피고인 중 전혀 교육을 받지 못한 자와 '불상不祥'인 자가 1만 459인, 55%를 차지했으나 위의 전시 17인 중에는 단 1인, 6%에 불과했다.[2]

단지 숫자만의 문제가 아니다. 독립선언을 하고 시위에 앞장섰던 민족대표나 엘리트만이 아니라 방방곡곡에서 독립만세로 호응했던 민중을

2 朝鮮總督府法務, 「妄動事件處分表」, 1920. 1의 '제9표 피고인의 교육정도'; 대한민국 역사박물관·국가기록원, 『대한독립 그날이 오면: 3·1운동 및 대한민국임시정부 수립 100주년 기념 특별전』, 대한민국역사박물관, 2019, 36~93쪽; 김민환, 「3·1운동 및 대한민국임시정부 수립 100주년 특별전의 지형도」, 『역사비평』 129, 2019. 11, 109~110쪽.

삼일운동의 주인공으로 볼 때 이런 질문이 살아난다. 민중이 '독립'을 통해 바라던 바는 무엇이었을까? 저항 엘리트는 그 바람을 '민족'이나 '혁명'에 담고자 했으며, 어느 쪽이든 그 그릇은 공화정이었다. 매년 3월 1일이 돌아오면 우리는 공화정이 오래되었음을 자랑한다. 그런데 공화정은 민중의 바람을 제대로 담아냈는가, 지금은 어떠한가? 어디까지나 엘리트 편향을 넘어서자는 것이지 반反엘리트를 주장하려는 것은 아니다. 엘리트가 자기 이해관계에 갇히면 그가 속한 공동체 전체가 위험에 빠진다. 이 점은 조선왕조의 말로가 잘 보여준다. 엘리트야말로 엘리트 편향에서 벗어나 다른 사람들의 이해와 바람에 관심을 가져야 한다. 더욱이 민중은 자주 엘리트를 매개로 능동성을 발휘하니, 엘리트는 중요하다.

삼일운동을 본격적으로 연구해본 적이 없던 필자가 엘리트 편향을 넘어서 민중에게 다가서려 했던 것은 만용에 가까웠다. 처음 책 제목으로 상정했던 '모두의 노래'는 필자가 얼마나 무모했는지 말해준다. 삼일운동은 넓고 깊었다. 가급적 많은 사람의 목소리를 전달하기 위해 만세시위자의 상고 취지문을 모아도보고, 당시 일어난 만세시위 전부를 시간과 공간의 좌표축에 따라 정리해보기도 했다. 그런데 이러한 작업은 민중의 삼일운동 전체 상을 조망하는 데 유용할지 몰라도, 민중의 삶에 들어가 그들의 눈으로 삼일운동을 바라보는 데는 뭔가 부족했다. 역사를 쓴다는 일은 독자가 과거를 새롭게 바라보게 하는 것이 아닐까. 새로운 시점을 얻기 위해서는 역사가가 각 사건과 인물 속으로 들어갔다 나올 필요가 있다. 결국 '모두'를 포기하고 몇몇 사례와 인물에 집중했다. 이렇게 해서 쓴 글이 단천, 평양, 수안, 서울, 수원, 제주의 만세시위, 여기에 삼일운동에 참여했던 시각장애인, 태형의 고통, 만세시위자의 수감 사진에 관한 글을 더하고, 삼일운동 세대의 부모와 자녀까지 시야에 넣기 위해 경원의 최흥백으로 시작해서 제주의 김동일로 맺었다.

다음 세 가지에 주안점을 두었다. 첫째, 기존의 엘리트주의에 가려졌던 민중의 모습을 찾아내고 이로부터 사건을 재해석한다. 둘째, 만세시위라 하더라도 집단으로서 민중보다는 참여자 각각이 행위자가 되도록 서술한다. 셋째, 가급적 관련 인물의 생애 전반을 추적하여, 그 생애에서 삼일운동의 의미를 되묻는다. 돌아보면 목표한 바가 모든 사례와 인물에 균일하게 달성되지는 못했다. 아무쪼록 이 책이 '자신의 삶의 조건에 규정되면서도 그 조건을 전유하면서' 살아나갔던 민중에 주목하는 계기가 되길 바랄 뿐이다.

보론의 첫 번째 「'삼일운동 데이터베이스'와 사료 비판」은 국사편찬위원회의 〈삼일운동 데이터베이스〉 구축에 감사하면서 쓴 글이다. 데이터베이스의 장점을 기존 연구와 비교해가며 살펴보았다. 두 번째 「1919년 3월 황해도 수안 만세시위의 재구성」은 본문의 '수안의 황천왕동이 홍석정, 한낮에 비로소 쉬다'를 쓰기 위해 작성한 논문이다. 수안면 만세시위에 관한 자료를 훑어보면서 무조건 발 빠른 홍석정을 주인공으로 한 글을 써야겠다고 마음먹었다. 그런데 수안면 만세시위를 바라보는 필자의 시각과 기존 연구의 차이가 커서 자꾸 설명과 각주가 홍석정의 발목을 잡았다. 그래서 먼저 수안면 만세시위에 관한 기존 견해를 비판적으로 검토하고 사건을 새롭게 재구성해본 논문을 썼다. 세 번째 「삼일운동과 학력주의의 제도화」는 좀 오래된 글이지만 한국 자본주의와 학력주의의 역사 차원에서 삼일운동과 조선총독부의 대책, 엘리트와 민중의 대응을 살펴보는 것도 삼일운동 전후를 이해하는 데 좋을 것 같아 보론에 넣었다.

책을 쓰면서 많은 분의 도움을 받았다. 〈삼일운동 데이터베이스〉를 만들었으며 필자의 시도 때도 없는 질문과 요청에 친절히 응해주신 국사편찬위원회의 류준범, 김대호 선생, 사막의 바늘과 같은 자료를 찾아 주신 국가보훈처 조철행 선생, 일본어 자료를 해석하면서 의문이 생길 때마다 답을 주신 육군사관학교 김연옥 선생, '낯선 삼일운동'을 한국역사연구회 웹진 〈역사랑歷史廊〉에 연재할 기회를 주신 서울대 홍종욱 선생, 자료 조사와 정리를 도운 고려대 대학원생 주동빈 님께 감사드린다. 독일 튀빙겐에서 쉔부흐(Schönbuch) 숲을 만끽하며 2019년 여름에 「보론 2」를 썼고, 2021년 가을에 전체 원고를 교정봤다. 늘 환대해주신 튀빙겐대 한국학과의 이유재 선생과 나나 베어거 님을 비롯한 튀빙겐 식구에게 감사드린다. 원래 이 책은 동료이자 아내인 고려대 이송순 선생과 함께 쓰려 했으나, 변덕이 심하고 한없이 늦어지는 필자 탓으로 결국 혼자 쓰게 되었다. 끝까지 완수하도록 격려한 그에게 미안하고 감사한 마음을 전한다.

난삽한 원고가 책의 꼴을 갖춘 데는 역사비평사의 힘이 크다. 정순구 사장님, 편집자 조수정, 이지안 님께 감사드린다. 오래 공부하기 위해 2년 전부터 달리기를 시작했다. 함께 달리면서 이끌어준 가족에게 감사한다.

2022년 2월

정병욱

일러두기

1. 일본어 표기는 국립국어원 외래어표기법을 따랐다. 단, 서지 정보의 표기는 그대로 두었다. 예컨대 木下隆男는 본문에서 '기노시타 다카오'로 표기했으나, 각주의 서지 정보에는 논문 저자가 표기한 대로 '끼노시따 따까오'로 썼다.

2. 본문의 모든 인용문은 필자가 원문을 참조하면서 윤문하였다. 또한 신문 기사와 판결문 등은 어투는 유지하되 가독성을 위해 현재의 표기법으로 바꾸었다.

3. 인용문 안의 [ ]는 필자 주이다.

4. 가급적 각주를 줄이기 위해 출처와 해당 쪽수를 특정하지 않아도 근거를 알 수 있는 문헌 정보는 뒤의 참고문헌에 제시하였다.

5. 「보론 3. 삼일운동과 학력주의의 제도화」에서 서론과 결론 등 대체로 현재를 서술할 때는 '한국인'으로, 일제강점기는 '조선인'으로 용어를 사용했다.

낯선 삼일운동

| 많은 인민을 이길 수 없다 |

0

| 최홍백, 두만강을 건너다 |

1869년 9월 9일 최홍백은 자식 둘을 데리고 두만강을 건너 러시아로 들어갔다. 그가 살던 함경북도 경원慶源은 두만강을 사이에 두고 중국 훈춘琿春과 접해 있는 한반도의 북단으로, 러시아와 가깝다. 그보다 6년 앞서 1863년 같은 도 무산茂山의 최운보와 경흥慶興의 양응범이 이끄는 농민 13가구가 두만강을 건너 지신허(Tizinkhe) 강가에 정착했다. 최홍백도 이곳에 터를 잡았다.

이 같은 이주의 원인을 1895년 러시아지리학회 흑룡주분과는 '탐욕스러운 조선 관리의 한없는 강탈에서 비롯된 궁핍과 기근'으로, 이항우는 1909년 『신한민보』에 기고한 글에서 '부패한 정부 아래 탐관오리의 실정'으로 보았다. 함경도는 농사에 불리하고 인구는 적은데, 19세기 초 집마다 분급된 환곡은 12.9석으로 전국 평균 5.3석의 두 배가 넘었다. 자연재해도 심각했다. 최홍백이 두만강을 건넌 1869년은 기근이 심해 6월부터 12월까지 6,500명이 러시아로 넘어갔다. 당시 조선의 법규에 의하면 '경계를 넘는 것(犯越)'은 범죄였고, 때로는 사형에 처했다. 그러나 죽음의 위협도 그들을 막지 못했다. 너무 많이 넘어오자 러시아 관리가 돌려보내려 했으나, 그들은 돌아가려 하지 않았다.[1]

최흥백에 관한 후대의 기록은 짤막하고 모호하다. 우선 그의 신분이 노비인지 평민인지 명확하지 않다.[2] 어떤 신분이었든 '가난'과 그로 인한 '예속'의 그림자는 뚜렷했다. 농민 시위를 주도하여 지주의 곡물을 탈취한 뒤 나눠 갖고 월경했다, 연해주에서 어느 정도 기반을 다진 뒤 조선에 남아 있던 아내를 데려왔다, 데려오려 했으나 성공하지 못했다 등등의 얘기가 전해진다. 그의 아내는 '춤과 노래로 양반을 즐겁게 했다'는 후손의 기억에 따르면 기생이었을 가능성이 크다. 기근, 조선 정부와 지주의 착취, 아니면 사랑, 그 이유가 무엇이었든 그가 두만강을 건너면서 했을 다짐, 품었을 희망을 상상해보기란 어렵지 않은 일이다.

이사벨라 버드 비숍은 1898년에 출판한 『조선과 그 이웃 나라들(Korea

---

1 國史編纂委員會 編, 『韓國獨立運動史 2』, 探求堂, 1966, 500쪽.

2 연구자 대부분이 최흥백 '노비'설을 주장하나 반병률은 최흥백의 후손이 말하는 '농노와 비슷한'이 '노비'를 뜻하는 것은 아니라며 가난한 '소작 농민'설을 주장한다(반병률, 『러시아 고려인사회의 존경받는 지도자, 최재형』, 한울, 2020, 6~10쪽). 당대의 기록이나 기억이 러시아혁명 이후의 사회 분위기에서 낮은 계급 출신임을 강조하는 쪽으로 신비화되었을 가능성이 있다. 따라서 반병률의 주장은 경청할 바가 있지만, 좀 더 보완될 필요가 있다. 첫째, 신분과 직업(생계 방법)이 구분되어야 한다. '소작농'은 당시 노비, 평민, 양반 등 어떠한 신분도 종사 가능한 생계 방법이었다. 둘째, 최崔라는 성을 가진 것으로 볼 때 노비가 아니라고 주장하나, 조선 시대에 노비라고 해서 모두 성이 없는 건 아니었다(권내현, 『노비에서 양반으로, 그 머나먼 여정: 어느 노비 가계 2백 년의 기록』, 역사비평사, 2014, 88~94쪽). 셋째, 후손이 '종놈'이 아니라 '상놈(常民)'이라 기억했다는 것을 근거로 '노비' 신분이 아니라고 하나, 실제 후손이 '종놈'과 '상놈'을 그렇게 구분해서 사용했을지 의문이다.

and Her Neighbours)』에서 러시아로 이주한 조선인 마을을 방문한 뒤 조선인에 대한 견해를 바꾼다. "조선에 있을 때 나는 조선인들을 세계에서 제일 열등한 민족이 아닌가, 의심한 적이 있다. 그들의 상황을 가망 없는 것으로 여겼다. 그러나 이곳 프리모르스크[연해주]에서 내 견해를 수정할 상당한 이유를 발견하게 되었다. 이곳에서 조선인들은 번창하는 부농이 되었고, 근면하고 훌륭한 행실을 하고 우수한 성품을 가진 사람으로 변해갔다." "조선에 남아 있는 민중들이 정직한 정부 밑에서 그들의 생계를 보호받을 수만 있다면 천천히 진정한 의미의 '시민'으로 발전할 수 있을 것이라는 믿음을 나에게 주었다." 비숍은 이곳의 조선 남자들에게서 고국 남자들이 가진 특유의 풀 죽은 모습, 의심, 나태한 자부심, 노예근성이 아니라 주체성, 독립심을 보았다. "활발한 움직임이 우쭐대는 양반의 거만함과 농부의 낙담한 빈둥거림을 대신했다. 돈을 벌 기회가 많았고 고관이나 양반의 착취는 없었다."[3]

현실은 비숍의 기대와 달리 그리 만만치 않았다. 최흥백의 가족사를 좀 더 살펴보기 전에 생각해보자. 그의 이야기가 삼일운동과 무슨 관계인가? 당시 경계를 넘었던 많은 최흥백 들의 발걸음이 가난과 억압에서 벗어나 존엄을 잃지 않고 살아갈 수 있는 자유롭고 평등한 사회를 향한 것이었다면, 삼일운동은 '식민지 노예로 살지 않겠다'는 거대한 함성이며 '자유와 평등을 담아낼 공동체'를 향해 내디딘 큰 걸음이었다. 이러한 걸음걸음은 지금도 계속되고 있다. 삼일운동을 최흥백에서 시작하려는 이

3 이사벨라 버드 비숍 지음, 이인화 옮김, 『한국과 그 이웃 나라들』, 살림, 1994. 276~277쪽.

유다.

최홍백이 실제로 삼일운동과 무관한 것은 아니다. 그와 함께 두만강을 건넜던 아홉 살 둘째 아들이 바로 최재형이다. 삼일운동으로 건립된 대한민국임시정부가 초대 재무총장으로 선임한 인물. 열한 살 때 푸대접을 참다못해 형수에게 접시를 엎고 가출해버린 성깔 있는 소년. 커서 의병운동, 안중근 지원, 권업회 등 독립운동에 참여하고, 1920년 4월 일본군에 의해 학살되기까지 파란만장한 그의 삶에 대해서는 반병률, 박환 등의 많은 연구가 있다. 최재형이 겪었던 갈등과 선택에 대해서만 간략히 살펴보겠다.

그가 살던 20세기 초 연해주의 한인사회는 원호인元戶人과 여호인餘戶人, 즉 러시아 국적 취득자와 미취득자로 나뉘어 있었다. 최재형은 원호인으로, 한때 읍의 책임자이기도 했고 성공한 사업가였다. 원호인이라고 편한 건 아니었다. 러시아와 일본의 관계 여하에 따라 단속 대상이 되었다. 이런 배경 아래 이범윤과 최재형의 갈등이 빚어졌다. 그들은 1908년 같이 의병을 모아 국내 진공 작전을 폈지만, 1909년에는 최재형이 이범윤의 부하에게 저격당할 정도로 사이가 벌어졌다. 자금 문제가 갈등의 주된 원인이었으나, 러시아 측은 '천민' 최재형과 '귀족' 이범윤이라는 신분 차이를 들었다. 일본을 몰아내기 위해 힘을 합쳐도 부족할 판에 신분 차이라. 일본의 압력으로 러시아가 의병활동, 특히 원호인의 의병활동을 단속했던 점도 갈등의 먼 배경이었다. 1차 세계대전이 벌어지자 러시아와 일본은 한편이 되었고, 1915년 일본은 러시아에 대표적 반일 인사인 최재형 등의 추방을 요구했다. 최재형은 1916년 러시아 당국에 체포되어 니콜스크 우수리스크로 압송되었으나 맏사위의 주선으로 석방되었다.

1919년 삼일운동이 일어나자 4월 10~11일 상해에 독립운동가들이 모여서 임시의정원을 구성하고 회의를 열어 국호를 '대한민국'으로 정하고, 각 국무위원도 선출했다. 재무총장에는 최재형이 선임되었으나 그는 취임하지 않았다. 훗날 공산주의자 이인섭은 최재형이 다음과 같이 말했다고 전했다. "조선 해방은 임시정부를 조직하는 데 있는 것이 아니라 조선인 해방군대를 조직 양성하는 데 있는 것이다. 나는 본시 조선의병대에 종사하였고, 지금도 종사하고 있다. 만일 상해로 가는 여비가 있다면 나는 그 돈으로 총을 사서 우리 독립군대로 보내겠다."[4] 상해 임시정부의 외교독립 노선을 비판하는 노령 독립운동세력의 뜻을 대변하는 이 말이 최재형의 말 그대로인지 모르겠지만 그가 취임하지 않았던 건 사실이다. 이렇게 공화정의 상징이 될 수도 있었을 천민 혹은 평민 출신 장관의 탄생은 무산되었다. 일본군에게 죽임을 당했을 때『동아일보』에 실린 추모의 글을 보면 조선 조정에서도 최재형을 부른 적이 있었던 것 같다. "이 태왕 전하께서 을미년에 노국[러시아] 영사관으로 파천하신 후 널리 노국 국정에 정통한 인재를 가리실새 최씨가 뽑히어서 하루바삐 귀국하여 국사를 도우시라는 조칙이 수삼 차나 내리셨으나 무슨 생각이 있었던지 굳게 움직이지 아니하였으며…"

최재형의 갈등과 선택을 곱씹어볼 때마다 이주사 전문가 디르크 회르더(Dirk Hoerder)의 글이 생각난다. "도착지의 이주민들도 언어, 음식, 습관 그 밖의 일상적인 행위는 태생지 관례를 따랐지만, 황제 숭배, 계급적 위계, 그리고 여성일 경우에는 성별 위계에 대한 태생지 관례는 폐

---

4 박환, 『페치카 최재형』, 선인, 2018, 278쪽.

기 처분했다. 그들은 그런 식으로 지난날의 생활 방식에 대해서는 문화적 친근감을 드러내고, 용납할 수 없는 것들에 대해서는 노골적인 반감을 나타냈다. 그들이 태생지에서 가져온 것은 국가 정체성이 아닌 문화적 경험과 '본국'에서는 실현 불가능했던 인생의 목표임을 분명히 한 것이다."[5] 이후 활동을 보건대 최재형에겐 회르더가 설명하는 것 이상으로 '국가 정체성'이 있었던 것 같다. 그러나 그 국가가 여전히 신분제가 작동하는 나라는 아니었다.

최재형의 가족사는 아직 끝나지 않았다. 그의 자식은 11남매. 첫째 아들 최 표트르 페트로비치는 1차 세계대전에 러시아 군인으로 참전했다. 이렇게 참전하여 러시아에 충성을 증명해야 했던 원호인이 4,000명에 이른다. 이들 중 일부가 독일군에 포로로 잡힌 뒤 다시 한국인(Koreaner)으로 분류되어 독일 음성학자 앞에서 〈아리랑〉 등을 불렀는데, 그 소리가 아직도 베를린에 남아 있다. 세계대전에서 다행히 살아남은 첫째 아들에겐 내전이 기다리고 있었다. 결과를 알고 있는 우리에겐 간단한 문제 같지만, 당시 백군(반볼셰비키)이 강했던 연해주에서 어느 편을 들지는 이후 생사를 가르는 중요한 문제였다. 승리자인 적군(볼셰비키) 편을 택했다 해도 살아남아야 한다. 1919년 그는 적군 편에서 싸웠으나 전사했다.

내전으로 불안한 정세를 틈타 일본은 군대를 진주시켰다. 그러자 일각에서는 일본이 연해주를 차지할 거라고 생각했다. 최재형의 지원을 받은 조선인 학생 가운데 한 명이었던 최재형의 맏사위 김만건(김 야코프 안드

---

5 디르크 회르더, 「이주와 소속감」, 에밀리 S. 로젠버그 편, 조행복·이순호 옮김, 『하버드 C.H. 베크 세계사 1870~1945: 하나로 연결되는 세계』, 민음사, 2018(2012), 545쪽.

레예비치)도 그랬다. 그는 장인이 사망한 뒤 친일단체 간화회 회장을 맡았다가 1922년 일본군 철수 후 체포, 투옥되었다. 민족문제연구소가 펴낸 『친일인명사전』에도 올라 있다. 석방된 뒤 1923년 가족을 데리고 중국 하얼빈으로 이주했다가 1938년 소련 카자흐스탄으로 가서 그곳에서 생을 마쳤다. 최재형의 맏딸은 하얼빈에서 사망했다.

정국이 안정되자 최재형의 가족은 '출신' 때문에 고통을 겪었다. 최재형의 삼남(최 발렌틴 페트로비치)은 "나는 부르주아지 가정 출신이라는 이유로 인민의 적이 되었다"고 회고했다.[6] 두만강을 건넜던 최흥백과 최재형의 꿈과 노력이 후손에게 굴레가 되었다니. 여기에 1930~40년대 스탈린 체제하의 '고려인' 강제 이주와 탄압이 겹쳐져 비극이 이어졌다. 최재형의 둘째 딸, 둘째 및 넷째 아들, 그리고 사위 여섯 명이 총살당했다. 1938~40년 2년간 알마티 감옥에서 고문을 견뎌내고 가까스로 살아남은 삼남은 1993년 『고려일보』와 가진 인터뷰에서 가족의 운명을 '다모클레스의 칼'에 비유했다. 가느다란 말총에 매달린 칼 밑에서 살아야 했던 사람들. 이주는 근대국가를 만들기도 하지만 의심하게도 한다.

---

6 최 발렌틴 페트로비치, 「아버지에 대해서 기억하고 알고 있는 것들에 대해서」(독립기념관, 〈한국독립운동정보시스템〉 https://search.i815.or.kr에 수록).

1
| 단천 천도교인 최덕복의 어떤 결심 |

㉮ 단천군端川郡에서는 … 삼일운동 당시 천도교 주도하에 시위가 계획,
지도됐다. 일제가 진압 과정에서 발포한 시위는 2건으로, 3월 10일
1천여 명이 참여한 파도면 시위에서 6명이 사망했고, 22일 북두일면
시위에서는 8명이 사망했다.
— 이애숙·김도훈, 『삼일운동 데이터베이스로 보는 1919, 그날의 기록』 제4권,
국사편찬위원회, 202쪽.

㉯ 십여 년 전 1907, 8년 같은 군에서 의병대가 "단발한 사람이면 무조
건 잡아다가 모조리 무차별 타살하고 총살"했다. 그래서 당시의 "동
학군들은 상투를 짜서 가발을 쓰고 다니기까지 했다." 그러자 의병들
은 "동리에 침입하여 상투를 하고 있는 사람이면 무조건 상투를 잡
아 흔들어서 가발로 된 상투가 떨어지면 일진회원으로 몰아 죽였다."
— 김용문, 「단천교구사 ⟨2⟩」, 『신인간』 385호, 1981. 2, 51쪽.

그들은 왜 독립을 바라게 되었을까.

삼일운동을 되돌아볼 때 보통 이런 질문은 하지 않는다. 오랫동안 이 땅에 독립된 정치공동체가 이어졌던 역사를 생각하면 '독립'은 자명한 것 같다. 그러나 역사에 영원한 것은 없다. 더욱이 일제 강점에 이르는 과정을 보면 조선·대한제국의 지배층과 민중이 같은 배를 탄 정치공동체라고 하기는 어렵다. 동학농민전쟁 때 조선의 지배층은 외세의 힘을 빌려 농민군을 죽였고 이후 끊임없이 박해했다. 또 의병의 세계를 기록한 송상도의 『기려수필騎驢隨筆』을 보면 양반 의병장은 동학여당東學餘黨과 평민 의병장을 거리낌 없이 죽였다. 동학 세력은 문명개화론을 받아들여 1904년 진보회進步會를 조직하고 러일전쟁 때 일본군에 부역했으며 이후 일부 지역에서 양반에게 반격했다. 이에 대한 응징으로 ㉯와 같이 의병이 동학·천도교인을 학살했다. 동학·천도교인에게 독립은 당위였을까. 우선 지배층과 민중이 하나가 아니었다는 점을 확인하는 것이 필요하다. 그런 다음 어떻게 연대가 이뤄져 삼일운동이 일어났는지 살펴봐야 한다. 이럴 때 삼일운동이 갖는 의미가 잘 드러날 것이다.

먼저 ㉯의 '십여 년 전' 사건을 보자. 보통 '의병전쟁' 하면 의병과 일본 군경의 전투를 떠올린다. 가장 치열했던 1908년 양쪽의 전사자는 1만 1,578명과 105명이었다. 압도적인 화력의 차이. 전쟁이라기보다는 학살에 가까웠다. 그런데 이 '의병전쟁'의 또 다른 면을 보여주는 것이 일본 군경 이외의 사상자 수다. 같은 해 의병이 죽인 '관리'와 '인민'이 543명, 그중 72%인 389명이 한국 인민, 즉 민간 한국인이었다. 일본 군경보다 4배 많다.

당시 '성과'는 키우고 '피해'는 줄이려는 일본 측 통계라는 점을 감안

<표 1> 1908년 '의병전쟁' 사망자 (단위: 명)

의병	전투기관				전투기관 외				
	수비대	헌병대	경찰	소계 (한국인)	일본인		한국인		소계 (한국인)
					관리	인민	관리	인민	
11,578	49	14(4)	42(35)	105(39)	4	138	12	389	543(401)

자료: 朝鮮憲兵隊司令部 編, 『朝鮮憲兵隊歷史 第1-2卷』, 不二出版, 2000(복각판), 271~272쪽. '전투기관'은 사료에 '토벌기관'으로 나온다.

하면 더 많은 한국 인민이 죽었을 가능성이 있다. 1908년 6월 『대한매일신보大韓每日申報』의 보도에 따르면 1907년 7월부터 1908년 5월까지 의병에게 죽은 지방 일진회원이 9,260명이었다.[1] 이는 같은 기간 일본 군경에 의해 살육된 의병 9,991명에 육박하는 수치이다.[2] 9,260명 중 함경남도민이 5,270명으로 절반이 넘는다. 신문 보도 내용은 지방 일진회원이 항의하고 대책 마련을 요구하기 위해 상경해서 주장한 것으로, 과장되었을 가능성이 크다. 『원한국일진회역사元韓國一進會歷史』를 보면 1908년 8월 8일 일진회 본부가 추도식을 거행했는데, 이름이 불린 사망자가 966명이었다. 966명이라 해도 적은 수는 아니다. 같은 기간 일본 군경 전사자 62명의 16배이다. 그런데 당일 추도사에 '양민 동포 누천의 생명이 장륙戕戮되었는데 그중 가장 혹독한 화를 입은 것이 일진회원'이라 했

---

1 「日進遇害調査」, 『大韓每日申報』 1908. 6. 16, 2면.

2 朝鮮駐箚軍司令部, 『朝鮮暴徒討伐誌』, 1913, 〈부표 2〉.

다. 일진회원 외에도 많은 한국 인민이 살해되었다는 말이다.[3]

의병전쟁사에서 보통 이 사건은 일진회원 '처단' 또는 '단죄'로 지칭된다. 의병이 일진회원을 죽인 이유는 첫째, 그들이 일본 군경의 의병 토벌에 협조했고, 둘째, 지방에서 각종 폐단을 일으켰기 때문이다. 따라서 '처단'은 의병의 활약상이고, 그래서인지 위의 사망자 수 중 가장 많은 수치인 9,260명이 인용되곤 한다.

의병이 '처단'했던 지방 일진회원은 어떤 사람들인가? 그들은 수가 적지 않았다. 하야시 유스케林雄介에 따르면 일진회는 존립 기간(1904~1910) 동안 10만 명 내외의 회원 수를 유지하여 당시 어떤 단체에 비해서도 회원이 많았다. 상당수는 지방회원이었고, 구성원도 다양했다. 농민, 무산자에서 부농, 상인, 사족에 이르기까지. 농민의 상당수는 동학계 진보회 회원이었다. 1907년 이후 중류층 이상의 엽관 세력이 증가했다. 김종준이 명명했듯이 다양한 회원들을 한마디로 정의하면 '비기득권'층이었다. 지방에서 일진회원은 기득권 세력과 정치적 경제적 이권을 다투었다. 때로는 민중의 지지를 받으며, 때로는 민중을 수탈하며. 뒤로 갈수록 후자의 경향이 강했다. 문유미의 표현대로 지역사회를 뒤집어놓았다(Subverting Local Society). 분단과 내전. 먼저 외세를 이용한 이들은 지배층이었다. 동학농민전쟁 때 조선 지배층의 차병借兵, 그 결과는 알다시피 참혹했다. 이제 달라진 점은 일진회 지방회원에서 보듯이 기득권 세력에 맞서려는 층의 외연이 넓어졌다. 그리고 이번에는 그들이 외세를 이용했다.

---

3 李寅燮 編, 『元韓國一進會歷史』 卷6, 文明社, 1911, 21~22쪽.

함경남도는 일진회가 셌던 지역이다. 일진회원이 관찰사, 명천군수, 그리고 단천군수를 지냈으며, 회원의 작폐가 끊이지 않았다. 처단된 일진회원에 대한 일본 군경의 보고를 보면 그 작폐를 알 수 있다. 또 동학·천도교의 교세가 확장되었던 지역이다. 1904년 11월 함남 진보회 회원수는 9,240명으로 전체 11만 7,735명의 8%를 차지하여 평남, 전북, 평북다음으로 많았다.[4] 위의 사건이 있던 1907년과 1908년에 함남 천도교인은 각각 2만 7,182명과 2만 6,318명으로, 전체 11만 225명, 10만 7,061명의 각 25%를 점하여 평북 다음으로 많았다.[5]

동학 측은 1905년 말 천도교를 창건하고 일진회와 갈라섰기 때문에자신들과 일진회는 다르다고 주장하겠지만, 의병이 보기에는 한 무리였다. 당시 함경도의 주요 의병군이었던 차도선 부대의 경고문을 보자. "처음에는 동학으로 보국안민 운운하고, 러시아 병사가 왔을 때는 도의원道義員이라 칭하고 러시아 병사의 통로를 앞뒤로 지휘했다. 이제 일본군이오자 세를 쫓아 진보원進步員이라 칭하고 단발한 이후 자칭 일진회원이라 하여 지은 죄가 무수히 많다."[6] 의병은 천도교인과 일진회원을 외세에 기대어 호가호위하는 한통속으로 보았다. 당시 중앙의 천도교가 의병의 완고함과 수구를 비판하면서 의병무용론을 펼쳤던 것도 감안해야 한다. 또 같은 시기 함경도에서 의병을 이끌었던 홍범도는 '반反동학'이 뚜

4 韓國駐箚軍參謀長落合豊三郎 → 特命全權公使林權助, 「韓駐參第598號(一進會現況에관한 調査報告)」, 1904. 11. 22.

5 朝鮮總督府(村山智順), 『朝鮮の類似宗教』, 朝鮮總督府, 1935, 524~525·685쪽.

6 國史編纂委員會 編, 『韓國獨立運動史 1』, 探求堂, 1965, 665쪽.

렸했다. 그의 자서전 「일지」를 보면 의병으로 봉기하기 전 황해도 수안군 총령葱嶺의 지소紙所에서 일할 때 주인이 품삯을 주지 않고 동학 가입을 강요하자 주인 삼형제를 도끼로 찍어 죽이고 도망했다. 의병으로 봉기했던 1907년에는 다음과 같이 적었다. "구월 십일일 치량동 동학쟁이, 십일일 밤에 동학쟁이 회소會所에 달려들어 삼십여 명을 죽이고 회소를 불지르고…" 치량동은 함경남도 북청군 안평사의 칠량동七良洞이다.[7] 함경도 의병은 산포수山砲手들로 구성되어 다른 의병군에 비해 화력이 셌다.

1910년경 태어나 1942년부터 단천군 천도교 종리원장(옛 교구장)을 맡았던 김용문은 앞의 인용문(㉯)에 이어서 말한다. "그러한 무법천지 속에서 동학군의 희생은 그 수를 헤아릴 수 없을 만큼 많았는데, 그중에서 살아남은 분이 최덕복崔德福, 동명옥 씨이다. 동명옥 어른의 증언에 의하면 그 부락에 의병들이 달려들어 수색할 때 이 어른도 많은 동학군과 함께 붙잡혀 장작으로 무작정 두드려 맞고 실신한 것을 또한 돌로 때려서 돌무덤을 만들어놓고 가버렸는데, 그날 밤 동학군들이 몰래 그 돌담을 헤치고 구출해주었기 때문에 구사일생으로 목숨을 건질 수 있었다."[8]

그로부터 10여 년 뒤 1919년 3월 8일 단천군 천도교 교구장 염원형(60세, 농업)은 이웃한 이원군利原郡 천도교 교구장 김병준에게서 '독립운동'을 개시하라는 통보와 함께 독립선언서를 교부받았다. 그는 안성교(37세, 대서업), 최덕복(38세, 약종상) 등을 불러 3월 10일 기도일에 맞춰 운동하기

---

7 반병률, 『홍범도 장군: 자서전 홍범도 일지와 항일무장투쟁』, 한울아카데미, 2014, 51·55쪽.

8 김용문, 「단천교구사 〈2〉」, 『新人間』 385호, 1981. 2, 51~52쪽.

로 모의하고 교인들에게 알렸으며, 최석곤(35세, 농업)과 설운룡(35세, 천도교회 서기)에게 선언서를 200매 등사시켰다. 예정대로 3월 10일 오전 11시 교구당에 모인 천도교인들은 '구 한국기'를 앞세우고 출발하여 단천 시장에 이르러서 독립선언서를 배포하고 '불온연설'을 하였으며 조선독립만세를 외치며 시내를 행진하였다. 이에 헌병대는 해산을 명했으나 듣지 않자 발포하였다. 이상이 함흥지방법원 이시카와石川 검사가 작성한 『1919년 보안법사건保安法事件』에 나오는 3월 10일 단천군 파도면 만세시위의 대강이다.[9]

헌병의 발포로 사망한 자가 일본 군경의 초기 보고에는 약 10명으로 나오나 최종 6명으로 집계되었다. 검사 자료나 판결문을 보면 시위 주도자가 시위대에 '헌병이 해산을 명령하여도 따르지 말라'고 지시했다 한다. 천도교 중앙의 지도자들은 독립선언식 장소를 탑골공원에서 음식점으로 변경했을 정도로 조심했다. 중앙에서 서북 지역 천도교 지도자들에게 내린 시위 지침은 "만약 경찰서원, 군청원 등이 제지한다면 반항하지 말라"였다.[10] 관북 지역만 다를 이유가 있을까. 단천에 독립선언서를 전

<hr/>

9 독립기념관 한국독립운동사연구소 편찬, 『함흥지방법원 이시카와石川 검사의 3.1운동 관련자 조사 자료 I』, 독립기념관 한국독립운동사연구소, 2019, 69~74쪽. 원자료명은 石川檢事, 『大正8年 保安法事件』이다. 나이와 직업은 참고문헌의 판결문에 따른다. 한편 단천에 독립선언서가 도착한 시점에 관해 위 자료와 달리 김용문은 일관되게 3월 3일이라고 회고했다. 이시카와 검사 자료의 '최봉천 외 24명 건'을 보면 3월 5일 단천군 천도교사天道教師 서봉화가 최봉천에게 갑산 방면에 독립운동의 취지를 전하고 동일한 행동을 취하게 하도록 했다(58쪽). 이로 볼 때 단천군 천도교 교구에 독립운동의 취지와 지침이 전달된 것은 3월 5일 이전일 가능성이 크다.

10 國史編纂委員會 編, 『韓民族獨立運動史資料集 11: 三一運動 I』, 國史編纂委員會, 1990, 210쪽.

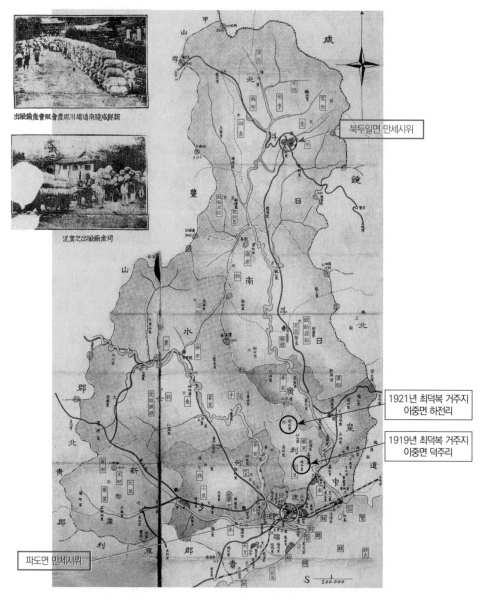

북두일면 만세시위

1921년 최덕복 거주지
이중면 하전리

1919년 최덕복 거주지
이중면 덕주리

파도면 만세시위

〈그림 1〉 함경남도 단천군 만세시위 장소, 최덕복 거주지, 단천군농회의 잠견蠶繭 반출 현장 사진(왼쪽 위). 자료: 단천군, 『군세일반』, 1930. 8. 이중면 덕주리는 원도면에 '덕세리德世里'로 표기되어 있으나 당시 이중면에 없는 지명으로, 위치상 '덕주리德州里'를 잘못 쓴 것 같다.

달했던 김병준이 주도한 3월 10일 함경남도 이원군 서면西面 시위에도
헌병의 해산명령에 따르지 말라는 지침은 보이지 않는다. 이런 지침은
단천군의 10일 파도면 시위와 22일 북두일면 시위에 나오며, 두 시위의
공통점은 헌병의 발포로 사망자가 발생했다는 점이다. 북두일면에선 7명
이 현장에서 사망한 것으로 최종 집계되었다. 설운룡과 최석곤도 헌병의
명령에 따르지 말라고 지휘한 적이 없다고 주장했다. '불복종'이라는 시
위 지침은 헌병이 발포를 정당화하기 위해 피의자에게서 쥐어 짜낸 '진
술'로 의심된다.

  검경이 집계한 단천군 만세시위 사망자 13인의 이름은 당대 기록 어
디에도 찾을 수 없었다. 해방 이후 분단되어서 더 찾기 힘든 것일지 모
른다. 김용문은 파도면 만세시위 사망자를 10인으로 기억했다. 늦더라도
삼일운동 사망자 명단이 제대로 작성되어 그 이름 하나하나가 기억되길
바라며 적어본다.

염석하廉錫河·염석한廉錫漢·박홍선朴弘善·이종환李鍾煥	—신만면新滿面
이영호李永浩·원준희元俊喜	—하다면何多面
서봉화徐鳳化	—복귀면福貴面
김상갑金尙甲	—이중면利中面
황희율黃熙律·황희종黃熙種	—북두일면北斗日面[11]

'불복종'의 지침이 없었다 하더라도 당당한 시위였다. 안성교는 상고

---

11 김용문, 「단천교구사〈2〉」, 『新人間』 385호, 1981. 2, 56쪽.

취지서에서 시위 상황을 다음과 같이 전했다. "가급적 관사에 접근하지 않고 단천 읍내 시가지에서 천도교인과 보통사람 모두 600여 명이 맨손 맨주먹으로 길거리에 똑바로 서서 '조선민국朝鮮民國 독립만세'를 불렀다." 이에 단천분대에서 분대장 이하 헌병이 불쑥 나와 보병총을 난사하며 해산을 명했다. 안성교와 함께 주모자로서 '맨손 맨주먹으로 똑바로 서서' 독립만세를 외쳤을 최덕복에게 '십여 년 전' 일이 떠오르지 않았을까? 어쩌면 그에게 '독립'은 자신과 동료를 죽이거나 죽이려 했던 사람들과 함께 나라를 만든다는 결심이었을지 모른다. '만세'는 그것이 일본의 지배하에서 노예처럼 사는 삶보다 낫다는 외침이 아니었을까.

세상은 자주 결심을 증명해보라 요구한다. 만세시위가 일어난 지 2년이 훌쩍 지나고 최덕복이 출옥한 지 1년이 지난[12] 1921년 11월, 그의 집으로 김도빈과 차병학이 찾아온다. 그의 주소는 만세시위 때 이중면 덕주리였으나, 이제 같은 면 하전리로 바뀌었다. 이전보다 산 쪽으로 들어갔다(〈그림 1〉 참조). 직업도 약종상에서 농업으로 바뀌었다. 위 두 사람은 간도에서 조직된 광복단원으로 독립자금을 마련하려고 찾아온 것이다. 최덕복은 광복단 입단 권유를 받고 찬동한 뒤 단원에게 자택을 활동 근거지로 제공하였고, 경찰관을 내탐하여 정보를 건넸으며, 면내 자산가

━━━

12 최덕복은 만세시위로 1심(1919. 5. 23)에서 징역 3년 6개월, 2심(1919. 8. 14)에서 징역 2년을 선고받았고, 상고(1919. 10. 16)는 기각되었다. 1920년 '왕세자' 이은의 결혼에 따른 특사로 형기가 반감되어(칙령 120호, 1920. 1. 28) 1920년 10월 15일경 출옥하였을 것이다. 함께 상고심까지 간 염원형은 최종 징역 3년을 선고받았는데, 형기가 반감되어 1921년 4월 15일 출옥했다. 「廉元亨氏出獄還鄕」, 『東亞日報』 1921. 5. 29. 4면.

〈그림 2〉 1928년 단천군 천도교 교구당 모습. 자료: 김용문, 「단천교구사 (3)」, 『신인간』 388호, 1981. 5, 64쪽. 천도교 단천소년연맹 창립대회 기념사진이다. 교구당은 1922년에 세워졌다.

의 재력을 조사하여 자금 모집을 도왔다. 본인도 같은 지역의 여러 사람을 입단시키고 자금을 모집했다. 이상은 조선총독부가 보기에 '1919년 제령7호' 위반, 즉 '정치에 관한 범죄'였다. 이 외에도 차병학이 염창성이란 자를 잘못 죽이자(誤殺) 김도빈 등과 함께 시체를 매장하여 '묘지·화장장·매장 및 화장 취체규칙'을 위반하였다. 최덕복은 삼일운동에 이은 '누범'으로 형이 가중되어 징역 2년을 선고받았다. 그는 방화와 살해 위협에 어쩔 수 없었다고 변명했지만, 판사는 그가 자수하려는 사람을 만류한 것으로 볼 때 변명은 믿기 어렵다고 판단했다.

최덕복은 첫 번째 출옥 후 1921년 천도교 의결기관인 의정회議政會의 단천 의정원으로 선출되었다. 두 번째 출옥 후 1930년 단천군 농민사 이사장, 1931년 단천군 종리원장을 역임했다. 최덕복 외에 단천군 파도면 삼일운동의 주역이었던 설운룡, 최석곤도 지역 천도교의 핵심 인사로 활약하며 종리원장을 지냈다. 최덕복은 지역사회에서도 신망을 얻었던 것 같다. 1928년 이민里民대회의 사회를 보았다. 마을 주민은 잠견蠶繭대금 저축이 필요하지 않으니 그 저금을 찾아 사육 시설을 짓자고 건의하기 위해 대표를 뽑아 단청군청에 보냈다. 1930년대 후반이면 삼일운동 때 단천교구가 독립운동 소식과 지침을 전했던 이웃 갑산군, 풍산군에서 천도교인들이 조국광복회에 참여하여 무장투쟁을 벌인다는 산山 소식이 전해졌을 거다. 그는 어떤 생각을 하였을까.

육십이 넘어 해방을 맞이한 최덕복은 한 번 더 유치장 신세를 졌다고 한다. 김용문에 따르면 단천교구 '최고 원로'인 그가 1946년 1월 단천보안대에 연행되어 60일간 구류처분을 받았다. 이유는 남한 방송 청취. 그런데 나이 때문인가, 그가 남으로 내려왔다는 흔적은 없다. 반공적 시각일 수밖에 없는 이북 지역 '지지地誌'나 실향민의 회고에 늘 나오는 반공투사나 희생자 명단에도 그의 이름은 없다.

2

| 평양 시민, 경찰서에 돌질하다 |

육루문陸路門 쪽에 사각모를 쓴 (숭실전문학교 학생이었을 거다) 커다란 학생이 한 사람 헐레벌떡 뛰어오다가 구멍가게 주인인 털보 영감에게 무슨 종잇조각 한 장을 검은 두루마기 속에서 꺼내 주며 두어 마디 숙덕공론하고는 다시 대동문 쪽으로 뛰어가지 않는가.

아무리 보아도 좀 수상하다. 털보 영감은 얼굴빛을 가다듬으며 종잇조각을 들여다보다가 후딱 머리를 들고 '이얏다리' 쪽을 꿰어 '장댓재' 꼭대기를 멀리 바라보는 것이다. 이윽고 털보 영감과 함께 '장댓재'에배당 꼭대기를 바라보는 사람이 하나, 둘, 셋, 넷….

무슨 소리인지 처음엔 몰랐다. 마치 옭-옭-하는 해조음海潮音 같은 군중의 함성이 '장댓재' 꼭대기에서 흘러 내려왔다. 그것은 목소리뿐이 아니었다. 흰옷을 입은 군중의 물결과 함께 흘러 내려왔다.

— 김내성, 「삼일운동과 나의 소년시절: 평양 남문통의 추억」,

『민성』 6-3, 1950. 3. 1, 11쪽.

당시 열한 살로 평양 대동강 변 육로리陸路里에 살았던 소설가 김내성이 회고한 1919년 3월 1일 평양 만세시위 시작 모습이다. 장댓재는 당시 관후리館後里의 기독교 장로파 장대현교회와 부속 숭덕학교崇德學校가 자리한 곳이며, 특히 숭덕학교는 평양 만세시위가 시작된 세 곳 중 하나다. 나머지 두 곳은 수옥리水玉里의 기독교 감리파 남산현교회, 설암리薛岩里의 천도교 교구당이다. 오후 1시경 세 곳에서 각각 교인이 중심이 되어 이태왕李太王 봉도식奉悼式, 즉 고종 추도식을 거행하고 이어 독립선언식을 개최했다. 당시 숭덕학교 교정의 독립선언식을 사찰했던 경찰 김정탁의 법정 증언을 들어보자.

당시 식장에 집회한 자는 약 1천 200~300명으로 운동장에 입추의 여지도 없을 정도로 모였다. 그리고 봉도식이 끝났는데, 도인권이 모인 사람들에게 행할 것이 있으니 해산하지 말라고 했다. 김선두가 축복기도를 하고, 이어 도인권은 일반에게 어떤 일이 있어도 결코 굴하지 말라했다. 김선두는 곽권응에게 작은 국기를 꺼내어 배포하라 했고, 곽권응은 작은 국기를 학교 생도 등에게 배부했다. 정일선은 독립선언서를 낭독하고 회중 일동은 만세를 불렀다. 이어 김선두는 성서를 낭독하고 계속해서 연설했다. 그 요지는 '인간은 자유를 얻지 못하고 천년을 사는 것보다 자유를 얻어 백년을 사는 편이 좋다. 조선 민족은 일본의 구속을 받아 자유가 속박되었으므로 독립하여 자유를 얻는 것만 못하다. 반드시 독립하지 않으면 안 된다'였다. 다음으로 강규찬이 연설했다. 강규찬이 연설할 무렵 회중이 매우 열광했다.

　　　　　―경성지방법원, 「1919년刑제1649호 판결: 김선두 등 8인」, 1919. 8. 21.

열광한 회중은 시내로 행진했다. 다른 두 곳의 회중도 합세했고, 미처 독립선언식에 참가하지 못한 사람들도 거리에서 합류하여 '독립만세'를 외쳤다. 김내성도 장맷재에서 밀려 내려오는 군중의 뒤를 따랐다. 저녁 무렵 시위대는 경찰과 충돌했다. 삼일운동에 관한 보도 금지가 풀리자 3월 7일 『매일신보每日申報』에서 '평양, 경찰서에 돌질'이란 제목으로 당시 상황을 전했다.

> 1일 저녁때에 이르러 군중은 갑절이나 늘어서, 해산하기를 설유하나 듣
> 지 아니하고 마침내 경찰서에 돌을 던져 유리창을 부수는 등 경찰서
> 가 매우 위험할 때에 수비대의 보병 중위 이하 7명이 응원하러 왔으므
> 로 드디어 해산하였는데, 이날 주모자 10명과 폭행자 중 40명을 체포하
> 였고, 3월 3일 오전에 2~3개소에 수백 명이 모여서 만세를 부르매 경찰
> 당국은 이것을 해산케 하였더라.
>
> —「평양, 경찰서에 돌질」, 『매일신보』 1919. 3. 7.

조선총독부 기관지인 『매일신보』는 군중의 폭행에 이어 군대의 출동과 검거를 기술함으로써 이 사태의 책임을 군중의 폭행에 돌리고 있다. '돌질'이란 제목도 평양의 유명한 석전石戰을 떠올리게 하여 당시 독자가 군중의 폭행을 쉽게 연상하도록 유도한다. 그러나 신문은 군경의 폭력을 감추고 있다. 경찰을 지원하러 출동한 군인은 보도와 달리 보병 1개 중대 110명이었다.[1] 일본 군경 측은 조선인의 인명 피해를 부상 6명으로

---

1 兒島惣次郎(朝鮮憲兵隊司令官) → 田中義一(陸軍大臣), 「電報: 宣川 元山 平壤 鎭南

집계했다.[2] 그러나 외국인 선교사들은 갈고리로 무장한 소방대원이 시위대를 공격하여 부상자가 많이 나왔으며 군경이 발포하여 시위자 5명이 사망했다고 기록했다.[3] 희생자 수를 명기하진 않았지만, 당시 시위에 참여했다가 징역 6개월 형을 받은 윤기화(40세, 수레제조업)도 "맨손으로 독립만세를 부르는 인민을 총살하거나 도살刀殺하니 이건 일본 정치의 대실책"이라며 상고했다.[4]

'돌질'을 촉발한 것도 경찰의 진압 방식이었다. 선교사 기록에 따르면 "경찰이 [소방] 호스를 사람들에게 돌리라 명령"하였고 "이것이 군중을 분노하게 하여 돌을 던지기 시작했으며 경찰서 창이 부서졌다."[5] 위의 경찰 김정탁의 진술도 이를 방증한다. "경찰서 문 앞에 다수 조선인이 집합

浦의 萬歲示威 및 派兵 상황」, 1919. 3. 1; 陸軍省次官 → 侍從武官長, 「朝鮮에 있어서 獨立運動에 關한 件」, 1919. 3. 3(이상 日本 陸軍省, 『大正8年乃至同10年 朝鮮騷擾事件關係書類 共7冊 其1』에 수록. 이하 일본 군경 측의 기록은 동일함).

2 兒島惣次郎(朝鮮憲兵隊司令官) → 山梨半造(陸軍次官), 「(朝憲警 第107號)朝鮮騷擾事件一覽表에 關한 件」, 1919. 10. 2.

3 Jessie M. Re, "Dearest Mother", 1919. 3. 9.; S.L.Roberts, "Thursday March 6th 1919", 1919. 3. 6.; The Commission on Relations with the Orient of the Federal Council of the Churches of Christ in America, "Exhibit 1 — THE DISTURBANCES IN KOREA"(1919. 3. 21), The Korean Situation, 1919. 7(이상 국사편찬위원회, 〈삼일운동 데이터베이스〉 http://db.history.go.kr/samil에 수록. 이하 인용한 선교사 기록은 동일함).

4 高等法院刑事部, 「1919年刑上第463號 判決書: 尹基化」, 1919. 7. 24.

5 J. W. Crofoot, "Korean Independence Outbreak Beginning March 1st., 1919 Part 1: The Beginning of the Korean independence uprising March 1-5", Korean Independence Outbreak Beginning March 1st., 1919, 1919. 10.

하여 만세를 연호하고 순사가 제지해도 듣지 않고 더욱 소란을 피우므로 소방부에게 수도전을 빼서 군중에게 물을 붓게 했는데 군중은 돌을 던지고 한층 분란이 극에 달했다."[6] 격분한 군중 가운데 김택홍(45세, 가발상)이 경찰서 건너편 조선식산은행朝鮮殖産銀行 현관 앞에 올라가서 시위대에 "경찰 관헌이 발포한다고 해도 결코 물러서면 안 된다"고 연설했다.[7] 이런 상황에서 군경이 처음엔 공포空砲를 쏘았다. 공포로 동요하는 사람들 속에 있었던 김내성은 '한 발도 물러가지 마라! 저것은 빈총이다'는 소리를 들었고, 이에 시위대는 더 기세를 올려 만세를 불렀다. 이어 실탄을 쏘자 누군가 '빨리 몸을 피해라, 진짜 총알이다'고 부르짖었고 김내성도 달음박질쳤다.

교당과 학교에서 거행된 독립선언식과 이후 시내의 만세시위는 연결된 것인가? 독립선언식의 주동자가 계속 시내 시위를 이끌었던가? 기독교 장로파 김선두, 강규찬, 곽권응, 정일선은 경찰의 해산명령에 따라 시내 시위에 참여하지 않았다고 법원에서 진술했다.[8] 이승훈이 평양 시위의 책임을 맡겼다는 도인권, 윤원삼은 시내 시위에 참여했다.[9] 감리파 독

6 京城地方法院, 「1919年刑第1649號 判決: 金善斗 등 8인」, 1919. 8. 21.

7 高等法院刑事部, 「1919年刑上第800號 判決書: 金澤鴻」, 1919. 9. 27. 그는 '상고 취지'에서 연설 혐의를 부인했다.

8 京城地方法院, 「1919年刑第1649號 判決: 金善斗 등 8인」, 1919. 8. 21; 國史編纂委員會 編, 『韓民族獨立運動史資料集 11』, 國史編纂委員會, 1990, 96~101쪽; 高等法院刑事部, 「1919年刑上第984號 判決: 金善斗 丁一善」, 1919. 10. 20.

9 독립운동사편찬위원회 편, 『독립운동사 2: 3.1운동사(상)』, 독립유공자사업기금운용위원회, 1971, 360쪽. 이 외에 당시 선교사 집의 서기로서 독립선언식 때 학교 문을 지켰던 박인관朴仁寬(17세)이 시내 시위에 참여했다. 國史編纂委員會 編, 『韓民族獨

립선언식 주도자들의 '상고 취지'를 읽어보면 목사 김찬흥 등 15인 중에서 시내 시위에 참여했다고 밝힌 자는 학생 장도성, 유치원 여교사 김연실 정도였다.[10] 천도교 측도 독립선언식 이후 시내로 진출하여 시위대와 합류했는데, 시내 시위의 주도자는 알려지지 않는다. 물론 법원의 진술이나 '상고 취지'는 처벌을 누그러뜨리기 위한 전술일 수 있다. 시위대가 숭덕학교를 나설 때 선두에 강규찬 목사가 섰다는 학생의 증언이나 군중을 지휘하는 '리더'가 있었다는 선교사의 기록도 있다.[11]

비교적 시위 참여 행적이 뚜렷한 도인권과 윤원삼을 보자. 도인권은 삼일운동 때 일경의 체포를 피해 상해로 망명했다. 그가 1962년경 구술한 평양 시위 모습은 이렇다.

> 큰 태극기를 선두에 내세우고 해추골[12]로 시가행진을 하려고 나와 본즉 거리는 인산인해를 이루고 만세를 부르고 있었으며 좌우 상점에는 눈부시리만큼 태극기가 게양되어 있었다. 일장기가 삽시간에 변하여 태

立運動史資料集 11』, 國史編纂委員會, 1990, 94쪽.

10 高等法院刑事部, 「1919年刑上第826~828號 判決書: 金燦興 등 15인」, 1919. 9. 29.

11 숭실대학교 120년사편찬위원회, 『평양숭실 회고록』, 숭실대학교, 2017, 73쪽; J. W. Crofoot, op. cit.

12 원문에 처음 '해주골'로 썼였다가 '주'를 다시 '추'로 고친 것이 보인다. '해추골'이 나오는 문헌은 아직 찾지 못했다. '해주골'은 1938년 김남천이 평양의 골목길을 소개한 「평양 잡기첩: 뒷골목」에 나온다. 정호웅·손정수 엮음, 『김남천 전집 II』, 박이정, 2000, 69쪽. 길선주 목사가 평양에 정착한 곳도 '해주골'이라 하는데, 삼일운동 당시 그의 주소는 '평양부 관후리 61번지'였다. 國史編纂委員會 編, 『韓民族獨立運動史資料集 12』, 國史編纂委員會, 1990, 57쪽.

극기가 된 것은 장차 일본이 한국의 국권 앞에 머리 숙일 예표인 양 보였다. 그날 평양에서는 세 곳에서 모여 이런 집회를 갖고 만세를 불렀는데, 다른 두 곳은 감리교회와 천도교이다. 이것을 본 일본 경찰은 무척 당황하였다. 이 운동을 계속하여 진행할 방침으로 선도자들을 택한 바 제1회에 도인권, 제2회에 조만식, 제3회에 김동원 제씨가 결정되었으나, 일반 대중이 이같이 흥분되니 선도 여부없이 모두가 분발하게 되었다. 나는 조만식 선생과 의논하기를, 우리는 여기 있다가 공연히 구속되지 말고 상해로 건너가서 운동을 전개하자고 하여 그날 밤 북문으로 빠져나가 …

―도인권 구술, 「도인권 선생의 기록」, 『한국기독교와 역사』 22, 2005, 238~239쪽.

도인권은 조만식 등과 함께 시위를 선도하는 역할을 맡았으나 일반 대중이 '분발'하니 선도자가 필요 없을 것 같아 구속을 피해 시위대에서 빠져나왔다. 또 한 명의 선도자로 언급된 김동원은 장로파 기독교인인데, 사료상으로는 삼일운동 당시 행적을 파악하기 힘들다. 독립선언식에서 '독립만세'를 삼창했던 윤원삼은 시위대가 숭덕학교를 나와서 1대는 서문통西門通으로, 1대는 남문통南門通으로, 1대는 대동문통大同門通으로 나뉘어 행진을 개시할 때, 서문통 행진에 가담하여 만세를 부르다가 오후 6시쯤 귀가했다. 이후 3월 4, 5일경 중국으로 망명할 때까지 체포를 피해 숨었다. 3월 2일인가 철공장 고용인 이영근(25~26세)과 미곡상 김동환(25~26세)이 찾아와 '오늘도 어제와 같이 시민과 학생들이 평양 시내를 만세를 부르면서 다녔다' '우리도 그 만세 패에 가담하여 장안을 돌아다니려 하는데 같이 나가보지 않겠느냐'고 권유했으나, 그는 체포가 두려위 나가지 않았다.[13] 제한된 사료라 확언하기 어렵지만, 독립선언식의 종교 지도자들이 계속 시내 시위를 주도했다고 보기 어렵다.

시내 시위에 분발했던 자들은 누구일까? 『매일신보』는 3월 12일자에 경찰서가 평양 '소요' 사건으로 평양지방법원 검사국에 압송한 48인의 명단을 보도했다. 직업을 보면 독립선언식을 주도했던 종교 지도자, 교사, 학생을 제외하면 농업은 1인에 불과했고 직공 4인, 재봉업, 인쇄업, 우피상, 잡화상, 음식점업 각 1인이었다.[14] 주로 도시 상공업 종사자였다.

독립선언식의 주도층은 시내 시위자를 어떻게 보았을까? 사립 광성학교 목사 송양묵은 학생 30여 명을 이끌고 감리교 남산현교회 독립선언식에 참석하여 함께 만세를 불렀다. 그 후 귀가했으나 약 2시간 뒤 자식을 찾으러 나와 보니 경찰서 앞에 중민衆民이 모여 있고 그 속에 불신자不信者, 술 취한 자(酒醉者), 투석하는 자가 있어서 자신은 '독립선언서 취지에 기초하여 공의公義와 정도正道로써 해야지 폭행해선 안 된다'고 말하며 만세 한 번 외치고 귀가했다고 진술했다. 목사 송양묵이 보기에 시위 군중에는 기독교를 믿지 않는 자와 술 취한 자가 있었으며, 투석 등 폭행을 하여 '평화시위'라는 독립선언서 취지에 맞지 않았다. 또 평양 지역에는 3월 3일자 '한국독립단' 명의로 '돌을 던지거나 일본인에게 폭력을 사용하지 말 것'을 요청하는 전단이 뿌려졌다.[15] 종교 지도자나 엘리트는 평양 시내 만세시위자의 행동이 못마땅했던 것 같다.

---

13 國史編纂委員會 編, 『韓民族獨立運動史資料集 13』, 1990, 240, 247~248쪽.

14 「소요사건의 後報: 평양, 교회 경계 해제」, 『每日申報』 1919. 3. 12.

15 Korean Independence Band, "Extra Important Announcement", 1919. 3. 3.

그러면 시내 시위에 나섰던 자들의 목소리를 들어보자. 군경에 검거된 자 중 일부가 고등법원에 상고하면서 '상고 취지'를 남겼다. 대개 하급 지방법원이나 복심법원의 판결문에서 피고인의 주장을 읽기는 어렵다. 검경의 일방적인 주장과 판사의 판결이 있을 뿐이다. 그런데 최고 법원 인 고등법원의 경우 판결문 모두冒頭에 피고인이 상고한 이유가 기재되 어 있다. 물론 변호사 또는 같이 수감된 자의 도움을 받은 부분도 있겠지 만, 저마다의 상황에서 그 나름대로 주장하는 부분도 있다. 무엇보다 기 존에 듣기 어려운 시위 주체의 목소리다.

정재철鄭在哲(41세, 우피 중개업)

내가 조선 독립에 대해 만세를 부른 것은 개인적인 사상이 아니다. 세 계 만국의 강화회의에서 결정한 민족자결이라는 문제가 『경성일보』 『매일신보』에 게재되었을 뿐만 아니라 조선 민족대표 32명이 서명한 선언서가 평양 종로의 집집에 배포되었다. 나도 이 선언서를 보고 조선 민족으로서 희열을 느낀 나머지 가만히 있기 어려워 3월 1일 장별리 파 출소에서 평양경찰서에 이르는 사이에서 만세를 불렀다. 동월 3일 대 학교 운동장에 모여 만세를 부른다는 급보를 접하고 그곳에 가니, 모인 자가 수백 명이었다. 그중에 십여 명의 병사가 있어 나를 무수히 난타 하였지만 나는 죽음을 두려워하지 않고 만세를 불렀다.

—고등법원형사부, 「1919년刑上제97호 판결서: 정재철」, 1919. 5. 29.

정영업鄭永業(22세, 철공)

피고는 1919년 3월 1일 조선독립선언이 있을 때 평양 시내를 통행하

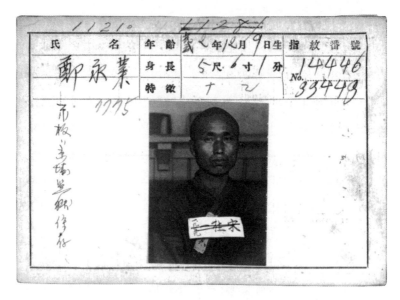

<그림 3> 평양 시내 만세시위 참여와 전단 배포로 수감된 정영업 사진. 자료: 국사편찬위원회, <한국사데이터베이스_일제감시대상인물카드> http://db.history.go.kr/item/level.do?itemId=ia.

며 독립만세를 불렀다. 2일에는 '조선 독립에 관한 지급고문至急告文' 2,000매를 분배한 것으로 평양지방법원에서 보안법 위반으로 징역 8개월에 처해졌다. … 인민이란 각각 그 민족의 구별에 따라 가족을 이루고 후에는 국가를 이룬다. 만약 가족 혹은 국가가 사지死地에 빠졌다면 자기가 사경에 처했어도 이를 힘껏 보존하는 것이 당연한 이치이다. 피고도 역시 조선 4천여 년 역사를 가진 삼천리강산에 사는 2천만 민족의 한 사람으로서 일한합병 후 조선 독립을 갈망하였는데, 만국 강화회의에서 민족자결이라는 귀성貴聲을 듣고 진실로 우리 민족은 누구를 막론하고 상쾌함을 느끼는 시대가 되었으므로 조선 2천만 인민은 수중에 촌

철도 쥐지 않고 불온한 행위도 없이 단지 만세만을 부른 것인데, 오히
려 일본 정부는 군대를 이용하여 많은 인민을 상해하고, 피고도 역시 4,
5개월 구치되어 복심법원에서 징역 8개월에 처해졌다. 원통하고 분해
이에 상고한다.

— 고등법원형사부, 「1919년刑上제739호 판결서: 노원찬 등 3명」, 1919. 9. 18.

정재철의 진술에서 알 수 있듯이 독립선언식이 있기 전에 선언서가 평
양의 종로, 조선인 거리에 뿌려졌다.[16] 김내성이 목격한 사각모 학생이
구멍가게 털보 영감에게 독립선언서를 건네는 모습이 바로 그 현장이다.
이를 통해 짐작할 수 있듯이 숭덕학교 독립선언식에는 교인과 학생 외에
도 이미 다수 시민이 모였었다. 시위에 참여한 시민 중에는 정재철같이
상업 종사자가 꽤 있었다. 상고 기록이 남아 있는 자로 김동엽(22세, 맥분
판매업), 앞의 김택홍(45세, 가발상) 등이 있다. 정영업과 비슷한 직공도 보
인다. 평양철도분공장 철공 이양식(23세), 3월 1일 시위 참여 여부는 분명
하지 않지만 인쇄업 이최환(20세), 재봉직 조형식(21세)과 김몽건(23세) 등
의 상고 기록도 남아 있다.[17]
무엇이 이들을 '민족자결'과 '독립선언'에 기뻐하며 목숨 걸고 만세를

16 도인권은 남녀 중학생을 대대로 편성해서 각각 태극기 10개와 선언서 20매를 가지
고 있다가 12시 교회 종소리를 신호로 각 상점과 행인에게 나누어 주며 집회에 오게
하였다고 했다. 도인권 구술, 「도인권 선생의 기록」, 『한국기독교와 역사』 22, 2005,
237~238쪽.

17 국가기록원, 〈독립운동관련판결문〉 https://theme.archives.go.kr//next/indy/
viewMain.do에서 이름으로 검색 가능하다.

부르게 만들었던가? '상고 취지'에는 일본의 식민 통치를 비판하는 대목이 많다. 이최환은 "다소 교육기관, 물품과 재화, 교통과 공업의 발달을 장려했다 하더라도 인종차별과 국민성의 차이로 사사건건 동화 민족에게 비통하고 불쾌한 감정을 일으키게 하는 일본인과 일본 정부는 어떤 점에서 관찰하여도 의롭지 않고 불공평하다"고 했다.[18] 후대의 연구자들은 새겨들어야 한다. 조형식은 "합방이라지만 실은 혹독한 식민지 대우"였고 언론, 출판, 관리, 교육 등 "모든 정책은 몇만 년이 지나도 문명의 영역에 도달할 수 없"어 결국 "노예를 감수하는 인민을 만들려 한다"고 비판했다.[19] 평양부 경제리鏡齊里에 거주하는 천도교인으로 독립선언서를 강서군·진남포에 배포했던 유한기(48세, 농업)는 지난 10년을 다음과 같이 요약했다. "국토는 식민지, 민족은 노예".[20]

---

18 高等法院刑事部, 「1919年刑上第803, 804號 判決書: 李最煥 張芝林 劉確信」, 1919. 9. 25.

19 高等法院刑事部, 「1919年刑上第801號 判決書: 趙亨植 金夢鍵」, 1919. 9. 27.

20 高等法院刑事部, 「1919年刑上第881號 判決書: 崔永孝 劉永煥 劉漢基」 1919. 10. 9.

3

| 수안의 황천왕동이 홍석정, 한낮에 비로소 쉬다[1] |

1919년 3월 3일 정오 무렵 한병익(23세, 양조업)은 황해도 수안군遂安郡 수안면 만세시위에 참여한 뒤 오후 4시경 출발, 밤새 걸어 다음 날 오전 5시쯤 곡산군 곡산면에 도착, 오전 10시 그곳 시위에 참여했다. 두 곳의 직선거리는 약 27km(69리)이지만 산길로 족히 90리는 된다. 1925년 차상찬과 박달성이 쓴 「황해도 답사기」를 보면 수안 읍내는 '산골짜기에 기어들어가 있어, 좌우 산이 무너질까 봐 숨 한번 크게 못 쉬는' 고을이고, 곡산谷山은 이름대로 '산이 높고 골짜기가 깊어 교통 불편한' 고장이었다. 그런데 한병익보다 앞서 그의 아버지뻘 되는 홍석정(54세, 전 천도교

---

1 이 글은 이 책의 「보론 2: 1919년 3월 황해도 수안 만세시위의 재구성」을 바탕으로 쓴 것이다. 별도의 문헌 제시 없이 인용한 문장은 모두 '사건기록'(國史編纂委員會, 『韓民族獨立運動史資料集 11~16』, 國史編纂委員會, 1990~1993)과 판결문(高等法院, 「1919特豫6·7·10號 決定書: 安鳳河 등 71인」, 1920. 3. 22; 京城地方法院, 「1919刑公402號 判決: 安鳳河 등 70인」, 1920. 8. 7; 京城覆審法院, 「1920刑控 528·529·530號 判決: 安鳳河 등 68인」, 1920. 11. 22)에 따른 것이다. 수안면 만세시위의 상세한 내용은 이 책 208~256쪽 「보론 2」 참조.

수안교구장)이 3월 2일 새벽 수안면을 출발하여 곡산면에 독립선언서를 전달하고 돌아와서 3월 3일 오전 6시 수안면 만세시위에 앞장섰다. 해주 지방법원 서흥지청 검사는 그 시간에 90리를 왕복할 수 없다며 다른 사람이 간 건 아닌지 의심했다.

곡산군 천도교인 이경섭(44세, 농업)이 독립선언서를 가지고 수안 읍내에 도착한 것은 3월 1일 오후 8시 무렵이었다. 전날 경성(서울)에서 천도교 중앙총부 월보과장 이종일로부터 독립선언서 1,000매를 받아 밤에 경의선을 타고 북상했다. 소설 『무정』에서 형식이 영채를 찾으러 평양 갈 때 타고 갔던 그 밤기차다. 다음 날 새벽 3시 신막역에 내려 걷기 시작하여 오전 10시경 서흥읍에 도착, 서흥교구 간부 박동주에게 이종일의 전언과 함께 독립선언서 750매를 건네며 해주와 사리원에 배포를 부탁했다. 정오에 서흥을 출발하여 해가 지고 나서 수안면에 도착했다. 길에서 홍순걸(55세, 전 수안교구장)을 만나 함께 이종숙(39세, 강도원講道員)의 집으로 가, 마침 교구실에서 회의하던 수안교구 간부들을 불렀다. 교구장 안봉하(65세), 전도사 김영만(57세), 금융원 나찬홍(48세), 전교사 한청일(나이 미상), 그리고 홍석정이 왔다. 이경섭은 서울 소식과 이종일의 지시를 전하며 남은 독립선언서를 반으로 나눠 수안교구에 건네고 나머지 반은 곡산교구에 전해 달라 부탁했다. 발병이 났던 것이다. 직선거리로 신막역에서 서흥 읍내까지 7km, 거기서 수안면까지 33km다. 신막역이 아니라 서흥역에 내렸어야 했나? 독립선언서 1,000매면 적지 않은 무게다. 이종일은 서흥교구에 700매를 전해 달라고 부탁했지만 그는 50장을 더 얹었다. 황해도는 경의선을 경계로 서쪽은 대체로 완만하지만 동쪽은 가파르다. 서흥에서 박동주로부터 독립선언서를 받아 서남쪽 해주에 전달했던 김명려는 자전거를 탔다. 이경섭은 동북쪽 수안까지 산길을 걸어야 했다. 수안면에 이르렀을 땐 더 걸을 수 없었다. 그를 대신해 수안면의 천도교인 누군가가 곡산면에 다녀와야 한다. 그렇다고 중앙에서 보낸 문서를 아무 편에나 보낼 수는 없다. 책임감 있고 곡산 쪽 신도와 안면이 있는 사람이 필요했다. 무엇보다 잘 걷는 사람이어야 한다.

3월 2일 새벽 3시 홍석정이 수안면 석교리 집을 나섰다. 곡산면에 오후 늦게 도착, 읍내 연하리 원형도에게 독립선언서를 전했다. 곡산 천도교인 김인갑(29세, 농업)에 따르면, 원형도의 집에서 홍석정이 독립선언서 3매를 주고, 만세를 부르며 시위하라 했다. 홍석정은 돌아가는 길에 곡산면 송항리 전교실傳教室에도 들러 만세시위를 촉구했다. 예전부터 홍석정을 알았던 김희룡(53세, 농업)은 이렇게 진술했다. "저녁, 수안의 홍석정이 독립선언서를 곡산에 가지고 왔다가 돌아가는 길에 내가 사는 마을 송항리 전교실에 들렀으므로 … 동네 천도교도 10가구가 모두 모였다. 홍석정이 독립선언서를 일동에게 보이면서 '조선독립만세를 부르면 독립이 되니 그렇게 하라' 말하고, 자기는 수안으로 돌아가서 만세를 부를 것이라"며 "곧 떠나버렸다."

그런데 사료에 나타난 곡산교구 모습이 좀 이상하다. 곡산면 적성리의 곡산교구실이 나오지 않는다. 홍석정도 다리가 아파 교구실까지 가지 못한 걸까? 아니다. 그는 이후로도 밤새 걷는다. 아니면, 이런 식의 전달이 이 지역 천도교 조직의 보안 방식일 수 있다. 게다가 독립선언서를 건네받은 사람이 수안교구나 서흥교구처럼 알려진 간부가 아니었다. 교구장 이정석도 보이지 않는다. 물론 그는 3월 2일 서울에서 천도교 대도주 박인호의 지시를 받았다는 기록으로 미루어 아직 곡산에 도착하지 않았을 수도 있다. 그래도 그는 이경섭과 함께 경성에 동행했고 대도주 박인호의 시위 지침도 받았으니 곧 곡산교구에서 만세시위가 일어난다는 것은 알았을 거다. 그러나 이후 시위에서 보이지 않는다. 교구장만이 아니다. 당시 곡산교구의 간부진이 거의 보이지 않는다. 교구장부터 소사까지 전부 나온 수안교구와도 뚜렷하게 비교된다. 그리고 보니 홍석정은 수안교구 사람인데, 곡산교구에 독립선언서를 전달만 한 게 아니라 그곳 교인들에게 독립선언서를 나눠 주며 시위를 촉구했다는 점도 조금 이상하다. 곡산교구 교역자가 할 일을 그가 하고 있다. 왜 자료에 곡산교구 간부는 보이지 않을까?

홍석정이 곡산면으로 떠난 사이, 2일 오후 3시경 수안교구실에 수안헌병분대장 노로 다다시野呂匡 일행이 들이닥쳐 수색했다. 독립선언서를 압수하고, 교구장·전도사·금융원 등 13인을 연행했다. 황해도 경무부장이 '경성에서 지방으로 독립선언서를 보낸 형적形跡이 있으니 천도교 교구실을 수색하라'는 지시를 보냈던 것이다. 『도장관보고철道長官報告綴』을 보면 황해도에선 3월 1일 오후부터 배포된 독립선언서가 발견되었다. 도 경무부장의 지시가 곡산헌병분대에는 전달되지 않았을까? 곡산헌병분대도 비슷한 시간에 곡산교구실을 수색했을 거다. 다행히 홍석정이 오기 전. 수안교구실과 달리 압수할 선언서도 없고, 따라서 간부들도 연행되지 않았다. 그러나 경계를 늦출 수 없었기에 곡산교구는 홍석정을 교구실에 들이지 않고 원형도의 집에서 독립선언서를 받은 것이 아닐까? 이후 그 집을 거점으로 군내 배포가 시작되었다. 그렇다면 홍석정은 수안교구실에서 벌어진 압수와 연행을 알았을까? 적어도 곡산교구의 상황을 보고 수안교구실에도 헌병대가 들이닥쳤을 것이라 짐작했을 거다. 수안의 교구실은 별일 없을까? 그의 부인 전정화도 전교사였다. 아들 두익도 거기 있었을 텐데….

홍석정을 길에서 만난 사람이 있다. 수안면 소촌리 김희덕(43세, 농업)은 대천면 남정리로 나무 팔러 갔다가 돌아오는 길에 그를 만났다. "독립을 꾀하는 일이니 읍내로 가라"는 그의 말을 듣고 다음 날 3일 정오 무렵 3차 시위에 참여했다. 오동면 상구리의 김하경(25세, 농업)도 3월 2일 남정리로 나무를 팔러 갔다 오면서 그를 만났다. "만세를 부를 테니 수안 읍내로 나와 가세해 달라"는 그의 말에 3일 3차 시위에 참여했다. 그가 이들을 언제 만났는지, 곡산면에 가는 길인지 수안변으로 돌아오는 길인지 알 수 없다. 남정리는 당시 한성광업회사가 금광을 개발하여 수안면 읍내보다 번화한 곳이었다. 나중에 수안면 만세시위 부상자들이 치료받았던 곳도 이곳 광산회사 병원이었다. 홍석정은 돌아오는 길에 직접 남정리에 들렀다. 곡산군에서 수안군 천곡면을 거쳐 오동면 상구리를 지나면 하조양리 명당모루가 나오는데 대천면과 수안면 방면으로 갈라지는 삼거리다. 그는 대천면 쪽으로 올라갔다. 대천면 남정리의 이종섭(61세, 한문 교사), 김병령(42세, 농업)은 그가 시위가 있기 전날 밤 자기네 마을에 와서 신도를 모아놓고 "읍으로 나오라" 했다고 한다. 같은 리 강몽락(48세, 연초상)에 따르면, 그가 자기 집으로 찾아와서 "독립만세를 부르면 조선이 독립된다", "경성뿐 아니라 전국 각지에서도 만세를 부른다"고 했다. 아마 강몽락의 집에 남정리 천도교인들이 모였던 것 같다. 이들은 다음 날 모두 3차 시위에 참여했다. 3월 2일 새벽 그가 곡산으로 길을 떠나기 전에 시위 날짜와 시각, 장소가 대강 정해졌던 것 같다. 3월 3일 정오 무렵, 읍내. 남정리 신도에게는 그가 수안으로 돌아오는 길에 직접 연락하겠다고 했을 것이다.

　홍석정은 남정리를 지나 수안면으로 내려가는 길에 대천면 사창리 교인에게도 들렀다. 사창리 오병선(20세, 농업)은 그가 3월 2일 저녁 자기 집에 찾아와 "조선이 독립될 것이니 내일 만세를 부르러 읍으로 오라" 해서, 다음 날 오전 9시 집을 나서 정오 무렵 읍내로 들어가 3차 시위대에 합류했다. 홍석정이 저녁에 곡산 읍내에 있었으니 오병선 집에 간 시간은 저녁때가 훨씬 지나서였을 것이다. 한편 사창리 차제남(71세, 마부)에게는 교구실에서 오병노를 통해 다른 통지가 왔다. 차제남은 "교구장 안봉하가 3월 2일 저녁에 사람을 시켜, 내일 이른 아침에 모이라"고 통지해서 3월 3일 오전 6시경 1차 시위에 참가했다. 3월 2일 저녁이면 교구장은 이미 헌병대에 잡혀간 뒤였다. 홍석정이 남정리, 사창리에 전했던 시위 시간과 다르다. 그가 수안면을 떠날 때와는 상황이 달라진 것이다.

　젊은 오병선이 사창리에서 수안 읍내까지 오전에 3시간을 걸었다. 이로 볼 때 홍석정은 3월 2일과 3일 사이 밤 또는 3일 새벽에 석교리 교구실에 도착했을 거다. 그는 하루 꼬박 180리(약 71km) 넘게 산길을 걸으며 독립선언서를 전달했고, 가는 곳마다 만세시위 참가를 역설했다. 위의 사람들 외에도 홍석정의 연락을 받고 시위에 참여했다는 인물이 판결문에 많이 보인다. 판결문에 나오는 1~3차 시위 참가자 58인 중 22인이 홍석정의 연락을 받고 시위에 나섰다. 개중에는 수안면 서편은 물론이고 도소면 홍덕리, 공포면 기내리 사람도 있다. 사창리에서 공포면 기내리까지 직선거리로 20km가 넘는다. 홍석정이 홍길동도 아니고…. 누구의 연락을 받았다는 것은 그에게서 직접 들었다는 말이 아니라 다른 사람을 통해 전달받았다는 뜻일 수도 있다. 예를 들면 곡산군의 천도교 전교사

조병하는 실제 원형도로부터 독립선언서를 받았지만 이경섭에게서 받았다고 진술했다. 홍석정이 2일 새벽 석교리를 출발하여 3일 새벽 돌아오기까지 지나갔던 지역 외의 다른 곳 사람들은 그가 아닌 다른 사람에게서 전해 들었을 가능성이 크다. 그들은 홍석정이라면 믿고 따르는, 그와 가까운 연원淵源 관계일지도 모른다. 다른 해석도 가능하다. 판결문에 다수를 만세시위에 참여시킨 이로 나오는 홍석정, 오관옥(21인), 한청일(11인)은 판결 당시 자기를 변호할 수 없었다는 공통점이 있다. 시위자들은 마지막까지 3인에게 책임을 돌림으로써 그들을 방패막이로 삼았으며, 판검사는 끝까지 3인이 주동자였다는 점을 들어 헌병대의 총격을 정당화했던 것으로 볼 수 있다. 어떤 측면에서 보든 수안군 천도교계에서 홍석정의 영향력이 컸다는 점은 부인할 수 없다.

　홍석정이 돌아와 보니 수안교구실은 발칵 뒤집혀 있었다. 독립선언서는 압수되고 간부들은 연행되었다. 아들 홍두익(22세, 농업)도 포함되었다. 연행을 피한 이영철(36세, 수안교구실 소사)은 누구에게 달려갔을까? 이경섭이 수안 읍내에 들어와 선언서를 전할 때, 같이 있었던 사람 중에 연행되지 않은 사람은 곡산에 간 홍석정을 빼면 한청일과 홍순걸뿐이다. 홍순걸은 전 교구장으로 홍석정보다 나이가 한 살 위다. 시위 중 부상으로 기소 중지되었기 때문에 판결문에 거의 나오지 않지만, 교구 지도부가 다 연행되고 홍석정도 없는 사이 이 사람이 중심이 되어 대응책이 논의되었을 거다. 이후 전개 상황을 보면 3일 새벽 6시에 사전 시위를 하기로 했던 것 같다. 실제 전개된 시위 행태로 보아 본격적인 만세시위를 하기 전에 헌병대에 가서 압박하며 항의를 해보는 수준이었다. 이 1차 시위는 2차 시위에 비해 참가자들의 나이가 많고, 주로 교구실 주변 사람들로 구성되었다는 게 특징이다. 판결문에도 나와 있듯이 1차 시위자 13인의 평균연령은 50세로, 2차 시위자의 평균연령 41세에 비해 아홉 살이 많았다. 13인 중 7인이 석교리 거주자였고, 3인은 인근의 창후리, 나머지 3인은 대천면 남정리(1인)와 사창리(2인) 거주자였다. 또 하나의 특징은 전 교구장 김응하(63세, 농업)를 비롯해 4인이 전·현직 간부였다는 점이다. 참가자 중에는 홍석정의 연락을 받았다는 사람도 있었다. 석교리 바로 옆인 수안면 중심지 창후리에 거주하는 박태수(54세, 농업)는 "3월 2일 밤 홍석정이 찾아와 내일 아침 교구실로 오라 하여, 무슨 일인가 하고 물으니 어떻든 오라 하기에" 이튿날 아침 교구실로 나갔다. 창후리에 거주하는 전교사 김응도(54세, 농업)도 "3월 3일 아침, 홍석정이 와서 교구실로 나오라"기에 나갔다. 그들은 나이도 비슷하고, 나눈 말로 볼 때 홍석정과 친한 사이였던 것 같다.

홍석정은 석교리 수안교구실로 돌아와서도 다시 주변에 새벽 시위 참여를 권하러 다녔다. 잠시 눈은 붙였을까. 오전 6시 1차 시위에 앞장서서 교구장과 자기 자식이 붙잡힌 헌병대로 향했다. 대천면 사창리에 사는 최양봉(39세, 노동)은 연락을 받지 못했지만 3월 3일 새벽 수안면에 일하러 나갔다가 홍석정을 만났다. "만세를 부르며 교구실에서 나오는 홍석정 등을 보고 그에게 '무슨 일이냐'고 물었다. 그가 '조선 독립을 위해 만세를 부르는 것이니 함께 가자' 했다. '수안에서만 하는가' 물으니 '조선 각 도가 모두 한다' 해서 참가했다." 1차 시위대가 헌병대에서 '공화정치는 세계 대세이다', '헌병분대를 인도하라'는 구호를 외쳤다. 그랬다고 판결문에 적혀 있다. 이런 구호보다 한청일이 말한 "죄 없는 교구장 등을 잡아 가뒀으니 속히 석방하라", 이영철이 말한 "유치인을 석방하라"가 더

절실하다. 누군가 헌병분대장에게 했다는 다음 말은 1차 시위의 목적을 잘 드러내준다. "일단 교구실로 돌아가겠지만, 이 지방에서 [천도교인이] 계속 교구실로 모여들고 있다. 이들의 수는 계속 불어나 배가 되고, 수천 배, 수만 배가 되어 분대의 인도를 요구할 것이니 속히 인도함이 좋을 것이다." 세를 과시하며 헌병대를 압박하여 요구를 관철할 셈이었다. '헌병대를 인도하라'는 요구는 구속자를 인도받기 위한 것이 아니었을까? 헌병분대장은 당장 위기를 모면하기 위해 조선이 독립되었는지 상부에 문의해보겠다며 시위대를 돌려보냈다. 시위대는 전도사 강국보(49세, 농업) 등 2인을 대표로 남겨두고 일단 교구실로 돌아갔다.

이러한 1차 시위를 일제 검경의 문서나 판결문에는 '습격'이니 '내습'이니 했지만, 정황상 그렇게 보기는 어렵다. '대표'를 남겨두고 돌아가는 '습격'이 어디 있는가? 하지만 헌병분대장 노로 다다시를 비롯한 헌병대원들은 이를 '습격'으로 받아들였을 가능성이 크다. 이곳은 '마지막 의병장' 채응언의 활동 무대였다. 그는 1908년 수안헌병파견소를 습격했다. 1910년엔 이웃 곡산 선암헌병분견소를 기습하여 일본인 헌병 등 2인을 사살하고 무기를 빼앗아 갔다. 물론 이번에 몰려온 천도교인들에게 무기는 없었다. '총포화약류취체령'(제령 제3호, 1912. 8. 21)으로 조선인의 총기 소지가 금지되었다. 그렇지만 시위대 수가 많고 거셌다. 헌병분대장은 면내 일본인 상인과 사냥꾼 중에 총기 소지자를 불러 모았다. 단단히 무장한 뒤 수안교구실로 헌병대원을 보내 통보했다. "1시간 이내에 집으로 돌아가지 않으면 모두 쏴버리겠다."

교구실에선 대책을 마련해야 했다. 이제 곧 교인들이 군내 각지에서 모여들 텐데⋯. 그런데 11시 30분경 헌병대 쪽에서 총소리가 들려왔다.

곧 오관옥과 전교사 이동욱(31세, 농업)이 뛰어왔다. 그들이 이끌고 간 시위대가 헌병대 앞에서 만세를 외치다 총격을 받아, 앞장섰던 여러 명이 쓰러졌다고 전했다. 이 2차 시위에 참여했다가 붙잡혀 기소된 30인의 거주지를 보면 다수는 수안면(15인), 대천면(13인)이다. 2차 시위에 참여한 수안면 사람은 대부분 옛 서부면 거주자(수촌리 6인, 자의리 5인)로, 1차 시위에 참여한 수안면 사람이 모두 옛 동부면 거주자였던 것과 대비된다. 대천면 거주자들도 대부분 서쪽 편 사람(창곡리 4인, 시리원리 3인, 수치리 3인, 상대리, 하대리 각 1인)이었다. 이들이 서쪽에 모여서 수안면 석교리의 교구실로 가려면 용담리의 헌병분대 앞을 지난다. 이때쯤이면 시위대도 알았을 것이다. 그곳에 죄 없는 교구 간부들이 붙잡혀 있다는 것을. 만세 소리를 드높여 기세를 올린다. 그런데 헌병대는 이미 교구실에 해산을 명령했는데도 그들이 불응하고 다시 시위하러 온 것으로 판단했던 것 같다. 부상자들은 이렇게 전했다. '만세'를 외쳤을 뿐이다. 헌병대가 해산을 명하며 총을 쐈다. 아마 처음은 공포탄이었을 거다. 자의리의 김창순(26세)이 앞으로 나가 가슴을 풀어헤치며 다시 한번 쏴보라며 항의한다. 그러자 헌병분대장이 검으로 그의 목을 쳤다. 그가 쓰러지고 총격이 시작되어 3인이 죽고 8~9인이 부상했다. 시위대 중에는 김창순의 부친 김문상(44세, 농업)도 있었다.

총소리와 교인의 사망 소식을 들은 교구실 간부와 그때까지 모인 교인들이 다시 나섰다. 정오 무렵 3차 시위. 수안면 남쪽 대평면의 최명백(45세, 농업)은 교구장 등이 연행되었다기에 동정을 살피고자 읍에 나왔다. 교구실로 가 보니 이미 아무도 없었고, 먼발치에 홍석정 등 여러 사람이 가고 있었다. 쫓아가 그에게 어디로 가느냐 물으니, '만세를 부르러 간

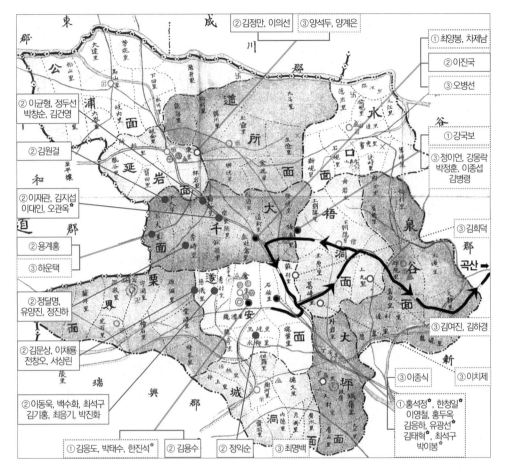

②김정만, 이의선　③양석두, 양계은

①최양봉, 차제남

②이진국

③오병선

②이균형, 정두선
박창순, 김건영

②김원걸

①강국보

②정이언, 강몽락
박정훈, 이종섭
김병령

②이재관, 김자섭
이대인, 오관옥✿

②용계홍

③하운택

③김희덕

②정달명,
유양진, 정진하

②김문상, 이채룡
전창오, 서상린

②이동욱, 백수화, 최석구
김기홍, 최응기, 박진화

③김여진, 김하경

③이종식　③이치제

①홍석정✿, 한정일
이영철, 홍두옥
김응하, 유광선
김태혁✿, 최석구
박이봉✿

①김응도, 박태수, 한진석✿　②김용수　②정익순　③최명백✿

〈**그림 4**〉　수안면 만세시위 참가자의 거주 지역 및 홍석정 루트. 자료: 黃海道 遂安郡, 『郡勢一斑』, 1930; 사건 관련 판결문. 1차 시위자는 검은색 점선 박스 2차 시위자는 붉은색 실선 박스 3차 시위자는 붉은색 점선 박스로 표시했다. 이름에 위첨자로 ✿ 표시한 이는 2차 시위에도 참여한 사람, ✿ 표시한 이는 3차 시위에도 참여한 사람이다. 검은색 굵은 실선 화살표는 홍석정이 곡산에 갔다 올 때 걸었을 것으로 추정되는 길이다.

다'기에 자기도 따라갔다. 우리가 확인할 수 있는 홍석정의 마지막 모습이다. 3차 시위 때 헌병대 등의 총에 맞아 홍석정, 한청일, 오관옥 등이 죽었다. 홍순걸도 팔을 절단해야 했을 정도로 크게 다쳤다는데, 아마 3차 시위 때였을 거다. 3월 당시 일제 검경은 2~3차 시위에서 9명 사망, 18명 부상으로 보고했다. 4월 말 집계에선 부상자는 같으나 사망자가 13명으로 늘었다. 김병조의 『한국독립운동사략 상편』에는 사망자로 나의집과 이인식이 나온다. 선교사 측 기록 「부상자들이 본 1919년 3월 3일 수안골 총격」(이하 「수안골 총격」으로 줄임)에 따르면 구경하던 열두 살 소녀 송봉예(Song Bong Yea)도 총에 맞아 사망했으며, 열세 살의 한 소녀는 총상을 네 군데나 입었다. 진동하는 화약 냄새, 여기저기 들려오는 신음…. 홍석정은 비로소 다리를 쉬인다.

이제 한병익이 걸을 차례다. 그는 집에 있다가 한낮에 집 앞을 지나가는 시위대를 따라 헌병대까지 갔다. 시간이나 정황상 3차 시위. 시위대 후미에 있었는데, 총소리가 나자 엎드렸다. 곡산의 김희룡이 들은 바에 의하면, 한병익은 "총에 맞은 것처럼 쓰러져 있다가 총성이 멎은 틈"에 도망쳤다. 「수안골 총격」을 보면 "헌병들은 쓰러진 자들이 살았는지 죽었는지 알기 위해 그들 사이를 거닐면서 그들의 몸을 소총 끝이나 신발 끝으로 툭툭 쳤다." 한병익은 다행히 도망쳤지만, 그의 아버지 한청일, 외할아버지 나의집이 사망했다. 그는 김희룡에게 외삼촌과 외사촌도 총살당했다고 했다. 이런 상황에서 그는 그날 오후 4시경 수안의 참상을 전하기 위해 곡산으로 향한다. 나중에 서흥지청 검사가 누구의 명령을 받았냐고 묻자 그는 명령받은 일이 없다고 했다. 이것이 본인의 결정이었는지, 집안의 결정이었는지, 아니면 수안교구에서 권한 것인지 지금으로선 알 길이 없다. 그는 홍석정이 걸었던 길을 똑같이 걸어 4일 오전 5시 곡산면 송항리에 사는 천도교인 이재경의 집에 도착했다. 그보다 약간 앞서 이경섭이 송항리에 도착했는데, 2일 아침 석교리를 출발했으나 발병 때문에 40리밖에 걷지 못하고 수안군 천곡면에서 하루 더 묵었다. 홍석정이 얼마나 날랬는지 알 수 있다.

검사들은 한때 한병익이 곡산에 독립선언서를 전달한 것으로 헛다리를 짚었다. 또 곡산의 시위자들에게 그가 '원수를 갚아 달라 했냐'고도 물었다. 한병익은 누차 수안면 만세시위에서 사상자가 나왔다는 사실을 알리기 위해 갔다고 했다. 김희룡은 그가 "수안에선 그런 일이 있었으니 곡산에서도 발포할지 모르니까 [만세시위를] 중지하는 것이 좋겠다" 했다고 진술했다. 한병익이 '중지'까지 말했는지 의문이지만 곡산의 천도교인이 수안면 사태를 얼마나 위중하게 받아들였는지 짐작할 수 있다. 곡산면 천도교인의 시위를 보면 조심한 흔적이 역력했다. 우선 교구장을 비롯해 교구 간부들이 보이지 않았다. 이경섭이 책임지기로 했던 것 같다. 시위도 일제 측을 자극하지 않았다. 서촌면, 화촌면 등에서 출발했지만 헌병에게 제지당했다. 읍내에 도달한 이들은 송항리 전교실에서 출발한 시위대 50~70명이었다. 이들도 행정기관이나 헌병대 앞으로 가지 않았다. 시내에서 만세를 부르다가 헌병대로 연행되었다. 곡산헌병분대는 시위대가 읍내 입구에 다다르자 막아서서 해산명령을 내렸는데, 시위대가 따르지 않자 그들을 분대 구내로 유도했다. 「수안골 총격」을 보면 수안에선 시위대를 헌병분대 구내에 가두어놓고 총을 쐈다. 헌병분대장이 대표만 남고 해산하라고 했다. 한병익은 해산하지 말자고 했지만, 수안 사람인 그가 좌우할 상황이 아니었다. 대표로 이경섭 등 곡산의 6인과 한병익, 총 7인이 남고 시위대는 해산했다. 일본의 한국사 연구자 미즈노 나오키水野直樹는 이 대목을 조선 민중이 말단 권력기관과 '대치'하는 한 양상, 곧 '담판'의 예로 들었다. 그만큼은 아니지만 필자도 이들이 대표자로 나선 의미가 크다고 생각한다. 대표로 나서서 모든 책임을 짊어짐으로써 시위대의 목숨을 지켰고, 곡산교구의 조직을 지켰다. 그런데 이경섭은 왜 수안의 한병익을 돌려보내지 않고 굳이 곡산면 만세시위의 대표자에 포함했을까? 한병익은 수안의 참사를 곡산뿐 아니라 세상에 알려서 수안 천도교인의 억울함을 호소하고 싶어 했다. 수안 천도교인의 바람이었다. 그 방법이 서울에서 독립선언서를 가져온 이경섭에게 있지 않을까 해서 밤새 걸어온 것이다. 곡산교구를 지키기도 벅찬 이경섭에게 뚜렷한 방안이 있었을까? '어쨌든 같이 가보자'였을까? 의도하진 않았지만 결과적으로 유효했다. 이후 둘은 곡산 만세시위 사건에서 분리, '손병희 등 47인'에 포함되어 내란죄 혐의로 경성의 법정에 서게 된다. 경성복심법원 공판에서 한병익은, 판사가 "헌병대에게 폭동을 하였는가?" 묻자 "헌병이 우리의 만세 부르는 것을 나와서 총을 놓고 칼로 찍어서 이십여 명이나 살인을 당한 것이지 우리가 폭동한 것이 아니오"라 했다. "피고인의 부친도 부상하였는가?" 묻자 "부상한 것이 아니라 총에 맞아 돌아가셨소"라고 답했다. 『동아일보』 1920년 9월 22일자에 보도되어 세상에 알려졌다.

3월 3일 만세시위에 참가한 수안 천도교인 중에 부상자는 헌병대에 구금되었다가 7일에 풀려나서 대부분 대천면 남정리의 병원으로 갔다. 구금 중에 1인이 죽고, 병원에서 또 1인이 죽었다. 구금 중에 물을 주지 않아 오병노는 자신의 오줌을 마셔야 했다. 시위에 참가한 70여 인은 수안

헌병분대에서 조사를 받고 3월 중순 해주지방법원 서홍지청 검사국으로 송치되었다. 옥바라지가 필요했다. 『도장관보고철』을 보면 석교리 김상윤(전 교구장)과 홍길재는 밭을 팔아 각각 600원을 마련했고, 나찬홍은 집에 있는 가구 전부를 팔았다. 대천면, 도소면 등지의 천도교인이 이번 시위로 검거된 자의 가족을 돕기 위해 모금했다. 조선헌병대사령부가 작성한 『조선소요사건상황』에는 황해도의 천도교에 대해 다음과 같이 말했다. "천도교는 그 근거를 교주에 두고 있으므로 행동이 계통적이고 결속이 매우 견고하여, 죽음으로써 이에 맞부딪치는 기개가 있다. 현재 표면상 약간 교가 쇠퇴하는 기색이 있으나, 대소 성미금 갹출 같은 것에 조금도 불평을 말하는 자가 없을뿐더러 모금이 신속히 되는 점은 칭찬할 만하다." 그런데 1919년 하반기, 수안면 만세시위 사건은 해주지방법원 서홍지청에서 경성의 고등법원으로 이관되었다. '내란죄'로 다루기 위해서였다. 이후 긴 공판 끝에 1920년 11월 22일 경성복심법원에서 안봉하 등 68인은 징역 2년~금고 6개월 형을 선고받았다. 기나긴 옥바라지도 힘들었겠지만, 감옥 생활도 견디기 어려워 3인이 옥사했다. 1920년 8월 4일 최석구(당 53세), 동월 10일 하운택(45세), 동월 22일 이균형(26세)이 사망했다. 홍석정의 아들 홍두익도 몸이 아파 같은 해 8월 경성지방법원 판결과 1920년 11월 경성복심법원 판결 때 궐석했다. 아들 김창순을 잃고 옥살이 중인 김문상은 아픈 홍두익을 보며 어떤 생각이 들었을까. 김여진과 김하경, 김응하와 김태혁은 부자지간으로 같이 투옥되었다. 바깥의 식구들은 얼마나 고생이 심했을까.

만세시위 이후, 출옥 이후 수안의 천도교인은 또 다른 시련을 맞이했다. 천도교의 분열. 『조선의 유사종교』에 나오는 1930년대 초반 황해도 포교 상황을 보면 신파 1,138명(29%), 구파 1,191명(31%), 사리원파 1,461명(38%), 연합회파 103명(3%)이었다. 황해도의 다수는 신파도 구파도 아니고 오영창의 사리원파였다. 당시 수안과 곡산은 특히 신파와 사리원파의 세력이 겹치는 지역이었다. 분열 이전, 1909년 『천민보록天民寶錄』을 보면 수안의 천도교인은 오영창 연원이 57%로 가장 많았다. 다음이 나용환 연원(20%), 나인협 연원(15%)이었는데, 이 두 연원은 나중에 신파가 된다. 삼일운동 때 만세시위는 오영창 연원의 교인이 주도했다. 안봉하, 홍순걸, 홍석정, 김응하 등이 오영창계이고, 김영만은 나인협계였다. 1920, 30년대 분열의 와중에 홍순걸은 연원을 나인협계로 바꿨다. 그래서 신파의 유지자 명부인 『천도교창건록』에 이름을 남겼다. 이 자료에 수안군 교인이 적게 나오는 것은 다른 파가 많았기 때문이리라. 홍석정이라면 어떤 선택을 했을까? 젊은 층은 이런 천도교의 분열이, 산골이 답답했을 거다. 연합회파에 가입, 만주로 가서 고려혁명당원으로 활동한 사람이 적지 않다. 홍석정의 말을 듣고 수안면 만세시위에 참여했던 대천면 사창리의 오병선은 징역 1년을 선고받았고, 출옥 후 1926년 연합회파에 들어가 고려혁명당에 가입했다. 하얼빈 지역 송화강 철도공사장에서 일하며 당원으로 활동했다. 이동욱, 이영철도 비슷한 길을 걸었다.

언젠가 한번 홍석정 루트를 걸어보고 싶다.

4

| 심영식, 겉눈만 못 보지 속눈마저 못 보는 줄 아냐 |

2019년 삼일운동 100주년을 맞이하여 상영된 영화 〈항거: 유관순 이야기〉를 보는 내내 꺼림직했다. '371'은 유관순의 수인번호가 아니다, 『매일신보』의 한자가 틀렸다…. 하지만 이런 것보다 더 중요한 게 있다. 감옥에 있어야 할 사람이 보이지 않았다. 심영식(세례명 심명철). 시각장애인으로 개성에서 삼일운동에 참여했다가 '여감방 8호실'에 유관순 등과 같이 투옥되었지만, 영화에서는 나오지 않는다. 그곳에 있었던 심영식의 눈이 먼 건가, 그를 못 보는 우리의 눈이 먼 건가?

필자가 심영식이란 존재에 예민했던 이유는 영화를 보기 전에 다음과 같은 자료를 봤기 때문이다. 국가기록원에서 번역문과 함께 온라인으로 제공되는 〈독립운동관련판결문〉이다. 매우 유용하다. '심영식'으로 검색해보면 경성지방법원 1919년 5월 6일자 판결문이 나온다. 심영식 관련 부분의 원문을 보면 〈그림 5〉와 같다(국가기록원에서 제공하는 번역문은 그림의 설명 참조).

웃어야 할지 울어야 할지 모르겠다. 자료에선 '맹목적인 부녀'가 되고

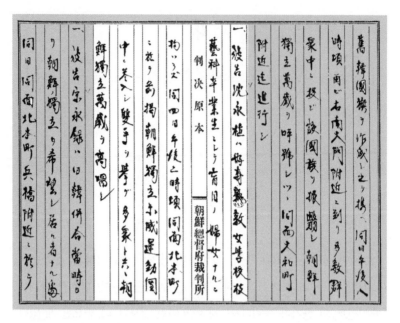

〈그림 5〉 개성 만세시위에 대한 경성지방법원 판결문 중 심영식 관련 부분. 자료: 京城地方法院, 「判決: 韓宗錫 등 17인」, 1919. 5. 6(국가기록원, 〈독립운동관련판결문〉. 관리번호 CJA0000416). 원문에서 밝게 처리한 부분이 심영식 관련 판결문이다. 국가기록원 온라인에서 원문과 함께 제공하고 있는 번역문은 다음과 같다(2020. 3. 29. 검색).

"일. 피고 심영식沈永植은 호수돈여학교 기예과 졸업생으로 맹목적인 부녀자임에도 불구하고 3월 4일 오후 2시경 같은 면[송도면] 북본정에서 조선독립시위운동단 속으로 들어가 두 손을 들고 다중과 함께 조선독립만세를 외치고,"

영화에선 사라지고. 찾아보니 심영식은 오래전부터 '맹목적인 부녀'였다. 1972년 독립운동사편찬위원회에서 펴낸 『독립운동사자료집 5: 3.1운동 재판기록』에도 같은 부분이 "맹목적인 부녀자임에도 불구하고"로 번역되었다(520쪽). 판결문 원문에 장애인과 여성을 비하하는 뜻이 담겨 있다는 점은 상론하지 않겠다. 다만 번역자는 심영식이 시각장애인인 줄 몰랐던 것 같다. '맹목盲目의 부녀婦女'를 글자 그대로 '눈먼 부녀'로 번역하면 될 것을 굳이 '맹목적인 부녀'로 번역했다. 시각장애인에게 '시각장애인처럼 분별없다'고 한 셈이다. 오류가 오래되었고 여전히 고쳐지지 않는 걸 보면 '심영식'에 비친 후대의 조명은 그리 오래되지 않은 것 같다.

필자도 고백하자면 최근에야 심영식을 알게 되었다. 황해도 수안군 수안면 만세시위를 탐구하면서 시위 관련자로 징역 1년 3개월의 형을 받은 이응호李應浩의 아래 사진을 보면서 시작되었다.

〈그림 6〉 수안면 만세시위(1919. 3. 3)의 이응호 수감 사진. 자료: 국사편찬위원회, 〈한국사데이터베이스_일제감시대상인물카드〉.

1919년 3월 1일 밤 수안군 천도교 교구장 안봉하에게 독립선언서가 전달되었고, 3일 수안면에서 천도교인의 만세시위가 일어났다. 시위가 있기 하루 전 수안헌병분대는 수안군 천도교 교구실을 수색하여 독립선언서를 압수하고 안봉하 등 교구 간부들을 연행했다. 이때 이응호도 연행되었다. 판결문에 따르면 그는 당시 29세 한문 교사였다. 〈그림 6〉을 보면 시각장애인이 분명한데, 마음 한편에 시각장애인이 한문을 가르칠 수 있는지 의문이 들었다. 관련 판결문들을 보면 이응호가 자주 이용호 李龍浩로도 불려서 의문은 더 커졌다. 단순 오기일 수도 있지만, 혹시 대신 징역을 살았던 건 아닌가? 대신 태형을 받았다는 소리는 들어봤지만, 대신 징역도 가능했던가? 분명 필자는 그의 능력을 의심하고 있었고, 이는 시각장애인을 괴롭혀왔던 오래된 문제, 편견이다.

시각장애인의 직업권 형성에 관하여 박사논문을 쓴 주윤정 선생께 문의해보았다. '시각장애인이라고 전부 안 보이는 것이 아니다', '정도가 다르다'는 지극히 당연한 사실을 듣고서 시각장애인에 대한 편견을 버릴 수 있었다. 나중에 확인했지만 1920년 11월 2일 경성복심법원 공소 심리에서 이응호는 "외인편[왼편] 눈만 겨우 보"인다고 밝혔다. 1921년 7월 말 조선의 시각장애인(盲者) 8,792명의 직업을 조사한 자료를 보면 각종 교사 및 학생이 34명이었다. 주 선생은 고맙게도 시각장애인의 역사를 기록한 자료인 김천년의 『맹인실록』을 보내주면서 삼일운동에 참여한 시각장애인 이야기가 있다고 했다. 이응호는 나오지 않지만 '심영식' 편이 눈에 띄었다.

시각장애인으로 삼일운동에 참여한 사람은 더 있다. 국사편찬위원회의 〈삼일운동 데이터베이스〉에서 '맹인'으로 검색하면 '3월 10일 전남 광주군 광주면 작은 장터 시위'가 나온다. 이 시위 관련 정보에 '맹인'이란 단어가 있기 때문이다. 이 시위의 '출처정보'를 찾아보면 그 주인공은 '이달근李達根'이다.[1] 27세 안마업자로 3월 10일 광주면 작은 장터 시위에

---

1 한편 국사편찬위원회의 〈삼일운동 데이터베이스〉에서 '시각장애인'으로 검색하면 '3월 1일 경성 명월관 지점(태화관)에서 독립선언'이 나온다. '출처정보'를 찾아보

참여했다. 판결문에 따르면 그는 조선독립만세를 외치며 시내를 행진했고, 독립선언서, 경고문(警告我二千萬同胞), 독립가 등을 배포했다. 징역 1년. 이 형량이면 단순 가담자는 아니다. 뭔가 억울했는지 그는 고등법원에 상고했다. 상고 취지에서 그는 만세를 부르기는 했지만 경찰이 말하듯 독립선언서 배포 구역장은 아니었다고 주장했다. 그의 이야기를 들어보자.

> 본 피고인[이하 '본인'으로 줄임]은 맹인으로서 광주 자혜병원의 안마 고용인으로 종사하고 있던 바, 지난 3월 10일 본인의 본적지 평남 성천군 숭인면 창인리에 거주하는 어머니가 광주로 올 거라는 통지를 접했다. 동일 오후 1시 반경 병원 임시회계사무취급원 오노小野에게 저금 17엔을 불하받아 인력거를 타고 마차 정거장까지 마중 나가던 도중 작은 장터에 이르렀다. 많은 사람이 큰 소리로 만세를 부르고 있기에 인력거도 자연히 멈췄고, 그때 어떤 자가 본인에게 만세를 부르라고 강청했다. 본인은 눈이 멀어 무슨 이유인지도 모르고 강청에 의해 무의식으로 한 번 만세를 불렀다. 또 어떤 자가 무슨 많은 종이류를 인력거에 넣어서

▬▬

면 시각장애인은 길선주이다. '재한선교사 보고자료' 중 미국 북장로회 선교사인 존 프레드릭 젠소(John F. Genso)가 닥터 브라운(Dr. Brown)에게 보낸 1919년 3월 15일자 편지에 독립선언서 서명자로 '평양의 시각장애인 길 목사'를 언급하고 있다. 길선주는 삼일운동으로 체포된 뒤, 3월 2일 경찰이 독립선언서를 보여주며 취조하자 '안력眼力이 좋지 않아' 무엇인지 모르겠다 했고, 3월 18일 검사가 "금후에도 또 독립운동을 할 것인가" 묻자 "나는 극도의 근안近眼이고 또 몸이 불편해서" 정치에 일절 관여하지 않겠다고 대답했다. 李炳憲, 『三·一運動秘史』, 時事時報社出版局, 1959, 110·114쪽. 길선주는 김천년의 『맹인실록』 인물 편에 나오지 않는다.

본인은 뭔지도 모르고 이 종이류를 손에 쥐고 모색하던 바, 갑자기 경
관이 내습하여 본인도 체포되었다.

　　—고등법원형사부, 「1919년刑上제979호 판결서: 이달근 등 5인」, 1919. 10. 27.

　경관은 그가 눈이 멀어 독립선언서 구역장이 되었지만 눈이 멀지 않았
다면 선동 주모자가 되었을 거라고 장담했다. 하지만 그는 전혀 사실이
아니라 했다. 그의 주장은 받아들여지지 않았다. 상고 기각.

　삼일운동, 아니 대부분의 형사사건에서 이러한 대립은 있기 마련이다.
검경은 피고인의 혐의를 입증하여 형벌을 가하려 하고, 피고인은 혐의를
부인하여 가급적 형량을 줄이거나 사실을 은폐하려 했다. 그러니 검경이
나 판사가 누구에 대해 어떤 독립운동을 했다고 기소하거나 판결했다고
해서, 거꾸로 누가 법정의 피고석에서 독립운동을 하지 않았음을 주장했
다고 해서 그것이 바로 '진실'은 아니다. 판결문뿐 아니라 사건기록 전반
과 다른 관련 기록들을 검토하고, 관련자들의 회고나 인터뷰, 현장 답사
등을 통해 합리적 추정을 해야 한다. 이달근이 강권에 의해서든 아니든,
3월 10일 만세를 부른 것은 사실이다. 이것만으로도 일제의 처벌 대상이
고 때론 목숨을 잃을 수 있으며, 후대에서 기릴 일이다. 안타깝게도 그
와 관련해서는 판결문 외에 사건기록이 남아 있지 않은 것 같다. 독립운
동사 연구에서도 그를 기억하는 데 인색하다. 1971년 독립운동사편찬위
원회에서 펴낸 『독립운동사 3: 3·1운동사(하)』에 그는 '상고 항쟁'자 중 1
인으로 적혀 있을 뿐이다(558쪽). 2009년 독립기념관에서 펴낸 『한국독립
운동의 역사』 제20권 해당 지역 편에는 아예 나오지도 않는다. 물론 개
설적인 책에 만세 부른 사람의 이름 하나하나가 나오기를 기대하는 것은

무리다. 시각장애인 측의 기록인 『맹인실록』에는 이달근에 대해 이렇게 짧게 나와 있다. "1918년 제생원 3회 졸업생으로 삼일운동 때 전라도 광주에서 인력거를 하고[타고] 다니면서 만세를 부르며 민중을 고무 선동한 용감한 맹인 혈열[열혈]청년, 유일한 남성 맹인 독립운동자로 평양 역전에서 제재소를 경영하였다." 이는 시각장애인들만의 기억이고 자부심일까.

필자가 이런 생각을 하고 있다가 발견한 1979년 『전남일보』 기사는 가뭄에 단비 같았다. 발언자는 삼일운동 당시 21세, 전남도청 고원雇員으로서 시위를 주동하여 징역 3년 형을 선고받은 최한영이었다.

> 이달근이라는 장님이 있었지요. 읍내에서 안마업으로 생계를 유지하고 있던 당시 27세의 청년이었습니다. 독립만세운동이 있다는 정보를 일찍 얻어내는 데 성공을 했습니다. 그는 자신의 맹인됨을 서글피 여기면서 뭔가 후세에 남길 일을 하려고 하던 차 만세운동이 있다는 정보를 얻고, 지도자들을 서둘러 만나러 다녔습니다. 처음에는 의심쩍고 불안스러워 거사 계획에 관한 일체의 얘기를 숨겼으나, 그는 너무도 성실하고 진지한 태도로 운동의 참여를 간청해서 끝내는 광주농업학교 기숙사에 학생 동원을 알리는 메신저가 되었습니다.
>
> ─『전남일보』 1979. 1. 8(노성태, 「광주 3·1운동의 재구성: 판결문을 중심으로」,
>
> 『향토문화』 38, 2019, 73쪽에서 재인용).

최한영의 발언을 인용한 노성태는 광주 삼일운동을 주도한 중심 세력이 기독교인, 청년 지식인, 학생이었지만 다수는 독립을 열망했던 농민, 가게 점원, 대장장이, 안마사, 이발사 등 각계각층의 민중이었다고 주장한다.

다시 심영식으로 돌아가보자. 판결문에 따르면 그는 1919년 3월 4일 오후 2시 개성 북본정北本町에서 시위단과 함께 만세를 불렀다. 당시 호수돈여학교 졸업반이었던 이경신의 1965년 회고에 따르면 만세시위 전 2월 28일(다른 판결문에 따르면 3월 1일) 전도부인 심영식은 독립선언서를 시내에 배포했었다. 1972년에 위의 판결문이 자료집으로 나오면서 이후 삼일운동이나 학생독립운동을 다룬 서적에서 간간이 심영식이 언급되었지만 그의 삶이 세상에 알려지진 않았던 것 같다. 감옥에서 나온 후 어떤 삶이 이어졌을까.

1983년 심영식이 별세한 뒤, 1990년 전후에 그의 일생을 다룬 동화책 두 권이 나왔다. 1990년 그에게 건국훈장 애족장이 추서되는데, 그 포상 신청을 주도했던 사람이 동화책의 작가 장수복이다. 비록 동화로 윤색되었지만 심영식의 일생을 알려주는 귀중한 자료다. 두 동화책에 의거해 심영식의 일생을 간략히 정리해보자. 동화책 안에서 연도나 사항이 일치하지 않는 경우도 적지 않아 고증이 필요하나, 우선 대강의 파악을 위해 적어본다.

1896년 개성 목재상 집안에서 출생하여 1900년 열병을 앓은 뒤 눈이 멀었다. 1910년대 들어서 평양맹아학교(2년 수료), 개성 호수돈여학교(3년 졸업), 평양여자고등보통학교(1년 중퇴)에서 공부했다. 그리고 1919년 개성에서 삼일운동 참여. 이후에도 1920년 삼일운동 1주년을 맞이하여 개성 미리흠여학교 학생들과 시위를 준비하다가 체포되어 옥살이를 했다. 1926년 홀로 인천으로 이주하여 일본인 밑에서 안마업에 종사했다. 1931(1928?)년에 시각장애인 문○○과 결혼하고 일본인 안마업소 인수,

〈그림 7〉 심영식을 다룬 동화책. 자료: 장수복, 『대한이 살았다』, 고려문화사, 1989; 장수복, 『(심영식 열사의 감동의 애국정신) 선죽교 피다리』, 대우, 1991.

1938년에 득남, 2년 뒤인 1940년에 득녀했다. 1941년 구세군 인천 지부에서 재무하사관으로 봉사하기 시작하여 1975년까지 이어졌다. 해방 이후 1946년 남편이 사망했다. 이후 안마, 뜨개질, 행상(사과, 돗자리, 발 등 판매), 세탁, 혼혈아 키우기 등으로 생계유지와 자식의 학비 마련에 힘썼으며 1971년 경기도지사로부터 훌륭한 어머니 표창을 받았다. 전반은 독립운동을 위해, 후반은 자식 성공을 위해 헌신한 일생이었다. 동화책은 유가족의 증언을 바탕으로 쓰인 것 같다.

　마지막으로 시각장애인 김천년이 시각장애인의 역사를 기록한 『맹인실록』을 살펴보자. '인물 편' 서두에 "필자가 30여 년간 점자로 모은 것들을 오늘 1990년 10월 27일 오후 7시 50분을 기해 묵자로 옮기기 시작한다"고 쓰였다. '독립투사 심영식 여사' 편을 보면 저자가 직접 몇 차례 심영식을 만나서 들은 얘기를 기록했다고 적었다. A4 용지로 두 장이 조금 넘는 분량에 불과하고 내용도 표기도 약간 뒤죽박죽이지만 심영식의 소리를 들을 수 있는 귀중한 자료이다. 그의 독립운동과 관련하여 몇 가지 점을 짚어보면 첫째, 그는 개성 만세시위로 10개월 형을 선고받았는데 6개월 뒤 가출옥했다. 1919년 10월에 출옥한 것으로 기록되었다. 3월 초에 연행, 구류되어 5월 초에 판결이 난 점을 감안하면 얼추 맞다. 영화 〈항거〉가 삼일운동 1주년 투쟁에 초점을 맞췄다고 한다면 1920년 3월에 그가 여감방에 없는 것이 당연하다! 서대문감옥 2호실에 수감되었으며 어윤희, 신관빈, 김향화, 권애라, 유관순, 염씨[임명애][2]와 같이 있었다. 둘째, 1년 뒤 1920년 3월에 다시 체포되어 1년 형을 선고받았으나 이번에도 6개월 만에 가출옥했다. 셋째, 이후에도 무슨 일만 있으면 경찰서에 구금되어 심문받았다. "심문 도중에 하도 맞아서 왼쪽 귀가 지금도 잘 안들린다." 넷째, 심영식 하면 떠오르는 그 유명한 대화가 『맹인실록』에는 이렇게 적혀 있다. 경찰, "장님이 무슨 독립운동을 한다고 육갑이냐." 심영식, "겉눈만 못 보지 속눈마저 못 보는 줄 아느냐." 그런데 위 동화책에는 유사한 대화가 두 번째 체포 때 개성의 조선인 순사 황달평과 주고받은 것으로 나온다. 이 외에 '대한제국도 반드시 독립을 한다'라는 노래를 부르는 감옥 순사, 감옥에서 뜨개질 사역을 하고 돈을 받았던 일 등이 적혀 있다.

---

2 이상 인명은 철자가 약간 다르게 기록되었으나 필자가 수정했다. '염씨'는 구세군 교인이며 아이가 있었다는 말로 볼 때 임명애인 것 같다. 장수복이 심영식의 일생을 쓴 동화책에는 '염씨 부인'으로 나온다.

〈그림 8〉 심영식이 다녔던 평양맹아학교 여맹학생의 뜨개질하는 모습. 출처: 한국시각장애인복지재단, 『한국맹인근대사』, 2004의 화보 중에서.

『맹인실록』과 앞의 동화책은 독립운동과 관련해서는 내용이 비슷하지만 나머지는 사뭇 다르다. 동화책에서 '혼혈아 키우기'는 봉사활동으로 나오나 『맹인실록』에서는 다음과 같이 기록되었다. "6·25 직후 양부인이 낳은 아이 열 명을 길러낸 돈으로 자제를 공부시켰다. 인천경찰서 부근인 관동 집에서 처음에는 한 아이당 매월 8,000원씩 받다가, 후에는 1만 원, 마지막에는 1만 2,000원씩 받았다. 아이는 우유와 미음을 먹이고, 애는 업고 손으로는 뜨개질했다. 아이 어머니가 맹인이 어떻게 기르나 해서 2층 계단 밑에 숨어서 확인하고는 갔다." 한국전쟁 이후 시대의 단면, 고단한 일상이 보인다.

두 자료의 가장 큰 차이는 가족사 기술이다. 김천년은 심영식의 구술을 기록하고 마지막에 이렇게 평했다. "알지 못할 게 세상사요, 마음대로 안 되는 게 인간사라. 독립 정신을 자손에게 물려주려고 결혼을 했건만 자기 몸에서 난 아들은 둘 다 진자리에서 가버렸고, 자신은 배일 감정이 그렇게도 철저했건만 남편 문○○은 역설적으로 친일 사상이 얼마나 강했으면 자기 아버지가 시골에서 찾아왔는데 부자간이 대화하면서도 중간에 통역을 세우고 말을 주고받았다는 당시 맹인계에 떠들던[떠돌던?] 웃지 못할 이야기다." 남편 문○○은 이달근의 제생원 2년 후배다. 심영식의 구술은 좀 더 담담하다. "독립운동 정신을 자식에게 물려줄 의도에서" 결혼, "자체[자제]는 ○○○ 소실 몸에 난 것을 친자처럼 길렀다. 자신은 겨우 둘을 낳았으나 혈우병으로 다 조사早死했다."

심영식이 보았다면 『맹인실록』과 동화책 중 어느 기억을 더 좋아했을까. 그가 독립만세를 외치면서 꿈꾸었던 세상은 어떤 것이었을까.

5

| 삼일운동 참여자 수감 사진의 비밀 |

우리는 보통 삼일운동에 대해서 지도부와 엘리트가 있고 그들의 지도에 따라 민중이 만세시위에 나섰다고 생각한다. 지도부 하면 떠오르는 대표적인 사람들이 '민족대표 33인'이다. 분명 「선언서」에 '조선 민족 대표'라 썼었다. 이들은 어떻게 대표가 되었나? 교단별로 논의가 있었지만 기본적으로 자임自任이었다. '민족'이 선출한 것이 아니었다. 만약 33인의 독립선언만 있고 방방곡곡에서 그에 호응한 만세시위가 없었다면 어떻게 되었을까? 하나의 큰 조직 사건에 그쳤을 것이다. 그렇다면 이후 33인이 지도자로서 받게 되는 존경 또는 실망도 지금보다 크지 않았을 것이다. 33인의 '자임'을 추인하여 명실상부한 '대표'로 만든 것은 나라 안팎의 만세시위였다. 33인은 만세시위 참여자에게 감사해야 한다. 그런데도 우리는 그 참여자를 잘 모른다. 참여 민중을 탐구할 필요가 있다. 물론 지도자 중에 감사할 사람이 없겠나. 많다. 다만 다른 연구자들이 많이 다루니 굳이 필자가 나설 필요가 없을 뿐이다. 그래도 한 명 꼽으라면? … 마침 발견(?)한 사진 속의 한 인물에 관해 얘기해볼 수 있겠다.

〈그림 9〉 영화 〈항거〉의 도입부, 유관순의 입감 장면. 자료: 네이버 영화 〈항거〉 https://movie. naver.com/movie/bi/mi/basic.nhn?code=182360 예고편에서 캡처(2020. 8. 19 검색).

2019년 삼일운동 100주년을 맞이하여 개봉한 영화 〈항거〉를 보면, 만세시위 후 유관순이 서대문형무소에 입감되는 장면에서 유관순을 수감번호 '371'로 부른다. 아직도 '371'을 수감번호라고 하다니! 아마 유명한 〈그림 10〉의 사진에서 비롯된 잘못일 것이다.

오른쪽 정면 사진에 거꾸로 된 한자로 '三七一'이 적혀 있다. 하긴 이 자료가 1965년 세상에 공개되었을 때부터 '371'은 수인번호로 오해됐다. 〈그림 11〉의 신문기사를 보면 당시 치안국이 감식계에서 감식 관계 사진을 정리하다가 발견했다며 '대한의 딸' 유관순의 사진을 공개했는데, 그때 '371'을 수인번호로 소개했다.

신문이나 인터넷 자료의 정보가 모두 사실은 아니다. 사실을 알고 싶으면 우선 전문가를 찾아야 한다. 이 사진자료군, 〈일제감시대상인물카

↑ 〈그림 10〉 1919년 서대문감옥에 수감된 유관순 사진. 자료: 국사편찬위원회, 국사편찬위원회, 〈한국사데이터베이스_일제감시대상인물카드〉. 이하 수감 사진의 출처는 동일함.

← 〈그림 11〉 1965년 유관순 수감 사진 발견을 보도하는 신문기사. 자료: 「유관순 양 사진, 치안국서 발견」, 『동아일보』 1965. 3. 26. 3면.

〈그림 12〉　　1919년 서대문감옥에 수감된 어윤희 사진.

드)를 가장 많이 들여다본 연구자는 아마 이애숙과 박경목일 것이다. 두 전문가는 이 자료군에 거꾸로 찍힌 숫자를 '보존원판번호'로 보았다. 이를 잘 알 수 있는 사진이 3월 1일 개성 만세시위에 참여했다가 붙잡힌 어윤희의 수감 사진〈그림 12〉이다. 거꾸로 찍힌 숫자가 '三七〇'인데, 아래 칸에 '保存原板(小) 第370番'이라 적혀 있다. '보존원판'이란 인물카드에 부착할 사진을 인화하는 데 쓰인 원판을 의미한다. 유관순의 '371'은 수인번호가 아니라 사진 원판 보존번호(이하 '보존번호'로 줄임)이다.

　그런데 기존의 보존번호 설명에는 의아한 점이 있다. 이애숙은 보존번호 1번 박장록, 3월 27일 강원도 화천에서 만세시위를 권유하다가 붙잡힌 그의 사진〈그림 13〉 왼쪽(보는 쪽에선 오른쪽) 옷깃에 붙은 번호

〈그림 13〉 1919년 서대문감옥에 수감된 박장록 사진.

'六一四'도 보존번호로 보았다.[1] 필자가 보기엔 이것이 바로 수인번호이다. 당시 규정을 보자.

조선감옥령시행규칙朝鮮監獄令施行規則(1912. 3 總令34호)

제18조 입감자에게 번호를 부여하고 재감 중 그 번호표를 상의 옷깃 (襟) 또는 흉부에 부착하게 한다.

---

1 이애숙, 「(한국사데이터베이스) 일제감시대상 인물카드(해제)」, 2014. 12, 3~4쪽(국사편찬위원회, 〈한국사데이터베이스_일제감시대상인물카드〉 자료소개에서 내려받을 수 있다).

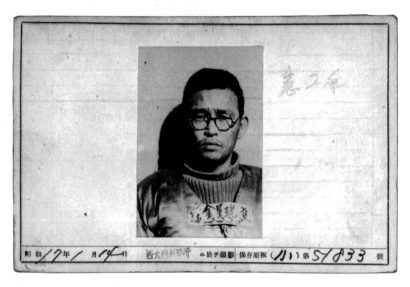

<그림 14> 1942년 서대문감옥에 수감된 김광섭 사진.

제20조 전옥典獄에서 필요하다고 인정될 때는 입감자를 촬영할 수 있
다. 재감자에 대해서도 같다.

— 朝鮮總督府 編, 『朝鮮法令輯覽』 下卷, 帝國地方行政學會朝鮮本部, 1938, 395쪽.

사진 속 인물의 옷에 붙은 이름표는 인물을 식별할 수 있도록 임시로
붙인 것일 뿐, 감옥에서 수감자는 오로지 옷깃이나 가슴에 붙은 번호로
불렸다. 뒤 시기이지만 위 김광섭의 수감 사진〈그림 14〉을 보면 제일 밑
에 거꾸로 찍힌 '51833'은 카드 아래 칸에서 보듯이 보존번호이다. 보존
번호 위의 이름표 아래에 쓰인 숫자 '2223'이 수인번호다. 그가 쓴 『나의
옥중기』를 보면 "여기서는 이름을 못 부른다. … 이 번호의 사회에서는

번호가 길면 끝의 것만 부른다. 나는 2223번, 그래서 23번이 나다. 내 이름이요, 내 전체다. 그 패를 왼쪽 가슴에 꼭 붙여야 한다."[2] 이름과 수인번호가 함께 쓰인 것은 아직 죄수복과 수인번호표가 마련되지 않아 임시로 적은 것일 듯. 규정상 수인복에는 저렇게 이름이 붙을 수 없다. 암튼 '51833'과 같이 사진에 거꾸로 찍힌 숫자가 수인번호가 아닌 것은 확실하며, 그의 옥중기에 나오는 설명은 '조선감옥령시행규칙'과 일치한다.

또 의아한 점은 '순서'이다. 두 전문가는 자료군의 보존번호가 '중복되지 않고 순서대로 부여'됐다고 한다.[3] '순서'는 어떤 순서를 말하는 것일까? 일제강점기 전체로 보면 대체로 시간 순서에 따른 것인지 몰라도 삼일운동에 초점을 맞춰 보면 '순서'대로가 아닌 것도 있다. 예컨대 박장록과 어윤희의 사진을 비교해 보자. 박장록 사진은 보존번호가 '1'이다. 중복이라 '×' 표시된 또 다른 사진의 보존번호는 '289'이다. 박장록은 3월 27일 만세시위를 권유하다가 붙잡혀 5월 20일 경성지방법원에서 징역 8개월을 선고받았다. 경찰의 체포, 취조 그리고 송치 과정을 고려하면 그가 경성에 올라온 시기는 아무리 빨라도 4월 1일보다 늦었을 거다. 그런데 어윤희가 서대문형무소에서 사진을 찍은 날짜는 〈그림 12〉 아래 칸에 1919년(다이쇼大正 8년) 4월 1일로 적혀 있다. 하지만 보관번호는 '370'으로 박장록 사진의 그것보다 한참 늦다. 삼일운동 참여자의 사진에 관한 한 보존번호는 입감 순서나 촬영 순서대로가 아닌 것 같다.

---

2 金珖燮, 『나의 獄中記: 日記·手記·自傳的 에세이』, 창작과 비평사, 1978, 25쪽.

3 이애숙, 앞의 글, 5쪽; 박경목, 「일제강점기 수형기록카드 현황과 명칭」, 『한국독립운동사연구』 64, 2018. 11, 204쪽.

이 자료군 중 비교적 이른 시기라 할 수 있는 삼일운동 참여자 사진의 보존번호가 순서대로 되어 있지 않다는 점은 삼일운동 이후 어느 시점에 보존번호가 일괄적으로 부여되었을 가능성을 말해준다. 삼일운동의 개별 시위나 사건이 다 비슷한 시점에 일어난 일로 보이는 후대 언젠가. 그렇다면 보존번호를 부여한 주체, 즉 이 자료군을 생산하고 관리한 기관은 어떤 곳일까. 이애숙은 경기도 경찰부로 보고 이 자료군을 '일제감시 대상 인물카드'로 명명했으며, 박경목은 서대문형무소로 보고 그 내용을 볼 때 '수형기록카드'가 더 적합한 명칭이라 했다.

삼일운동 참여자 사진의 보존번호가 순서대로가 아니라 하더라도 아주 질서가 없지는 않다. 필자는 글을 쓸 때 해당 인물사진이 있으면 보면서 쓰는 편이다. 3월 3일 수안군 수안면 만세시위에 관해 쓰면서 고등법원 예심 기준 '피의자' 71인을 검색해보니 59인의 수감 사진을 찾을 수 있었다. 수감 사진을 출력해서 벽에 붙여놓고 글을 쓰다가 발견한 사실. 그들은 혼자가 아니라 단체로 찍혔다!

수안면 만세시위로 잡힌 이들은 5~6인씩 단체로 수감 사진을 찍었다. 〈그림 15〉의 아래 오른쪽 끝 이종섭 뒤로 촬영 대기자들 또는 완료자들이 보인다. 각 인물 정면 사진의 왼편 옷깃에 수인번호와 이름표, 오른편에 보존번호가 보인다. 보존번호는 아래 왼쪽부터 한자로 674~676, 위 왼쪽부터 677~678로 쓰였다. 사진 원판 뒷면에 검정색 필기구로 써서 인화하면 사진에 보이듯이 글자는 좌우 반전되면서 하얀색으로 나온다. 단체사진의 경우 각각의 인물에 대해 보존번호가 차례대로 부여되었다. 보존번호가 이웃하는 사진일 경우 같은 사건일 가능성이 높다. 수안면 만세시위 참여자 59인의 사진 보존번호는 674번에서 시작하여 816번으

이윤식　　　　　　　　　　　　김응도

정익순　　　　　　　　나용일　　　　　　　　이종섭

〈그림 15〉 　서대문감옥에 수감된 수안면 만세시위자. 상단은 인물카드이고, 아래는 인물카드의
정면 사진들을 잘린 귀퉁이에 맞게 조합해 놓은 것이다. 뒤 82쪽 〈그림 15-1〉의 측면 사진들도
정면 사진과 마찬가지 방식으로 맞춘 것이다. 아래 3인은 왼쪽부터 정익순, 나용일, 이종섭이고,
보존번호 674~676이다. 위 2인은 왼쪽부터 이윤식, 김응도이고, 보존번호 677~678이다.

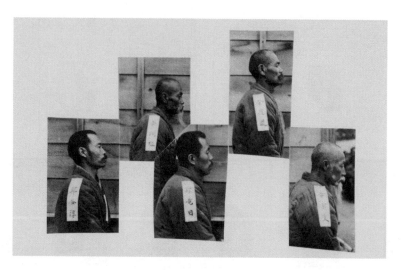

〈그림 15-1〉 서대문감옥에 수감된 수안면 만세시위자의 측면 사진. 사진 인물의 이름과 보존 번호는 〈그림 15〉와 같다.

로 끝난다. 삼일운동 참여자 사진의 보존번호가 '순서'대로가 아니라 하더라도 대체로 같은 사건별로 모아서 부여되었다.

단체사진이 뭐 대단한 발견이냐고 할지 모르겠다. 작은 낱장으로 분해되어 얼굴만 보일 때보다 현장감이 더 있어서 그런지 사진 조각을 맞춘 그날 왠지 그들에게 좀 더 다가선 느낌이었다. 수안면 만세시위 참여자, 그들은 함께 거기에 서서 무슨 생각을 하였을까? 그들은 3월 3일 어떻게 헌병분대에 세 번이나 갔던 것일까?

우리가 인물카드별로 사진을 봐와서 단체사진인지 몰랐지만, 당시 수감자들을 찍는다면 당연히 단체로 찍었을 것이다. 최인진에 따르면 20세기 초 한국에서 사람들의 초상이 찍힌 사진이 민중 통제에 이용되기 시작했는데, 비싼 비용 때문에 개인이 아니라 단체로 사진을 찍었다. 예를 들면 1906년 세무 관리 선발 때 시험에 응시한 사람은 단체사진을 촬영한 뒤 이를 증거 삼아 본인이 아닌 경우(대리시험)나 세금징수 시 잘못이 있을 경우 죄를 묻겠다고 하자 많은 수험생이 촬영에 불참했다. 또 다른 예로 의병장들의 단체사진을 떠올릴 수 있다. 1908년경 사진관 광고를 보면 '소본' 사진 가격이 50전, '중본'이 1원으로, 당시 순사 월급이 20원이었다는 점을 감안하면 비싼 편이었다.[4] 1919년 2월경 사진관 광고를 보면 '출장촬영 사진료'가 '소'판 80전, '중'판 1원 75전이었다.[5] 감옥 당국이 행형비를 아끼기 위해 '태형' 유지를 주장했던 시절이다.[6] 경비 절약을 위해서는 단체로 사진을 찍어야 했다. 좋은 예가 있다. 〈그림 16〉은 1916년 일제가 황해도 수안군 남자의 체격 측정을 위해 찍은 유리 건판 사진으로 크기는 '소'(가로 16.4cm, 세로 11.9cm)이다. 삼일운동 참여자 수감 사진과 유사한 구도로, 개인식별에도 문제없어 보인다.

앞서 말했듯이 수안면 만세시위 참여자 59인의 사진 보존번호는 674번에서 시작하여 816번으로 끝난다. 보존번호가 732번으로 끝나지 않는 것은 674번과 816번 사이에 다른 사건 참여자의 사진이 있기 때문이다. 보존번호가 그 사이에 속하는 사진들을 찾아보면 3월 1일 서울에서 '민족대표'의 독립선언과 만세시위, 황해도 곡산군 곡산면 시위, 평안북도 의주군 옥상면 시위의 참여자들이다. 수안면 만세시위를 포함하여 이 사건들이 '내란죄'로 기소되었던 까닭에 일정 시점에 이들이 같이 촬영

---

4 최인진, 『韓國寫眞史 1631~1945』, 눈빛, 2000, 154~157쪽, 185쪽.

5 「寫眞寫할 人은 見落지 마으시오」, 『每日申報』 1919. 2. 1. 1면.

6 염복규, 「1910년대 일제의 태형제도 시행과 운용」, 『역사와 현실』 53, 2004, 204~205쪽.

〈그림 16〉　1916년 황해도 수안군 남자 체격측정 사진. 자료: 국립중앙박물관 소장 유리 건판 사진 https://www.museum.go.kr/dryplate/main.do. 소장품 번호는 건판 4505, 건판 4506이다.

되었을지도 모르겠다. 다만 박만갑(보존번호 700, 수정 680)처럼 '내란죄'와 관련 없는 자도 있다.

이상을 정리해보면 첫째, 삼일운동 참여자 수감 사진에서 수인번호는 수인복에 부착된 번호이며, 보존번호는 사진 원판 뒷면에 쓰인 번호이다.[7] 이름은 식별을 위해 임시로 옷에 붙인 것이다. 둘째, 보존번호는 자료군 전체로 볼 때 '순서대로' 부여된 것인지는 몰라도 삼일운동 참여자 사진의 경우는 순서대로가 아니다. 그렇지만 대체로 같은 사건별로 연속하여 부여되었다. 단체사진이라면 사진 속 인물에 연속하는 보존번호가 부여되었다.

'대체로'라는 점에 주의할 필요가 있다. 1919년 12월 2일 훈정동 대묘(종묘) 앞 시위에 참여했던 세브란스병원 간호부 김순호(김효순), 이신도(이도신), 노순경의 정면 사진을 모아놓은 〈그림 17〉은 보존번호도 366, 367, 368로 연속하고 사진 아귀도 잘 맞아 같은 시점에 찍은 단체사진임이 분명하다. 그런데 임명애, 어윤희, 유관순의 사진은 보존번호가 연속하지만(369~371), 세 사람의 사진을 모아 보면 사진의 아귀가 잘 맞지 않는다. 더욱이 어윤희의 수감 사진에 쓰인 대로라면 4월 1일에 찍었다는

---

7 뒤 시기에 형사과에서 찍은 사진에는 피의자의 옷에 보존번호가 붙어 있는 경우도 있다. 예를 들면 정종현, 「〈근대 한국의 특별한 형제들②〉 오빠들이 떠난 자리: 임택재와 임순득 남매」, 한국역사연구회 웹진 〈역사랑歷史廊〉 2020. 8의 〈사진 2〉가 그렇다. 임택재 사진인데, 보존번호를 옷에 붙이고 찍었다. 1934년 5월 9일 형사과에서 찍었다. 국사편찬위원회, 〈한국사데이터베이스_일제감시대상인물카드〉에서 '임택재'로 검색하면 3장의 인물카드가 나오는데, 그중 보존원판 번호 24429가 해당 사진이다. 찍으면서 바로 보존번호를 부여할 수 있는 곳은 경찰 형사과였던 것 같다. 이로써 이 자료군의 생산·관리자를 짐작해볼 수 있다.

건데, 그날 유관순은 충남 갈전면 병천리 아우내 장터에서 만세시위를 하였다. 같이 찍은 사진이 아니다. 후대에 보존번호를 부여하면서 여성 참여자의 사진 일부를 모은 것 같다.

<그림 17>　　1919년 12월 2일 서울 훈정동 대묘 앞 만세시위 참여자 수감 사진. 오른쪽부터 김 순호, 이신도, 노순경, 보존번호 366~368.

　　서두에서 언급했던, 지도자 중에 감사할 한 사람. 대체 누구에게 감사 한다는 것인가. 이제부터 말해보겠다. 보존번호 729번부터 733번까지 김 기홍 등 수안군 만세시위 참여자 5인의 사진 뒤에는 734번 양전백을 시 작으로 민족대표 33인 등 3월 초 독립선언과 만세시위 참여자 및 기획자 사진이 나온다. 민족대표 등의 사진은 수안면 만세시위 참여자의 사진과 달리 벽돌 건물 앞에서 찍혔다. 보존번호로 볼 때 3인마다 한 번씩 동일 한 배수관이 나오니, 3인씩 단체로 찍은 것으로 판단된다. 이렇게 해서 발견한 것이 <그림 18>의 사진이다. 이 중의 한 분에게 감사한다.

　　1919년 말 또는 1920년 중 볕 좋은 어느 날 서대문형무소에서 이승훈,

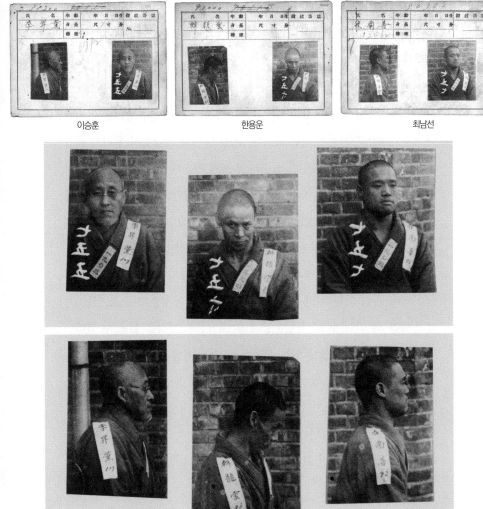

이승훈   한용운   최남선

〈그림 18〉 서대문감옥에 수감된 이승훈, 한용운, 최남선의 사진. 위는 인물카드, 중간은 인물카드의 정면 사진, 아래는 측면 사진. 보존번호 755~757. 사진을 카드에 붙이면서 가장자리를 많이 오린 탓에 수안면 만세시위자의 사진처럼 잘 연결되지 않는다. 3인의 키를 감안하여 높이를 조정했다.

한용운, 최남선이 수감 사진을 찍기 위해 벽돌 건물 앞에 같이 섰다. 50대, 40대, 30대가 함께 섰다. 삼일운동은 여러 세대의 같은 소망이 담긴 운동이었다.

1890년생 최남선. 식민지와 전쟁을 겪은, 어려운 시대를 살았던 지식인이다. 그는 당시 옥중에서 새뮤얼 스마일스의 『자조론』 하권을 번역했다.[8] 자기개발서의 원조 격인 책이다. 19세기 이래 지금까지 우리의 생활을 규정짓고 있는 책 두 권만 꼽으라면 프레드릭 테일러의 『과학적 관리법』(1911)과 이 『자조론』(1859)일 거다. 전자는 집단의, 후자는 개인의 생산력 증대가 목적이다. 지금이야 익숙하지만 그때까지만 해도 낯선 세계관이었다. 실력양성 차원에서 보급되었지만 궁극적으로 개인에게 책임을 전가하는 세계관이었다. 1918년 한용운이 펴낸 잡지 『유심』에 실린 그의 글, "세계는 힘 있는 이의 것이오"로 시작되는 「동정받을 필요 있는 자 되지 말라」와 같이 보면[9] 삼일운동 전후 최남선의 생각을 읽을 수 있다.

1879년생 한용운. 옆에 있는 모범생 모습의 최남선과 달리 그의 인상은 불온하기 그지없어 많은 상상을 자극한다. 저 모습에는 '민족' 분열의 역사가 아른거린다. 그는 1912년 '만주' 여행 중에 일본이 파견한 정탐으로 오인되어 조선인 청년에게 총을 맞았다, 얼굴에. 그 이후로 평생 체머리를 앓아 '날만 추우면 고개가 휘휘 돌린다' 했다.[10] 체머리는 머리가 저

8 「손병희 등 사십칠 인의 안부」, 『동아일보』 1920. 6. 12. 3면.

9 최남선, 「동정받을 필요 있는 자 되지 말라」, 『유심』 1, 1918. 9(高麗大學校 亞細亞問題研究所 六堂全集編纂委員會 編, 『六堂 崔南善全集 10』 1973, 211~213쪽에 수록).

10 고재석, 『한용운과 그의 시대』, 역락, 2010, 179쪽.

절로 계속하여 흔들리는 병이다. 이보다 앞서 1905~1906년쯤에는 블라디보스토크에서 일진회원으로 오해되어 수장될 뻔했다. 당시 불교계 전반의 동향이나 1910년 9월 병합이 되자마자 조선 총독에게 '승려 결혼에 관한 건의서'를 제출했던 그의 행적을 고려하면 있을 법한 '오인'이었다. 그는 이런 테러를 겪고도 자신을 겨눈 사람들과 하나가 되고자 삼일운동에 나섰다. 1장에서 본 단천의 최덕복이 떠오른다. 한용운이 옥중에서 쓴 「조선독립의 서」에 "아아, 나라를 잃은 지 10년이 지나고 독립을 선언한 민족이 독립선언의 이유를 설명하게 되니 실로 침통함과 부끄러움을 금치 못하겠다"는 구절이 있다.[11] 회한이 담겨 있다. 최남선이 쓴 「선언서」와 함께 한용운의 「조선독립의 서」도 읽어보기 바란다. 전자가 대세론에 치우쳤다면 후자는 좀 더 주체적이다. 독립선언의 첫 번째 동기가 '조선 민족의 실력'이고, 독립선언의 첫 번째 이유가 '민족 자존성'이다. 이해득실의 문제가 아니다. 전자보다 대등적 평등적 세계관이 펼쳐진다.

1864년생 이승훈. 삼일운동 지도자 중에 감사할 사람을 한 명만 꼽으라면 이 사람이다. 삼일운동이 한국 '근대 민족' 형성의 결정적 계기였다면 그 산파 중의 제일은 이승훈이었다. 그는 1919년 2월 정치운동에 소극적인 기독교 지도자들에게 "나라 없는 놈이 어떻게 천당에 가. 이 백성이 모두 지옥에 있는데 당신들만 천당에서 … 앉아 있을 수 있느냐" 일갈했고, 독립선언서에 기명할 순서를 두고 기독교 지도자들이 떠들자 "이거는 죽는 순서야. 누굴 먼저 쓰면 어때. 손병희를 먼저 써"라 했다.

---

11 한용운, 「조선독립의 서」, 1919(한용운, 『한용운전집 1』, 신구문화사, 1973, 346~360 쪽에 수록).

조선과 대한제국에서 박해받던 천도교와 기독교, 이 대표적인 비주류 집단 간의 연대와 활약은 사회의 주변과 기층의 사람들에게 자극을 주어 삼일운동에 나서게 했을 것이다. 기독교와 천도교가 따로 독립선언을 했다면 그렇게 반향이 컸을까? 이승훈이 병합 이후 1910년 9월에 기독교 신자가 되었다는 점을 고려하면 그의 카리스마는 종교보다는 그가 살아온 삶에서 우러나왔다고 하겠다. 그의 제자이자 전기를 쓴 김기석의 다음 설명을 보면 이승훈의 민족주의가 어디에 뿌리를 두고 있는지 알 수 있다. "남강[이승훈]에게 처음에는 민족이란 생각이 없었다. 그는 양반과 천민의 구별이 없기를 원하였다. 그리고 굶주리고 헐벗은 사람이 없기를 원하였다. … 그런데 나라가 남에게 눌리는 것을 보면서 그는 차츰 민족과 민족 사이에도 양반과 천민이 있고 나라와 나라 사이에도 부자와 가난한 자가 있다는 것을 알았다."[12] 그는 출옥 직후 1922년 7월 말 『동아일보』에 「감옥에 대한 나의 주문」을 연재했다.[13] 남은 수감자에게 조금이나마 도움이 되고자 썼다는 그 글에는 돌이 많은 밥, 절미나 현미죽의 문제, 비좁은 공간, 간수의 학대 등 깨알 같은 지적이 이어진다. 아마 이러한 경험적 실용적 접근이 운동의 통합을 이뤄내는 원동력이었을 것이다.

1930년 그가 사망한 뒤, 정인보가 쓰고 오세창이 새긴 묘비문의 한 구절은 이렇다.

젊었을 때는 장사를 했으므로 체면 따위에 구애받지 않았다. 그 정열이

---

12 김기석, 『南岡 李昇薰』, 한국학술정보, 2005(1964), 92쪽.

13 李承薰, 「監獄에 對한 予의 主文」 一~四, 『동아일보』, 1922. 07. 25~26, 28~29, 3면.

솟구쳐 오르면 말씨가 격렬해지고 윗도리를 벗어던지고 상스러워지고 왕왕 두서가 없었다. 다른 사람이 말했다면 별로 색다른 것이 없는 말도 공의 입을 통해 나오면 혹 이를 들은 사람이 눈물을 흘리기까지 하였다. … 세상 형편과 풍속이 점점 변하여 신풍조를 따르는 자들은 공이 말하는 바를 싫어했으나, 공은 분주히 다니며 쉬지 않고 뭇사람을 보호하고 돕고자 할 뿐 자신의 명성을 바라지 않았기 때문에 그에 대한 비방은 그다지 일어나지 않았다.

—정인보, 「남강선생 묘비」, 1930(남강문화재단 편, 『南岡 李承薰과 民族運動』, 남강문화재단출판부, 1988, 645~650쪽; 김기석, 『南岡 李昇薰』, 한국학술정보, 2005[1964], 376~377쪽).

【추기】

유관순의 수인번호는 몇 번인가? 규정이나 다른 예에 따르면 〈그림 10〉의 왼쪽 옷깃에 부착된 번호가 수인번호일 것이다. 하지만 잘 보이지 않는다. 과학적 기술을 사용하면 판독할 수 있을 것이다. 당시 유관순이 수감된 감방에 찾아갔던 프랭크 윌리엄 스코필드(한국 이름: 석호필)를 다룬 전기에 따르면 그가 본 유관순의 수인번호는 '1933'이었다.[14] 삼일운동 전문가 이정은이 쓰고 류관순열사기념사업회가 펴낸 유관순 전기에도 그렇게 인용되었다.[15]

---

14 이장락, 『한국 땅에 묻히리라: 프랭크 윌리엄 스코필드 박사 전기』, 정음사, 1980, 97쪽.

15 이정은, 『유관순: 불꽃같은 삶, 영원한 빛』, 류관순열사기념사업회, 2005, 407쪽.

6

| 태형, 고통의 크기 |

강원도 양양군 도천면 상도문리上道門里(지금의 속초시 도문동)의 유생이 자 서당 훈장인 오윤환(1872~1946)은 1891년 19세부터 1946년 74세로 죽기 전날까지 55년간 일기를 썼다. 간략한 문장으로 감정이 잘 드러나지 않는 일기지만, 그의 나이 47세 되던 해 1919년 4월 23일(음력 3월 23일)자에 이렇게 썼다. "장독으로 괴로움을 부르짖다(以杖毒매苦)." 장독杖毒이란 장형杖刑으로 매를 맞아 생긴 상처의 독을 말한다. '장형'은 전통시대 다섯 가지 형벌 가운데 하나로, 1896년 「형률명례刑律名例」(법률 제3호)에 의해 태형笞刑으로 통폐합되었다. 1910년 일제 강점 이후에도 태형은 유지되었으니 일기에 쓰인 '장독'은 태형으로 생긴 상처일 수도 있고, 아니면 어떤 이유에선가 매를 맞아 생긴 상처일 수도 있다. 그에게 무슨 일이 있었던 걸까?

강원도 양양군 일대는 3월에 시위가 없었으나 4월 들어서 4일부터 9일까지 만세시위가 연이어 일어났다. 이른 시기에 관련 문헌을 검토하고 이 지역을 답사하여 관련자를 인터뷰했던 조동걸에 의하면 총 24회, 국사편찬위원회의 〈삼일운동 데이터베이스〉에 따르면 총 7회 시위가 있었다. 특히 4일 양양면과 9일 현북면(기사문리) 시위에선 일본 군경의 발포로 12인이 사망했다.[1] 조동걸은 양양군에서 극단적인 보수성과 혁신성을 각각 대표하는 유교계와 기독교계가 반일로 하나되어 치열한 시위를 벌였다고 보았다. 왜 극단적인 보수성인가? 이곳은 유림이 동학군 토벌에 앞장섰던 고장이었다. 이 지역 삼일운동의 유교계 중심인물인 이석범도 동학군 토벌에 공을 세웠던 인물이다.

오윤환의 4월 1일자 일기를 보면, 중도문리의 이능렬이 방문했다고 적혀 있다. 이능렬은 이석범의 아들로 4월 5일, 6일 만세시위를 주도하여 징역 1년 8개월의 형을 받았다.[2] 이때 만세시위에 관한 얘기가 오가지 않았을까? 그런데 오윤환은 만세시위와 거리를 둔다. 4월 4일자에 "본군에 시요時擾가 있다고 들었다", 5일자에 "물치장沕淄市이 파파罷하였다고 들었다"고 적었다. 4일은 양양면 장날 시위, 5일은 이능렬이 참여한 도천면과 강현면의 물치장 시위가 있던 날이다. 전해 들었다고 적었을 뿐 아니라 만세시위에 시끄럽고 어지럽다는 뜻의 '요擾'를 썼다. '파罷'도 그렇다. 물치장에서 일어난 시위가 아니라 그 시위를 막기 위해 거래를 정지

1 독립운동사편찬위원회 편, 『독립운동사 2: 3.1운동사(상)』, 독립유공자사업기금운용위원회, 1971, 608~627쪽·655~656쪽; 국사편찬위원회, 〈삼일운동 데이터베이스〉(검색일 2021. 11. 4). 양자의 시위 수가 차이 나는 이유는 전자가 세부 시위 하나하나를 1건으로 센 데 비해, 후자는 지역이나 날짜 단위로 통합하여 1건으로 간주했기 때문이다.

2 高等法院刑事部, 「1919年刑上第476·477號 判決書: 李能烈, 金元植, 李炯雨」, 1919. 8. 16.

시킨 경찰의 조치를 썼다.[3] 6일과 8일에 구장이 오고, 7~8일에 그의 형제 인환이, 9~10일엔 아들 세일이 광정光후에 갔다 왔다. 광정은 같은 군 현북면 상광정리上光丁里의 해주 오씨 문중 마을을 말하는 것 같다. 4월 9일 이곳 사람들이 참여한 시위대가 하광정리 기사문 주재소로 가다가 일본 군경이 발포하여 현장에서 9인이 사망하고 20여 인이 부상했다. 부상자에 오씨들도 있었다. 다만 일기상으로 오윤환이 움직인 것은 7일 '중리'[중도문리?]에 잠시 내려갔다 온 일이 전부였다.

그런데 오윤환은 13일에 경찰관주재소[대포]에 내려갔고(下) 14일 양양군 경찰서에 나갔다(出). 4월 15일부터 4월 17일까지 사흘간 일기에 "어두운 데 붙잡혀 있다(在拘幽中)"고 썼다. 경찰서 유치장에 구금된 것이다. 4월 18일 풀려나 집으로 돌아오니 마을 사람들이 왔다. 풀려난 다음 날부터 일기에는 고통의 소리가 들린다. 4월 19일 이불을 끌어안고 신음했다(擁被呻吟). 앞의 23일을 지나 4월 28일과 5월 2일에는 남은 열로 신음하고 괴로워했다.

일기만으로는 그가 어떤 만세시위에 어떻게 참여했는지, 무슨 이유로 경찰서에 갔는지 도무지 알 수 없다. 당시 강원도장관 원응상의 보고에 따르면 4월 9일 현북면 기사문리 시위 이후 양양군 경찰서의 범인 검거가 엄하고 매서워(峻烈) 5월 14일까지 검거자 수가 374명, 자수자 211명에 달했다. 따라서 인심은 전전긍긍하여 각자 소리를 죽이고 농사에 종

---

3 각주 2 판결서의 강현면 하복리 구장 이형우에 따르면, 4월 5일 아침 일찍 물치시장을 정지한다는 공문이 왔다고 했다. 당시 물치장 상인들이 시위에 동참하여 철시했다는 기록은 아직 보지 못했다.

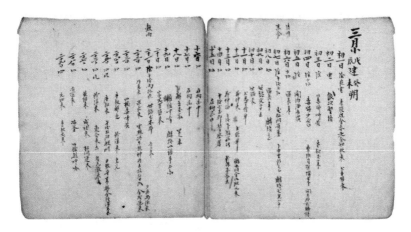

〈그림 19〉 오윤환의 『매곡일기』 중 1919년 4월(음력 3월) 기록. 자료: 속초문화원편, 『國譯 梅谷
日記』, 강원일보사출판국, 2007.

사하는 상황이었다.[4] 조동걸도 이 지역에는 자수하여 태형을 받은 자가
많았다는 점을 특색으로 꼽았다. "증언자들의 말에 의하면 경찰서에서
참가자의 명단을 작성해 놓았다고 협박하며 체포했고, 또 태형을 주었기
때문에 영영 망명을 하든지 아니면 자현自現(즉 자수)하여 태형을 받아야
했다고 한다. 양양에 가면 자수하여 태형 받은 사람도 상당히 많이 만나
볼 수 있다." 주동급 인물은 기소 처분됐지만, 그 외 운동에 참가했던 사
람은 태형을 받았다고 한다.[5] 이는 경찰이 피의자를 검사국으로 송치하

---

4 江原道長官(元應常) → 朝鮮總督府 內務部長(宇佐美勝夫), 「騷擾事件ニ關スル件報
告」, 1919. 5. 14(朝鮮總督府內務局, 『大正八年 騷擾事件ニ關スル道長官報告綴 七
冊ノ內五』, 1919에 수록).

5 독립운동사편찬위원회 편, 『독립운동사 2: 3.1운동사(상)』, 독립유공자사업기금운용
위원회, 1971, 627쪽.

지 않고 바로 즉결처분하는 태형을 말한다. 이로써 오윤환이 '붙잡혔다'고 쓰지 않고 '나갔다(出)'고 쓴 이유는 알겠다. 그렇다 하더라도 무슨 연유로 자수했는지 여전히 명확하지 않다. 다만 『양양향교지』에는 삼일운동에 '제자들과 참여하였다가' 검거되어 곤혹을 치른 것으로 나온다.[6]

　삼일운동 당시 즉결처분으로 행해졌던 태형을 생생하게 보여주는 자료가 있다. 일제강점기에 『동아일보』 기자였던 오기영(1909~?)의 해방 후 회고인데, 그가 태어난 황해도 연백군 배천읍에서 만세시위 후 집행된 태형 장면이다.

　온 동리의 가택수색이 끝난 뒤에 죄가 가볍다고 보는 사람은 우선 볼기를 쳐서 내보내기 시작하였다. 경하다는 벌이 볼기 구십 도(度)는 맞는 것이다. 하루 삼십 도씩 사흘 맞는 법이다.

　볼기 치기가 시작되자 그 숱한 사람을 여기 있는 보조원만으로는 너무 팔이 아프고 힘드는 노릇이어서 연안(延安)에서 응원 보조원이 열다섯 명이나 왔다. 볼기채는 [헌병]분견대 뒷마당에 있었다. 오늘은 누구누구

6 속초문화원, 「『매곡일기』 해제」, 『國譯 梅谷日記』, 강원일보사출판국, 2007, 9쪽에서 재인용. 최근 김만중은 경찰이 삼일운동의 확산을 막기 위해 상도리 이장을 역임했던 오윤환을 구금하고 고문했으며, 오윤환이 고문을 받으면서도 발설하지 않아 상도문리 사람들이 삼일운동과 연루된 기록이 남지 않은 것으로 추정했다(김만중, 「『梅谷日記』, 구한말부터 해방 직후까지 속초 유림의 기록」, 『江原史學』 36, 2021, 250~251쪽). 아직은 충분히 자료가 제시되지 않은 주장이지만, 필자가 전에 한 판단이 속단일 가능성이 있어 특별히 부기한다. 필자는 오윤환의 사례가 일제의 삼일운동 탄압과 처벌 중 잘 포착되지 않는 즉결처분형 태형의 기록으로 보았다(정병욱, 「1919년 삼일운동과 일기 자료」, 『한국사학보』 73, 2018, 217쪽).

가 맞는 차례라 하여 사흘째 맞는 이들의 가족은 업고 갈 사람을 데리고 분견대 문밖에서 기다렸다.

"아무개 업어 가라"고 볼기 치기가 끝날 때마다 보조원이 문간을 내다보며 소리를 쳤다. 그러면 들어가서 업어 내왔다.

"아이구우 아이구우 우후—"

업기는 하였으되 볼기짝에는 손을 댈 수가 없어서 아랫도리를 부축하는 사람 하나가 더 매달려서 걸머지다시피 하여 가지고들 나왔다. 동리에서 엎디어 앓는 환자가 매일같이 늘어가고 염 주부와 최 주부는 날이 갈수록 점점 더 바빴다.

볼기 치는 뒷마당 북쪽 담은 과히 높지 아니하였다. 나는 한 번 살랑살랑 그리로 돌아가서 담을 기어올라 볼기 치는 광경을 구경하였다. 십 十 자로 틀을 짰는데 그 위에 사람을 엎어서 팔과 다리는 밧줄로 볼기채에 묶어놓고 볼기짝을 까놓았다. 보조원 두 사람은 벌써 여러 사람을 친 모양이어서 모자는 쓴 채 저고리는 벗어놓고 상판이 시뻘겋게 상기가 되어가지고

엇!

엇!

하며 번갈아 쳤다.

"우후 우후"

엎어져 맞는 이는 첫날이면 소리로 친다지만 대개 사흘째는 '우후' 소리밖에 내지 못하였다. 어떤 이의 볼기짝은 시퍼렇게 멍이 들고 어떤 이는 시뻘겋게 부풀어 터져가지고 흐물흐물하였다. 이런 볼기짝에서는 칠 때마다 철썩 소리와 함께 검붉은 피가 놀란 듯이 튀어나고 그것

이 보조원의 상판때기에 튀어 묻기도 하였다. 그러면 보조원은 손등으로 얼굴을 쓱 문대고는 그담에는 다시 한 번 손바닥에 침을 뱉어 몽치를 가다듬어 쥐고서 내리쳤다.

"아이구! 아이구."

"우후! 우후!"

하루같이 이 소리는 이 마당에서 계속되는 것이다.

"하느님은 귀가 먹었나?" 하고 나는 생각해보았다.

이렇게 허구헌날 숱한 사람의 아픈 소리도 못 듣는 하느님이면 소리도 안 내고 하는 묵상기도는 어떻게 듣는 건가 싶었다.

이 마당 한옆에 섰는 늙은 느티나무 위에서는 까마귀가 울었다,

까욱

까욱 –

끔찍한 광경에 진저리치며 우는 것 같았다.

—오기영, 『사슬이 풀린 뒤』, 성균관대학교출판부, 2003(1948), 35~36쪽.

오기영은 이어서 몸 약한 아들 대신 맞았던 아버지 얘기를 한다. 이 부분도 읽어보시길. 태형을 당하면 수술을 받아야 하거나 잘못하면 죽는 경우도 적지 않았던 것 같다. 일본기독교회 각파 동맹이 1919년 5월 말부터 6월 초까지 조선의 삼일운동 지역을 시찰할 때 작성했던 일지를 보면 태형의 흔적을 곳곳에서 발견할 수 있다.[7] 경성 세브란스병원 의사 우

---

7 日本基督教會各派同盟 等 派遣員,「朝鮮騷擾地巡廻日誌」, 1919[近藤釼一(友邦協會) 編, 『朝鮮近代史料(9) 万才騷擾事件(三・一運動) (1)』, 東京: 嚴南堂書店, 1964], 46~79쪽.

〈그림 20〉 오기영이 해방 이후 출판한 저작들의 초판본 표지. 자료: 오기영, 『사슬이 풀린 뒤』, 성균관대학교출판부, 2003[1948].

드로는 "과거 수년간 본 병원에서 태형을 받은 자를 취급했는데, 심한 경우 어쩔 수 없이 볼기살(臀肉) 대부분을 잘라내야 되는 상태였다"고 말했다. 시찰단이 평안남도 평양에서 만난 58세 만세시위 참가자는 태형으로 90대를 맞았는데, 그 상처는 이러했다. "좌측 볼기는 피부가 전부 벗겨지고 약 직경 3인치에 걸쳐 지방 및 볼기살이 노출되었으며, 주위는 전부 종기가 심하여 고통스러운 상태"였다. 평안북도 선천 미동병원 의사는 말했다. "수일 전 신의주 감옥에서 형벌에 처해진 6인이 당원에 입원했는데 탈저 증세가 있어, 바로 수술을 실시하여 부패 부분을 잘라냈지만 불행히 2인은 수술 후 사망했다." 이어 미국인 병원장이 검안서에 사망 원인을 '태형의 결과로 인한 탈저로 사망'이라 썼는데, 신의주지방법원 검사국 검사가 태형 직후 사인을 '유행성 감기'로 바꾸어줄 것을 요구했지만 병원장이 거부했다는 뒷이야기를 전했다. 일본인 일행은 남은 4

인의 상처를 직접 보았다. "4명의 환자는 모두 직경 4인치에 걸쳐 피부가 벗겨지고 우측 볼기살이 돌출되어 상단에 손끝 전부가 들어갈 정도의 구멍이 있다. 깊숙이 뒤까지 삽입되어 있는 거즈를 빼내니 살에서 피와 고름이 섞여 나와 일행 중 2명은 끝내 바로 보지 못"하고 나왔다. 이런데도 평양복심법원 검사장은 일본 시찰단에게 태형 방법을 설명하면서 "이렇게 하면 피부가 찢어지는 일도 없으며 맞은 직후 걸어서 귀가할 수 있"고, "태형은 한국 정부 시대 유물"이며 태형의 수형 여부는 "죄인의 선택"이라고 했다.

평양복심법원 검사장이 언급한 '유물'이라는 말은 반은 맞고 반은 틀리다. 1896년 「형률명례」, 1905년 『형법대전刑法大全』에 태형이 존속되었지만, '보호국 체제'하에서 개정 작업이 진행되었을 때 대한제국 법부 안案은 태형 폐지였다. 그러나 통감부는 법부 안을 받아들이지 않고 『형법대전』의 태형을 존속시켜 통치에 활용했다. 물론 진작에 개혁하지 못해서 빌미를 준 대한제국의 책임도 크다. 또 검사장은 "저들[조선인]은 일상생활이 불규칙하여 감옥에서 수개월 앉아 있는 일을 매우 고통스러워해 다수가 태형"을 선택한다며 마치 조선인이 자유롭게 선택한 것처럼 말하지만, 실제는 통치하는 조선총독부 측이 행형行刑 비용의 절약과 징벌 효과 때문에 선호했다. 1917년 태형 반대 여론에 대한 반론으로 조선총독부 사법부 감옥과가 쓴 「태형에 대해」라는 글을 보면 비용 절감에 관해 '징역 3개월을 태형 90대로 환형하면 2일만 구금하면 되니 88일의 행형비가 절약된다'는 말로 요약했다. 징벌 효과에 관해서는 이렇게 말한다. "이 교육받지 않은 죄수의 대부분은 영예심도 없고 수치심도 없는 열등한 자로, 이와 같은 범인에게 단기자유형短期自由刑을 처벌해도 완전히 행형의 효과를 거두기 어렵"다. "이들 범인에 대해서 효과적인 형벌을 찾는다면 오직 본 제도[태형]가 있을 뿐. 누구든 정신적 고통에 둔감한 자에 대해서는 신속하게 고통을 실감시킬 수 있는 체형을 처벌하는 것 외에 방도가 없다." 태형이 야만적인 형벌이고 인권유린이 심하다는 비판에 대해서도 어떤 형벌이든 "형벌의 본지는 인권유린에 있다"고 했다.

식민지 조선에서 조선인에게만 적용되다가 삼일운동 이후 1920년에 폐지된 태형제도에 관해서는 김용덕, 염복규의 글에 잘 밝혀져 있다. 다만 두 글은 삼일운동의 전사인 1910년대를 주로 다루었을 뿐, 삼일운동 때 태형으로 처벌받은 자가 얼마나 되는지 헤아리지 않았다. 간단히 〈표 2〉에 정리해보았다.

태형은 두 가지 경로를 통해 처벌되었다. 하나는 즉결처분에 의한 것이다. 경찰서장, 헌병분대장 또는 헌병분견소장은 '범죄즉결령'(1910)에 따라 '경찰처벌규칙'(1912) 등을 위반한 경우 '조선태형령'(1912)에 의거하여 재판 절차를 밟지 않고 태형을 처분할 수 있었다. 앞의 강원도 양양군과 황해도 연백군 배천읍에서 태형을 받은 사람들이 이에 해당한다. 〈표 2〉의 조선총독부 경무총감부가 작성한 「소요사건검거건수조사표騷擾事件檢擧件數調查表」를 보면, 1919년 7월 20일까지 경찰과 헌병은 삼일운동 관련자 2만 8,934명을 체포하였고, 이 중 수사가 종결되어 처분된 자가 2만 7,152명이었다. 이들 가운데 14%인 4,065명은 '훈계방면'하였고, 36%인 9,902명은 '즉결처분'하였으며, 검사국에 송치한 자는 47%인 1만 3,185명이었다. '즉결처분'된 자 중 9,078명이 태형 처분을 받았다. 7월 20일 이후에도 즉결처분으로 태형을 받은 자가 있을 수 있겠지만, 삼일운동이 6월 이후 잦아들었다는 점, 즉결처분의 속성상 처분까지 많

〈표 2〉 삼일운동 관련 태형 처분자 통계 (단위: 명, %)

① 즉결처분에 의한 태형(1919. 7. 20까지 누계)						
체포	처분: 27,152(100%)					
	훈계 방면	즉결처분: 9,902 (36%)				검사송치
		징역	구류	과료	태형	
28,934	4,065 (14%)	1	530	293	9,078 (33%)	13,185 (47%)

② 재판에 의한 태형(1919. 3. 1.~12. 31)					
단계 \ 죄명	보안법	제령	소요	기타	합계
검사 처분	13,096	1,180	4,566	212	19,054
1심	6,393	244	1,916	76	8,629
2심	3,406	58	1,197	51	4,712
3심	2,156	25	599	35	2,815
유죄 확정 (a)	5,601	161	1,700	54	7,816
이 중 태형 (b)	1,428	25	202	19	1,674
(b/a)	(25%)	(16%)	(12%)	(5%)	(21%)

자료: ① 朝鮮總督府 警務總監部, 「騷擾事件檢擧件數調査表(7月1日~7月10日)」, 1919. 8. 19(일본 외무성, 『不逞團關係雜件 朝鮮人ノ部 在内地 八』에 수록); ② 朝鮮總督府法務, 『妄動事件處分表』, 1920. 1. 체포 인원과 처분 인원이 일치하지 않는 것은 미제未濟 사건 관련 인원이 있기 때문이다.

은 시간이 소요되지 않는다는 점을 감안하면 9,078명을 삼일운동 참가자 중 즉결처분에 따라 태형을 받은 사람의 수로 보아도 큰 오차는 없을 것 같다. 참고로 『조선총독부통계연보』 경찰 편의 '범죄즉결사건' 집계를 보면 1919년에 급격히 수치가 상승하여 삼일운동 관련이라 할 수 있는 '보안법' 위반자가 1919년 7,900명이고, 그중 96%인 7,589명이 태형을 받았다.

다른 하나는 재판에 의해 태형 판결을 받은 경우다. 뒤에서 살펴볼 서울 남대문역 부근 만세시위에 참가했던 미곡상 염수완이 경성지방법원에서 태형 90대의 처분을 받았다(123쪽 〈그림 26〉 참조). 1919년 3월 1일부터 12월 31일까지 삼일운동과 관련해 조선총독부 검사국에서 접수한 피고인 1만 9,054명에 대한 통계를 정리한 것이 『망동사건처분표妄動事件處分表』(조선총독부 법무, 1920. 1)이다. 집계 당시(1919년 12월 말) 유죄확정판결을 받은 자는 41% 7,816명이다. 이 유죄확정자 중 21%인 1,674명이 태형을 받았다. 죄명별로 보면 '보안법' 위반이 1,428명으로 가장 많았으며, '소요' 202명, '제령 7호(정치범죄처벌에 관한 건)' 25명, 기타 19명 순이었다. 산술적으로 피고인 전체의 유죄확정판결이 늘어나면 태형자도 늘어나겠지만, 태형은 사안이 간단하여 빨리 확정되는 경우가 많으므로 1,674명을 크게 넘지 않을 것 같다. 비교 삼아 『조선총독부통계연보』 형사사건 제1심 '죄명' 및 그에 따른 태형 처벌의 인원 통계를 보면, 삼일운동과 관련이 깊어 1919년에 수치가 급격히 상승하는 소요, 보안법, 정치범죄처벌령, 출판법의 경우 1919년 총 8,372명이 1심 판결을 받았고, 그중 17%인 1,424명이 태형 처분을 받은 걸로 나온다. 1920년 수치는 각각 총 1,626명 중 1%인 18명이 태형 처분을 받았다. 양자를 합해도 1,442명으로 『망동사건처분표』에 비해 적다.

종합하면 삼일운동과 관련해서 즉결처분과 재판에 의해 태형을 받은 자는 조선총독부가 작성한 통계자료만으로도 각각 9,078명, 1,674명, 합해서 1만 752명이었다. 1921년 미국에서 정한경(Henry Chung)이 출판한 『The case of Korea(한국의 사정)』의 부록 중 잔혹 행위 통계에 나오는 태형자는 1만 592명이었다. 세부 내역을 보면 경찰·헌병의 즉결처분에 의한 태형(flogged by order Gendarmes)이 9,078명, 재판에 의한 태형

(flogged by order Court)이 1,514명이다.[8] 즉결처분 태형 수치는 「소요 사건검거건수조사표」와 동일한데 재판 태형 수치는 『망동사건처분표』에 비해 적다. 아마 1919년 하반기에 수집한 자료들을 바탕으로 한 집계인 것 같다.[9]

삼일운동은 '태형'으로 상징되는 1910년대 '무단통치'를 끝냈다. 삼일운동이 조선총독부의 지배에 끼친 영향을 단적으로 보여주는 것이 경찰·헌병의 범죄즉결사건 수와 그 처분 인원수의 추이다〈그림 21〉. 경찰과 헌병 수는 거의 변함이 없는데, 범죄즉결사건 및 그 인원수는 1919년과 1920년 망치로 두들겨 맞은 것처럼 축소되었다. 경찰 수가 대폭 늘어난 뒤 1920년대 중반에 가서야 삼일운동 이전 수준을 회복했다. 삼일운동이라는 '망치'에 얻어맞아 1910년대 '무단통치'기에 구축된 경찰·헌병의 통치력, 일상적 민중 통제 장치가 찌그러진 것이다. 조선총독부는 거센 저항을 조금이라도 무마하기 위해 '태형'을 포기할 수밖에 없었다. 근대 재판제도사를 연구한 도면회는 대한제국의 태형에 비해 1910년대의 그것이 "일제 지배의 식민지 차별주의를 보여주면서도 근대성을 체현하고 있었다"고 보면서 1920년 태형의 폐지로 "형사법 분야에서 조선인의

---

8 Henry Chung, *The case of Korea*, New York: Fleming H. Revell Company, 1921(영인본 Henry Chung, 『The case of Korea(近世 東亞細亞 西洋語 資料叢書 126)』, 서울: 경인문화사, 2001), 346쪽.

9 2019년 1월 보훈처에서 발표한 전국 시·읍·면 및 광주지방재판소 '수형인 명부'(1908~1945) 조사 결과를 보면 태형자가 1,035명이다. 국가보훈처, 「보도자료: '독립운동' 관련 수형자 5천 323명 확인」, 2019. 1. 17. 대부분 삼일운동 관련자로 추정되는데, 남한 일부 지역의 수치이다. 본문의 조선총독부 측 집계 수치를 감안할 때 더 발굴될 여지는 많다.

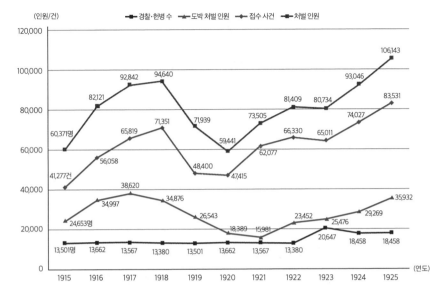

(인원/건)

■ 경찰·헌병 수　▲ 도박 처벌 인원　◆ 접수 사건　✕ 처벌 인원

〈그림 21〉 1915~1925년 조선총독부 경찰·헌병의 범죄즉결사건과 처벌 인원수 추이. 자료: 朝鮮總督府 編, 『朝鮮總督府統計年報』, 해당연도판; 松田利彦, 『日本の朝鮮植民地支配と警察——九〇五~一九四五年』, 校倉書房, 2009, 24~25쪽.

법적 지위는 일정한 차별을 받으면서도 점차적으로 일본인과 같은 법적 지위로 접근해 나갔다"고 결론을 맺었다.[10] 이러한 '체현'과 '접근'도 삼일운동의 저항과 태형자의 희생, 피와 살이 튀는 역사 없이 저절로 이루어지지는 않았다.

10 도면회, 『한국 근대 형사재판제도사』, 푸른역사, 2014, 507·509쪽.

7

| 3월 22일 서울 남대문역 부근 만세시위, 누가 주역인가? |

피고 김공우金公瑀(18세, 약학교 생도)는 1919년 3월 17일경 지인 경성 휘문고등보통학교 생도 정지현鄭志鉉에게서 '이번 경성에서 학생이 주동하여 조선독립운동을 개시하였으나 힘이 미약하다. 이때 노동자계급의 원조를 받지 않으면 당초의 목적을 달성하기 어렵다. 그러므로 이제부터 이 노동회보勞動會報란 인쇄물을 여러 곳의 노동자에게 배부하여 이들도 독립운동자가 되도록 권유해 달라'는 취지의 의뢰를 받았고, 이를 지인 피고 배희두裵熙斗(17세, 잡화상)에게 털어놓았다. 이에 두 피고는 공모하여 '노동자는 조선독립운동에 종사하기 바란다'는 뜻이 기재된 앞의 노동회보 11매를 3월 20일경 경성부 화천정和泉町 부근 노상에서 통행인에게 분배하였다. 아울러 이튿날 21일 정지현에게서 '오는 22일 경성부 봉래정 공터에서 노동자대회가 개최된다'는 것을 듣고 이틀에 걸쳐 경성부 내 중림동 및 화천정 부근의 노동자를 모아 위 대회에 참석하여 그곳에 모인 수백의 군중과 함께 의주통義州通에서 아현阿峴으로 행진하며 시위운동을 했다.

—경성지방법원, 「판결: 김공우 등 10인」, 1919. 5. 6.

보통 서울의 삼일운동은 3월 초 타올랐다가 3월 하순 민중에 의해 다시 점화되었으며, 그 계기는 3월 22일 봉래정(현 봉래동, 만리동), 즉 남대문역 부근 '노동자대회'였다고 전해진다. 2019년 출간된 박찬승의 『1919: 대한민국의 첫 번째 봄』에도 이 대목이 '노동자대회, 서울의 시위를 다시 점화하다'라는 소제목으로 다뤄졌다. 저자는 재점화의 계기였던 '노동자대회'를 당시 휘문고등보통학교(이하 휘문고보로 줄임) 학생 정지현, 즉 훗날 공산주의자 정백이 개최한 것으로 보았다.[1] 이는 1970년대부터 계속되어온 주장이며, 그 근거는 위에 인용한 판결문이다.[2] 그렇다면 결국 3월 하순의 '민중 시위'도 학생과 엘리트가 지도하고 촉발한 셈이다.

경성지방법원 판검사가 파악한 이 사건의 중심축은 '정지현 → 김공우·배희두 → 노동자대회'였다. 그런데 아리송한 점이 많다. 우선 정지현(1899~1950). 이 판결문 외에 어떤 기록에도 관련 내용이 없으며, 판결문에도 그는 피고인으로 나오지 않는다. 그뿐만 아니라 당시 서울 삼일운동을 이끌었던 학생단에도 이름이 없다. 여러 연구자가 정지현이 체포되었다가 곧 석방되었다고 보았으나, 주동자는 풀려나고 추종자만 기소되었다니 이상하다. 그가 1920년대 사회주의 활동을 하면서부터 체포 기소된 여러 사건 자료를 보면 그의 '전과'는 1930년(또는 1928년) 경성지방법원에서 치안유지법 위반 혐의로 선고받은 징역 2년부터 시작된다. 물론 일제의 기록에 보이지 않는다고 활동이 없었다고 단정할 수는 없다. 삼

---

1 박찬승, 『1919: 대한민국의 첫 번째 봄』, 다산북스, 2019, 232~233쪽.

2 독립운동사편찬위원회 편, 『독립운동사 2: 3.1운동사(상)』, 독립유공자사업기금운용위원회, 1971, 116쪽.

일운동 시기 그의 이력을 가장 자세하게 전하는 1934년 전주지방법원의 판결문에 따르면, 그는 1919년 휘문고보를 졸업한 뒤 약 1년간 사직동 기독교회 서기로 근무하고 이후 언문 잡지 기자가 되었다. 휘문고보 재학 중 민족주의에 공명하였고 1924년경부터 공산주의에 경도되었다. 그의 잡지 경력은 특히 문학사에서 소중하다. 『서광曙光』(1919. 11 창간), 『문우文友』(1920. 5 창간)의 창간 멤버였으며 『신생활新生活』(1922. 3 창간)의 기자로 활동했다. 이에 앞서 1918년 휘문고보 재학 중에 『피는꽃』이라는 등사판 회람잡지를 만들었고, 1919년 6월에는 동창생 홍사용洪思容과 함께 친필 합동수필집 『청산백운靑山白雲』을 만들었다. 그런데 잠깐. 삼일운동 때 그의 부탁을 실행한 김공우는 1919년 5월 경성지방법원에서 징역 2년을 선고받았다. 6월 경성복심법원에서 징역 1년 6개월로 형량이 줄었지만, 결국 9월 고등법원에서 상고가 기각되어 적어도 1920년 6월까지 복역했다.[3] 당시 형사소송법상 5년 이하 징역형 '죄'의 공소시효는 3년이었다. 추종자는 징역형을 선고받아 감옥살이하는데 주동자는 공소시효가 지나지 않은 상황에서 공개적으로 잡지를 만들고 글을 썼다? 정지현에 대해서는 더 추적하지 않겠다. 관심 있는 분의 연구를 바란다.

----

3 국사편찬위원회, 〈한국사데이터베이스_일제감시대상인물카드〉에 김공우는 1921년 3월 3일 만기 출소한 것으로 나와 있다. 하지만 경성복심법원 판결문에 찍힌 날인을 보면 1920년 4월 28일자로 칙령 120호(1920. 1. 28)에 의해 형기가 9개월로 반감되었으며, 다시 1920년 6월 22일자로 칙령 120호 5조에 기초한 특전에 의해 형의 선고 효력이 상실되었다. 제5조는 "본령에 의하여 감형을 한 자라도 특별한 사정이 있을 때는 특사를 행할 수 있다"이다. 朝鮮總督府 官房庶務部 印刷所, 『朝鮮總督府官報』 號外, 1920. 4. 28.

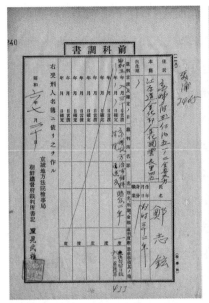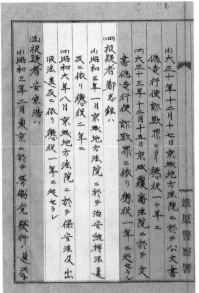

〈그림 22〉 정지현의 '전과' 기록. 왼쪽 자료: 京城地方法院 檢事局, 『刑事第一審訴訟記錄: 1931
刑3465/1931刑公916, 保安法·出版法違反, 金聖男 등 4인』; 오른쪽 자료: 철원경찰서 사법경찰
관 松岡薰, 「意見書」, 1934. 7. 20(京城地方法院鐵原支廳, 『刑事第一審訴訟記錄: 1934刑1516,
治安維持法違反, 金順萬 등 9인』에 수록). 정지현의 첫 번째 '전과'가 왼쪽 자료에는 1930년(昭
和 5), 오른쪽 자료에는 1928년(昭和 3)으로 나와 있어, 서로 일치하지 않는다.

노동자와 연결되는 부분도 모호하다. 정지현과 김공우 모두 학생이므
로 그들과 노동자를 잇는 연결고리가 필요해 보인다. 경성지방법원 판결
문을 보면 배희두가 그 역할을 했다. 나이 17세, 주소는 시위 장소와 가
까운 의주통 2정목, 직업은 판결문에 잡화상, 〈일제감시대상인물카드〉에
는 조선 양복상으로 나온다. 학생보다는 노동자와 접촉이 많았을 것으로
추정된다. 경성지방법원 판결문에 따르면 첫째, 정지현의 의뢰로 김공우
는 지인 배희두와 공모하여 20일경 거리에서 사람들에게 『노동회보』를

나눠 주었다. 둘째, 21일 두 사람은 정지현으로부터 '노동자대회' 개최 계획을 듣고 이틀에 걸쳐 노동자를 모아서 22일 대회에 참석하여 시위했다. 그런데 경성복심법원 판결문을 보면 김공우와 배희두의 관계가 모호해졌다. 배희두가 김공우와 공모하여 『노동회보』를 배부했다는 첫 번째 부분은 증거 불충분으로 인정되지 않았다. 둘째도 양자의 활동이 따로 기술되었다. 둘은 정지현에게서 계획을 듣고 '각자' 그 취지에 찬동한 뒤, 김공우는 노동자를 규합했고 배희두는 '집회로 분주'했다. 둘의 관계를 말해주는 '지인'이라는 표현도 사라졌다. 양자는 아는 사이가 아니었고 공모하지 않았으며 함께 활동했는지도 명확하지 않았다.[4]

김공우와 노동자의 연결고리가 아예 없지는 않다. 김공로金公璐, 당시 21세 재봉직공이며 주소가 '중림동 52번지'로 김공우와 같다. 김공우의 형이다. 그는 22일 봉래정 공터에서 노동자들과 함께 모여 조선독립만세를 외치며 의주통 방면으로 행진했다. 그런데 어느 판결문에서도 형제는 연결되지 않았다. 김공로는 1919년 5월 경성지방법원에서 징역 6개월을 선고받았고 9월 말 '가출옥'됐다. 김공우도 다음 해 6월 '특사'로 석방되었다.

정지현이 김공우로 하여금 노동자에게 배포하게 했다는 『노동회보』를 보면 모든 의문이 풀리려나. 결론부터 말하자면 『노동회보』는 학생과 노동자의 연결보다는 우리가 지나쳤던 노동 세계로 인도한다. 3월 22일 경찰은 죽첨정 3정목(현 충정로 3가) 철교 부근에서 발행일이 3월 20일인 한

---

4 京城地方法院, 「判決: 金公瑀 등 10인」, 1919. 5. 6; 京城覆審法院刑事部, 「1919刑控判決: 金公瑀 등 4인」, 1919. 6. 23.

글 격문 『노동회보』 제1호를 발견했다.[5] 현재 이 실물은 남아 있지 않다. 발행일이 3월 21일인 제2호는 1919년 5월 조선헌병대사령부·조선총독부경무총감부에서 펴낸 「소요 사건의 개황」에 일본어로 번역되어 실렸다.[6] 물론 이 『노동회보』가 김공우 등이 배포했다는 『노동회보』인지 확증할 수 없지만, 현재 확인할 수 있는 유일한 동명의 인쇄물이다. 다시 한국어로 번역해보면 다음과 같다.

노동회보 제2호 조선 건국 4252년 3월 21일

△ 군산노동회群山勞働會의 행동

지난번 우리 노동회 ○○호 군산 지부에서는 장렬한 시위운동을 하였는데 당시 모 동포가 휴대한 기旗의 글자가 작고 서툴렀기 때문에 일본인 발행 『군산일보』가 이를 웃음거리로 비웃은 적이 있다. ○○호는 그 경박함에 분개하여 더욱더 장쾌한 활동을 일으킬 수 있다고 한다.(군산 일기자)

△ 여학생의 애통한 죽음 (생략)

△ 북경 영자 신문의 기재 (생략)

△ 반反독립파의 행동

총독부의 명령을 받고 어느 일부 패거리는 이번 독립운동에 반동하려

---

5 京畿道警務部, 『査察彙報』 제28회, 1919. 3. 24.

6 朝鮮憲兵隊司令部·朝鮮總督府 警務總監部, 「騷擾事件ノ槪況」, 1919. 5, 82~83쪽 (일본 외무성, 『不逞團關係雜件 朝鮮人ノ部 在內地 七』에 수록 http://db.history. go.kr/id/haf_113_0120). 번역은 독립운동사편찬위원회 편, 『독립운동사자료집 6: 3.1운동사자료집』, 독립유공자사업기금운용위원회, 1973, 921~922쪽을 참조함.

했으나 그들도 역시 4천 년 이래의 신성한 혈족으로 우리 동포라 이에
응하지 않았다고 한다. 그러나 아직도 스스로 그 잘못을 뉘우치지 못하
는 자 있어 날인을 청구하며 돌아다니는 자가 있다고 한다. 우리 신성
한 형제자매는 결코 그런 수단에 동조해서는 안 될 것이다.

△ 우리 노동회 형제의 동맹파업설

우리 노동 형제는 곤란한 생활을 돌보지 않고 일제히 동맹파업을 한다
고 한다. 관리 측官吏側에서도 이와 같은 기획이 있을 것이라 관측한다.

◎ 우리 노동회 형제의 ○○○ 해야 할 사항

형제여, 우리는 정의와 인도에 따라 우리의 자유와 독립을 찾는 것이
므로 단연코 어떠한 일에도 난폭한 행동은 일체 해선 안 된다. 특히 이
점 잊지 말지어다.

내용으로 보건대 『노동회보』는 지역 지부까지 있는 '노동회'라는 조직
에서 펴낸, 일종의 삼일운동 소식지였다. 『노동회보』 작성에 정지현이 얼
마나 관여했는지 알 수 없지만, 적어도 『노동회보』의 주체는 학생이 아
니었다. 또 경성복심법원 판결문에서 말하듯이 "노동자계급에서도 차제
에 조선독립운동에 힘써" 달라는 취지의 내용이 담겨 있는 것이라 보기
도 힘들다. 노동자들은 이미 '힘쓰고' 있었으며 참여 형제에게 주의 사항
을 전하는 상황이었다. 물론 현존하지 않는 제1호에 정지현의 독립운동
권유가 실렸을 수도 있다. 하지만 그런 독립운동 권유라면 이미 3월 초
에 노동계 내부에서 노동자 스스로 하였다. 경기도 경무부 작성 3월 7일
자 『사찰휘보』 제11회를 보면, 이미 "근일 노동사회를 권유하여, 금일 독
립운동에 대하여 학생계만 이와 같이 하는 것은 옳지 않다. 외국에서는

노동사회가 유력하므로 우리 노동사회도 학생과 협력함이 옳다"며 연초회사 직공이 노동사회를 순회하며 권유하고 있고, 또 전기회사의 차장, 운전수에 대하여 자주 운동한 형적이 있다고 했다. 3월 9일자 『사찰휘보』 제13회에도 3월 8일 이래 동아연초회사 직공 등에 갑자기 소요의 바람이 불어 "학생 등이 운동하는데 평연히 방관할 수 없으니 동맹파업하든 어떤 방법으로든 학생단에 호응하자고 협의하였다." "용산철도공장에서 … 직공 중에 인쇄공장은 소수이나 이미 일어섰다, 방관은 참을 수 없다고 협의 중"이라는 정보를 적었다.[7] 물론 사찰 정보라 모두 실제 일어난 것으로 보기 어렵겠지만 이런 노동계의 협의 결과로 3월 8일 밤 용산총독관방 인쇄공의 만세시위, 3월 8일부터 10일까지 경성전기회사의 차장·운전수 동맹파업이 일어났다. 이미 3월 초에 노동계는 '독립운동'에 종사하고 있었다.

이제 3월 22일 '노동자대회'의 실상에 접근해보자. 우선 진압했던 일본 군경의 보고를 소개한다.

경기도 경무부, 『사찰휘보査察彙報』 제26회, 1919. 3. 22.

본일 오전 10시 봉래정 방면에서 약 3백 명의 군중이 구한국기를 선두에 세우고 죽첨정으로 향하는 것을 고양군청 내 수비병, 본정本町과 종로 두 경찰서 출동 순사, 그리고 기마순사의 위중한 경계로 인하여 일부는 독립문 방면으로 도주, 사방으로 흩어지고 일부는 공덕리 방면으로 향하였다. 경성분대는 기마하사 이하 6명, 용산분대는 기마하사 이

---

7 京畿道警務部, 『査察彙報』 제11회(3. 7)·제13회(3. 9), 1919.

하 20명이 전 방면에 출동하여 검거한 인원은 본정서 13명, 종로서 4명이다. 군중의 종류는 전차 차장, 직공 및 보통 노동자 혼합으로서 별도의 근거가 있다고 보기 어렵다. 봉래정의 밥집에 모여 소수가 선동하고, 다른 자는 그에 부화附和한 것 같다. 공덕리 방면으로 향한 일단도 오전 11시 20분경 봉래정 방면으로 향하다 해산하였다. 동 지방 게시장에 격문 2, 3매 첨부된 것을 발견한 외에 평온하다.

조선총독부 경무총감부 고등경찰과, 「독립운동에 관한 건」 제23보, 1919. 3. 22.

22일 오전 9시 반경 노동자 3, 4백 명에 군중이 부화하여 그 수 약 700명이 부내府內 봉래정에서 신의주통으로 진출하므로 바로 해산을 명하였다. 본건은 아침 식사를 위해 노동자가 봉래정의 밥집에 모여 있는 것을 선동한 것으로서 미리 기획된 것이 있지 않은 것 같다.[8]

조선군사령부, 「소요사건에 관한 속보」 제46호, 1919. 3. 22.

경성에서 군중 약 8백 명(그중 2, 3백 명은 노동자)이 남대문 부근에 집합하여 '勞働者大會(노동자대회)', '韓國獨立萬歲(한국독립만세)'라고 적힌 깃발을 휴대하고 행동하였지만, 경비에 임한 보병이 경관과 협력하여 해산시켰다.

---

8 국회도서관 편, 『韓國民族運動史料(三一運動篇 其三)』, 국회도서관, 1979, 113쪽에 위 자료의 마지막 구절은 "미리 기획된 것이 있지 않은가 싶다"로 번역되었고, 국사편찬위원회, 〈삼일운동 데이터베이스〉도 같다(2020. 5. 31. 검색. 이후 수정되었다. 2021. 11. 10. 검색). 그러나 이는 오역으로, 원문은 "豫メ企画セラレタルモノニアラサ[ザ]ルカ如シ"이며, 이 책에는 바로잡은 번역을 싣는다.

경기도 경무부, 「사찰휘보」 제27회, 1919. 3. 23.

3월 22일 오전 10시 경성부 봉래정 철도 건널목 지점에서 4, 5명이 종이 한국기를 교차하여 이를 앞세우고 독립만세를 고창함에, 부근에서 모여드는 자가 갑자기 3, 40명이 되었다. 세를 얻어 그곳에서 의주통 방면으로 진행할 때는 약 3백 명이 군집하였다. 그때 본정 종로 양 경찰서원 및 고양군 수비병, 아울러 기마순사의 경계로 인하여 일부는 독립문 방면으로 향하여 사산四散하고 나머지는 죽첨정에서 공덕리 방면으로 향하였으나 용산 경성 양 분대의 경계로 인하여 다시 봉래정 방면으로 향하여 사산하였다. 본정 종로 양서兩署에서 [죄가] 중한 자 17명을 체포 취조 중이며, 군집의 종류는 전차 차장 직공 및 보통 노동자의 혼합으로 구성되었다.

조선총독부 경찰은 시위자를 전차 차장, 직공, 보통 노동자로 보았으며, '별도의 근거'가 있지 않은 것으로 판단했다. 특별한 배후가 있다고 보지 않았다는 뜻이다. 학생 배후설을 주장하는 검사·판사와 다른 의견이다. 경찰은 사전 기획도 부정하는 등 시위를 대수롭지 않게 보고 있다. 그러나 '구한국기'와 '노동자대회'라는 깃발, 밥집이나 철도 건널목과 같은 회집 장소로 볼 때 노동자 간의 사전 모의나 준비, 요령이 있었던 것 같다.

다음으로 독립운동 측과 동조자의 기록을 보자. 1919년 3월 24일 발행 『독립신문』 제13호가 같은 날 고양군 숭인면 청량리에서 발견되었는데, 3월 22일의 시위 모습을 전한다. 또 당시 정동에 거주했던 선교사 노블 (Mattie Wilcox Noble)의 일지에도 시위 모습이 나온다〈그림 24〉.

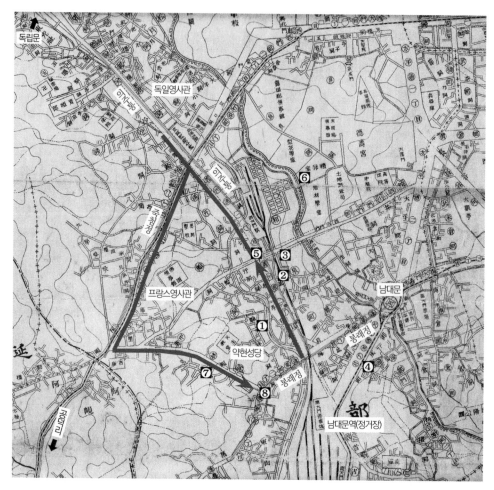

〈그림 23〉 서울 남대문역 부근 만세시위의 주요 행진로와 '피고인' 주거지. 자료: 京畿道警務部, 『査察彙報』제27회, 1919. 3. 23; 大阪十字屋 編, 朝鮮總督府土地調査局 校閱, 「京城市街全圖」, 1915; 京城地方法院, 「判決: 金公瑀 등 10인」, 1919. 5. 6. 주거지는 1936년「(지번구획입) 대경성정밀도」에 의거하면서 박현, 「도시 시위의 계보와 3·1운동」, 한국역사연구회 3·1운동 100주년기획위원회 엮음, 『3·1운동 100년: 4 공간과 사회』, 휴머니스트, 2019, 227쪽의 그림 7을 참조했다. 지도에 표시한 주거지는 다음과 같다. ❶ 김공우, 김공로, ❷ 배희두, ❸ 신형균, ❹ 엄창근, ❺ 박효석, ❻ 염수완, ❼ 신화순, ❽ 설규성.

『독립신문』 제13호(1919. 3. 24. 발행)

노동대회의 의기[義氣]. 경성 안에 노동회 동포는 애국심을 이기지 못하여 천여 명이 모여 노동대회라는 높은 깃발 아래 엄숙한 청어로 의주로에서 독일영사관까지 그리고 다시 프랑스영사관에서 서대문 밖까지 독립만세를 부르며 행진하였는데, 시내 동포들은 모두 경의를 표하였고 각국의 신사들도 탄복하면서 한반도가 생긴 이래 처음 맞는 경사라고 칭찬해 마지아니하더라.

> March 23.
> Yesterday was a demonstration by the employees around the station, showing how they wished a new regime that would give them the same wages and rights as the Japanese who worked the same hours and at the same work as they. They went out on the street, three of them carrying the old Korean flag, and word had been sent along for all to follow, even the towns-people, and shout Mansay for the Independence of Korea. Great companies of the people so did and went down the street gathering momentum when the Japanese police, gendarmes, and people went after them, the police and gendarmes slashing them with their swords and arresting them. Our cook came

『노블일지』 1919년 3월 23일

어제 역[남대문역] 주변에서 고용인들(employees)의 시위가 있었다. 그들은 일본 사람들과 동일한 시간, 동일한 일을 하는 자기들에게도 동일한 임금과 권리를 주는 새로운 정부를 희망한다는 것을 보여주었다. 그들은 거리로 나섰고, 그들 중 3명은 구한국기를 들고 있었으며, 모든 사람들에게, 심지어 마을 사람들도 동참하여 독립만세를 외치라고 말했다. 큰 무리의 사람들이 그렇게 했고, 거리를 따라 내려가며 세력이 커졌다.

〈그림 24〉 『독립신문』과 『노블일지』가 전하는 남대문역 부근 만세시위 모습. 자료: 국사편찬위원회, 〈삼일운동 데이터베이스〉의 '격문 선언서'; 한국기독교역사연구소, 『(자료총서 제17집) The journals of Mattie Wilcox Noble 1892~1934』, 한국기독교사연구소, 1993. 밑줄은 필자가 그렸다.

『독립신문』과 『노블일지』는 조선총독부 경찰의 보고와 달리 노동자의 시위가 당당하고 규모가 컸다고 말해준다. 노블의 일지는 노동자가 그들의 계급적 요구와 민족의 독립을 어떻게 연결지었는지 잘 보여준다. 누가 이 시위를 주도했던 것일까? 이는 『독립신문』 제13호에 나와 있듯이 '노동회'이며 앞서 본 『노동회보』의 발행 주체이기도 하다. 이와 관련해서 깃발에 주목해보면 조선군사령부가 깃발에 쓰인 것을 '노동자대회'로 보았던 반면, 독립운동 측은 '노동대회'로 보도했다. 혹시 '노동대회'가 조직명이 아닐까. 만세시위에 '노동자대회'라는 집회명이 잘 맞지 않는다. 깃발에는 집회명보다는 조직명이 더 적합하지 않을까. 만세시위에 우리 조직도 함께한다는 것을 널리 알리는 깃발. 삼일운동 이후 조선총독부가 '문화정치'를 표방하며 집회·결사에 대한 단속을 완화하자 각종 결사 단체가 족출했는데, 그중 하나가 1920년 2월 발기, 5월 2일 창립된 '노동대회勞働大會'로, 같은 해 4월 창립된 '조선노동공제회'와 함께 당시 양대 노동단체였다.[9] '노동대회'는 창립 후 여러 가지 활동을 펼쳤는데, 그중에서도 부산정거장 노동자, 서울 지게꾼 등의 권익 옹호 활동이 눈에 띈다.[10] 김경일에 의하면, '노동회' 또는 '노동대회'라는 명칭의 조직은 주로 운송이나 운반에 종사하는 일용 노동 중심의 비공장노동자

---

9 「勞働會 發起, 청년회관 안에서」, 『每日申報』 1920. 2. 18, 3면; 「勞働大會創立總會」, 『每日申報』 1920. 5. 4, 2면; 「盛況이었던 勞働大會 7백 명이 출석, 2일 광무대에서」, 『每日申報』 1920. 5. 4, 3면; 細井肇 編, 『鮮滿の經營: 朝鮮問題の根本解決』, 東京: 自由討究社, 1921, 28쪽.

10 「釜山勞賃騷動, 경성노동대회에서 위원 2명을 파송해」, 『每日申報』 1920. 4. 20, 3면; 「自由勞働大會, 명야 각황사에서」, 『東亞日報』 1922. 10. 24, 3면.

들에 의해 조직되었으며, 일거리를 중개하고 임금의 일정액을 받아 조직 운영비에 충당하는 노무 공급 기구적 성격이 강하였다.[11] 창립되기 이전에도 '노동대회'가 조직명으로 쓰였을 가능성이 있다. 평양의 '노동대회'는 1917년에 설립되었다.[12] 이런 조직은 한때 '개량'이니 '어용'이니 하며 경시됐지만, 그 역사가 오래됐다. 개항 이래 부두 노동의 수요가 증가하면서 각 항구에 조직되었던 도중都中도 그 뿌리의 하나이다. 노동대회가 1920년 창립 이후 전국 주요 지역에 일찍부터 지부를 둔 점으로 볼 때[13] 기성 조직이 '문화정치'를 계기로 등록되었을 가능성이 크다.

『노동회보』에 나오는 발행 주체 '노동회', 『독립신문』에서 언급된 시위 주체 '노동회'와 깃발에 쓰인 '노동대회', 공장이나 사업장이 아닌 시위 장소 봉래정이 모두 연결된다. 당시 봉래정에는 남대문역이 위치하여 주로 운반 노동자가 모이는 곳이었다. 마부 박미선이 말을 잃고 낙심하여 막걸리를 들이켜던 곳도 봉래정 주막이었다.[14] 1919년 3월 22일 남대문역 부근의 이른바 '노동자대회'는 일용 운수노동자와 그 단체인 노동회가 중심이 되어 일으킨 '만세시위'라 할 수 있다. 이렇게 보면 『노동회보』에서 다른 단체 일처럼 전한 '동맹파업'설도 문맥이 요해된다. '우리' 일용 운수노동자와 다르지만 같은 노동자 '형제'인 공장·직장노동자

11 김경일, 『일제하 노동운동사』, 창작과비평사, 1992, 261~305쪽.

12 「巡廻探訪(七十七) 四千年舊都 平壤의偉觀」, 『東亞日報』 1926. 9. 16, 4면.

13 「勞働大會 近況」, 『每日申報』 1920. 6. 1, 2면.

14 아카마 기후 지음, 서호철 옮김, 『대지를 보라: 1920년대 경성의 밑바닥 탐방』, 아모르문디, 2016(赤間騎風, 『大地を見ろ:變裝探訪記』, 大陸共同出版會, 1924), 140~142쪽.

의 파업설을 전한 것이다. 실제 3월 27일 용산 만철滿鐵 경성관리국 직공
의 파업이 일어났다.

〈그림 25〉 남대문역 부근 만세시위의 시작 지점 추정지. 자료: 120쪽 ①~④ 사진은 조선총독부 내무국 경성토목출장소, 『京城市區改正事業: 回顧 20年』, 1930; 121쪽 사진은 필자 촬영(2020. 5. 11).

120쪽 ①은 1919년 남대문 쪽에서 중림동 약현성당을 바로 보며 찍은 사진이다. 앞에 보이는(사진 아래쪽) 철로가 당시 남대문정거장에서 서대문역(종착역)으로 가는 철로이다. 사진 중간에 전선주가 세워져 있고 사람들이 지나다니는 사선으로 난 길이 옛 의주로이다. 옛 의주로와 철도선을 사진 왼편(바깥)으로 이어보면 만나는 지점이 철도 건널목이자 봉래정 1정목(현 세종대로 5길)과 이어지는 교차점이다. 이곳이 봉래정 만세시위 시작 지점으로 추정된다. 판결문의 '봉래정 공터'도 이 부근일 것이다. 120쪽 ②는 1922년 개수된 모습으로, 1930년 촬영 사진이다. 약현성당 쪽으로 봉래교(지금의 염천교 자리)가 놓였다. 120쪽 ③은 의주로 개수 전(1919년 촬영), ④는 개수 후 모습(1930년 촬영)이다. 좌측의 중앙 낮은 길이 옛 의주로이다. 우측이 새 의주로이고 멀리 봉래교가 보인다. 두 사진을 찍은 지점이 '교차점' 부근이다. 121쪽 사진은 필자가 현 염천교 위에서 서울역 방면을 향하여 찍은 것으로, 빨간 화살표 지점이 1919년 당시 철도 건널목이 있었던 지점이자 교차점이며, 봉래정 만세시위가 시작되었던 지점으로 추정된다.

일본 군경은 '엄중한 경계'로 시위대를 해산시켰다고 했지만 실상은 '폭력 진압'이었다. 『노블일지』는 다음과 같이 전한다. "경찰과 헌병들이 총검으로 [시위대를] 베고, 체포했다. 우리 집 요리사가 돌아와서 그의 친구도 칼에 찔려 경찰서로 끌려갔다고 얘기했다. 몇몇 외국인이 헌병들이 경사가 급한 제방으로 사람들을 밀어 떨어뜨리는 것을 목격하였다. 해럴드[Harold, 노블의 아들]가 살펴보려고 내려갔지만 이미 일이 끝났고, 그가 본 것은 피를 흘리며 경찰서로 끌려가거나 의식을 잃은 채 인력거에 실려 가는 사람들이었다."[15]

이 시위로 경성지방법원에 기소된 피고인 9인의 직업은 노동 2인(노동, 마차부), 직공 2인(구두 수선공, 재봉직), 상인 4인(잡화상, 곡물상, 미곡상, 과자상), 학생 1인이었다. 상인의 비중이 높다. 과자상은 자본이 많이 들지 않아 엿장수가 그러하듯이 노동하다가 일이 없으면 임시로 하는 직군으로 '노동'과 그 처지가 비슷했다. "길가에서"(박효석), "길에서 군중을 만나"(신화순), "자신의 가게 앞에서"(염수완) "의주통 방면으로 행진할 때 그 집단에 참가하여"(신형균)와 같이 시위대가 행진하는 중에 합류한 자가 있는 반면, 엄창근·설규성·배희두·김공로·김공우 5인은 '봉래정 공터', 즉 만세시위 시작 지점에서 참여했다. 사례가 많지 않아 확정하기 어렵지만, 시위가 시작될 때는 노동자가 많았다(5인 중 3인). 노동회의 노동자가 중심이 되어 시작된 뒤 점차 상인 등 시민이 합세했을 것이다. 피고인 중에 중심인물을 꼽자면 선두에서 기를 들고 선 노동자 엄창근이다. 시

---

15 매티 윌콕스 노블 지음, 강선미·이양준 옮김, 『노블일지 1892~1934: 미 여선교사가 목격한 한국근대사 42년간의 기록』, 이마고, 2010, 243쪽.

엄창근嚴昌根
노동
39세
징역 1년

설규성薛奎成
마차부
22세
징역 6개월

신화순申化順
과자상
28세
징역 6개월

배희두裵熙斗
잡화상
17세
징역 1년*

김공로金公璐
재봉직
21세
징역 6개월

김공우金公瑀
조선약학교생
18세
징역 1.5년*

신형균申衡均
곡물상
52세
징역 1년*

박효석朴孝錫
구두 수선공
23세
징역 6개월

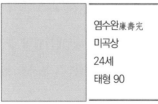
염수완廉壽完
미곡상
24세
태형 90

〈그림 26〉 남대문역 부근 만세시위로 기소된 사람들. 자료: 京城地方法院, 「判決: 金公瑀 등 10인」 1919. 5. 6; 京城覆審法院刑事部, 「1919刑控 判決: 金公瑀 등 4인」 1919. 6. 23; 국사편찬위원회, 〈한국사데이터베이스_일제감시대상인물카드〉. 형량은 경성지방법원 판결이며, '*' 표시만 경성복심법원 판결이다. 하단 3인(신형균, 박효석, 염수완)은 인물카드가 없다. 지방법원 해당 판결문의 피기소자는 총 10인이지만 이 중 임춘식은 3월 26일 서계동 시위에만 참가했기 때문에 여기서는 3월 22일 남대문역 부근 만세시위로 기소된 9인의 기록만 정리했다.

위에서 깃발은 아무나 맡지 않는다. 그는 항소하지 않았다.

엄창근은 조선의 독립을 쉽게 하기 위해 기를 들고 독립만세를 외치며 행진했다고 밝혔다. 그들이 바란 독립은 어떤 세상일까? 아마 『노블일지』에 나오듯이 동일한 임금과 권리를 누리는 평등한 세상일 것이다. 또 그것은 일본인과의 평등만을 의미하는 것은 아닐 듯하다. 이 시위에 참여한 곡물상 신형균은 프랑스영사관 앞에서 군중의 사기를 고무하기 위해 '조선의 독립을 위해 목숨을 거는 것은 당연하다'고 연설했다. 그는 이 혐의를 부인하며 상고하였는데, 상고 취지의 대강은 이러했다. '자신은 상민으로 전 한국시대 양반의 압박 아래서 고통을 맛본 자이다. 합병으로 반상의 계급 구분이 사라졌는데 왜 반정反正 행위를 하겠는가.'[16] 연설에도 상고 취지에도 일정한 진실이 담겨 있다. 민족 차별도 계급 차별도 싫다. 이러한 민중의 높아진 평등 의식, 차별에 대한 감수성 위에 「대한민국임시헌장」(1919. 4. 11) 제3조 '대한민국의 인민은 남녀, 귀천 및 빈부의 계급이 없고 일체 평등하다'도 나오고, 1920년대 사회주의의 바람도 불었다.

【추기】

3월 22일 봉래정 만세시위의 중심에 정지현·김공우와 같은 학생을 세운 판검사의 판단에는 노동자를 폄하하고 그 자발성을 부정하는 시각이

---

16 高等法院刑事部, 「1919刑上554·555 判決原本: 金公瑀 등 4인」, 1919. 9. 4. 일제강점기 평민이 과거 양반에 당한 멸시와 차별을 어떻게 생각했는지는 송충기·지수걸 등, 『1910년대 일제의 비밀사찰기 酒幕談叢: 공주를 주막에서 엿듣다』, 공주대학교 공주학연구원, 2017, 189~197쪽도 참조.

깔려 있다. 약간 다른 맥락이지만 차금봉(제4차 조선공산당 책임비서) 중심
설도 있다.[17] 주요 근거는 해방 이후 1949년에 나온 『사회과학대사전』의
'차금봉' 항목이다(672쪽). 더러 월북 배우 박제행의 회고가 인용되기도
한다. 그런데 『사회과학대사전』에 그 날짜를 3월 27일이라 한 점, 차금봉
이 용산 기관차 화부 견습공과 기관수로 일했다는 점을 감안하면, 사전
의 '노동자시위'는 3월 27일 용산 만철滿鐵경성관리국 직공 800명의 파
업일 가능성이 크다. 사전의 집필자는 3월 22일과 3월 27일 사건을 혼동
하여 하나로 기술한 것 같다. 차금봉은 공장노동자 출신으로, 조선노동
공제회에서 조선공산당으로 이어지는 그의 활동은 남대문역 부근 만세
시위의 '노동회'나 '노동대회'와 다른 결이다. 노동자는 독립을 위해 스스
로 나섰으며 다양했다.

---

17 김인덕, 「민족해방운동가 차금봉 연구」, 『일제시대 민족해방운동가 연구』, 국학진흥
원, 2002, 176~180쪽.

8

| 3월 말 서울의 만세시위, '군중' |

1919년 3월 26일 오후 3시쯤 종묘 앞에서 거지 한 명이 태극기를 들고 아이들 45명과 함께 만세를 불렀다.

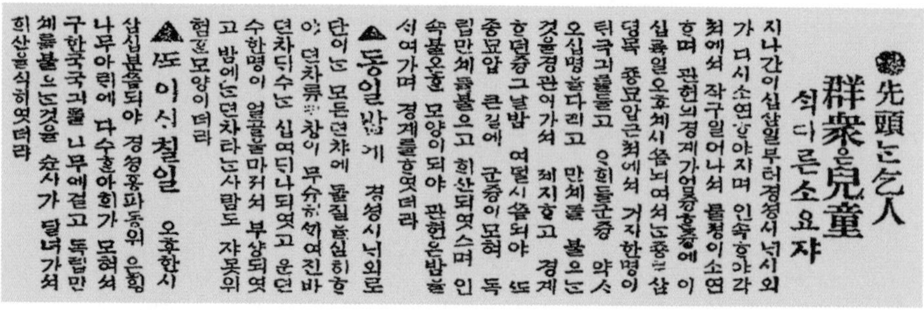

先頭는乞人 群衆은兒童 ᄉᆡᆨ다른소요쟈

지나간이십삼일부터경셩서넉시외가다시소연ᄒᆞ야지며 인숙ᄒᆞ야각쳐에셔 작구일어나셔 몰쳥이소연ᄒᆞ며 관헌의경계가엄쥰ᄒᆞᆫ중에 이십륙일오후세시쯤되여셔는종로삼뎡목 종묘압근쳐에셔 거지한명이 태극기를들고 으ᄒᆡ들군즁 약ᄉᆞ오십명을다리고 만세를 불으는것을경관이가셔 제지ᄒᆞ고 경계ᄒᆞ던즁그날밤 여덟시쯤되야 또종묘압 큰길에 군즁이모혀 독립만세를불으고 희산되엿스며 인쇽불온ᄒᆞᆫ 모양이되야 관헌은밤을셰여가며 경계를ᄒᆞ엿더라

▲동일밤 게 경셩시니외로단이는 모든뎐챠에 돌질ᄒᆞᆷ심히ᄒᆞ야 뎐차류의창이 무슈히셰여진바뎐차ᄃᆡ수는 십여ᄃᆡ나되엿고 운뎐수한명이 얼골을마저셔 부상되엿고 밤에는뎐차타는사람도 쟈못위험ᄒᆞᆫ모양이더라

▲또 이십칠일 오후한시삼십분쯤되야 경셩종파동위 은힝나무아ᄅᆡ에 다수ᄒᆞᆫ아희가 모혀셔구한국국긔를 나무에걸고 독립만세를불으는것을 순사가 달녀가셔희산을식히엿더라

〈그림 27〉 거지와 아이들의 만세시위(1919. 3. 26)에 대한 『매일신보』의 보도. 자료: 「先頭는 乞人, 群衆은 兒童: 색다른 소요자」, 『每日申報』 1919. 3. 28, 3면.

이 장면은 삼일운동의 저변이 얼마나 넓었는지 잘 보여준다. 독립은 사회의 가장 낮은 자도 바랐으며 식민 지배의 부당함은 어른만 느끼는 게 아니었다. 그런데 위 신문기사가 전하는 바가 이것뿐일까? 당시 자료에 나오는 거지들의 행진이나 아이들의 '만세놀이'로 볼 때[1] 거지나 아이가 만세를 부른다는 것 자체가 그렇게 특이한 일은 아니었다. 이 시위에 또 다른 '색다른' 점은 무엇일까?

7장에서 살펴본 3월 22일 토요일 오전 노동자를 중심으로 한 남대문역 부근 만세시위는 경찰과 군대가 폭력으로 진압했다. 그날 밤부터 27일 목요일까지 서울에서 시위가 끊이지 않았다. 국사편찬위원회의 〈삼일운동 데이터베이스〉를 보면 3월 22일부터 3월 27일까지 8건의 시위가 검색된다. 8건은 대체로 '시내 각지'의 소규모 시위를 묶어서 날짜 단위로 센 것이다. 따라서 개별 시위를 헤아리면 시위 수는 더 많아진다. 예를 들자면 3월 23일 시위로 '경성 시내 각지의 만세시위와 전차 투석' 1건이 검색되나, 그 세부 시위 장소를 보면 경성부만 20여 곳이 넘는다. 3월 26일도 '야간에 경성 시내 각지의 만세시위와 경찰서 및 전차에 대한 투석' 1건이 검색되나 『매일신보』를 보면 이날 밤 경성부만 20곳 정도에서 시위가 일어났다.[2] 또 이 시기 서울의 시위는 '시외'의 그것과 함께 봐야 한다. 〈삼일운동 데이터베이스〉 기준으로 3월 22~27일 고양군에서 37건, 시흥군에서 8건의 시위가 일어났다. 경찰은 '시외의 군중이 서로

1 거지들의 행진은 F. W. Schofield, 「Japan's Reign of Terror in Korea(A Trip Thro' A Terrorized District)」, 1919. 6. 1에, 아이들의 '만세놀이'는 매티 윌콕스 노블 지음, 강선미·이양준 옮김, 『노블일지 1892~1934: 미 여선교사가 목격한 한국근대사 42년간의 기록』, 이마고, 2010, 233쪽에 묘사되어 있다. 이 외에 京畿道警務部, 『査察彙報』 제19회(3. 15) 및 제42회(4. 7), 1919 참조. 〈그림 27〉의 기사 뒷부분에도 3월 27일 아이들의 '만세놀이'를 전하고 있다.

2 「京城附近 又復騷擾, 이십 육일 밤에 이십여 처 소요」, 『每日申報』 1919. 3. 28, 3면.

호응하는 느낌'이라 했으며,[3] 많아진 시위를 반영하여 '경성 시외'의 상황을 별도의 항목으로 다뤘다.[4] 대강이나마 전체상을 가늠하기 위해 아래 〈표 3〉에 조선총독부 경무총감부 고등경찰과가 작성한 「독립운동에 관한 건」에 나오는 해당 시기 시위를 정리하였다.

〈표 3〉 1919년 3월 22~27일 서울 만세시위 상황과 참가자 판결문

날짜	「독립운동에 관한 건」 (시간/장소/주체, 규모/운동 유형, 주요 행위)	참가자(피고인) 판결문
22 (土)	▲ 09.30/봉래정~의주로/노동자, 군중 700명/시위 ▲ 23/종로3정목 단성사 앞/한 조선인, 관객/만세	① 봉래정 시위_김공우 등 9인 (+ ②의 죽첨정 시위_조덕인) ② 냉동 금화산 만세시위_안홍성 등 3인 - ⑫ 단성사 앞 시위_고희준
23 (日)	▲ 20~00.30/훈련원 부근, 동대문 내외, 동소문 내, 미생정, 원정/군중 50~500명/독립만세 【시외】 ▲ 20~24/고양군 동묘리, 돈암리, 청량리, 왕십리, 마포, 양화진, 수색, 녹번현, 동막, 당진리, 행주, 창천리 및 구파발리/군중 50~1,000명/독립만세 이 중 동대문 내외, 청량리 및 동묘리/군중/전차 투석 ▲ 고양군 연희면 합정리/폭민 30명/중국인 가옥 2, 3호 파괴	③ 종로통 전차 투석, 만세시위_이규민 등 70인 ④ 동대문 내 만세시위_이천만 ⑤ 광희정 2정목 석교 만세시위_이양수
24 (月)	【시외】 ▲ 녹번현/군중 200명/23일 검거자 구출하러 동지 헌병주재소 내습 ▲ 성북리(동소문 외)/군중 60명/만세고창 ▲ 한강리/군중 200명/만세고창	⑥ 돈화문통 만세시위_김수근 등 5인

---

3 京畿道警務部, 『査察彙報』 제28회, 1919. 3. 24.

4 조선총독부 경무총감부 고등경찰과, 「독립운동에 관한 건(獨立運動二關スル件)」 제25보(3. 24)~제29보(3. 28), 1919.

25 (火)	▲밤/청운동, 청엽정(용산) 부근 산상/군중 100명/만세 ▲밤/원정 3정목(용산) 전차정류장/ 군중 70여 명/만세, 전차 투석	⑦ 팔판동, 삼청동 만세시위(~26일)_조장록 – ⑬ 광화문 부근 만세시위_양주흡
26 (水)	▲20/누하동, 삼청동, 가회동, 옥인동 및 한양공원/군중 30~200명/만세 ▲22/와룡동 및 재동 파출소/군중 50명/파출소 투석 ▲안국동 파출소/파출소 투석 ▲종교宗橋경찰관파출소/군중 100명/파출소 투석, 폭행 ▲밤/종로통 및 서대문통/폭민 수단數團/전차 습격 투석 【시외】 ▲밤/안감리/군중 200명/만세, 전차 투석, 하차 협박 ▲용산 동막간/ 군중 300명/독립만세 ▲왕십리 및 회기리/군중 150명/독립만세 ▲21~24/뚝도纛島/군중 500명/발포에 해산하지 않고 면사무소 습격, 면서기 구타/사망 1명	⑧ 종교宋橋경찰관파출소 만세시위_박귀돌 ⑨ 광화문통, 서대문 1정목, 무교정, 철물교, 누하동, 적선동, 안국동 만세시위_김교승 등 16인 ⑩ 삼청동 만세시위(~27일)_김경준, 김재완 ⑪ 서계동 만세시위_임춘식
27 (木)	▲아침/원정 3, 4정목/만철경성관리국 직공 800명/만세, 휴업 ▲시내 각소/군중/독립만세 ▲재동경찰관파출소/군중 100명/제등, 구한국기, 파출소 내습 및 투석/사망 2명 ▲밤/서대문통, 종로통 및 미창정/폭민/전차 투석 【시외】 ▲안감천/군중 500명/군중운동 ▲돈암리 부근 산상/군중 50명/군중운동	⑪ 숭삼동·동숭동·창성동·종로 만세시위, 홍화문 전차 투석, 관훈동 일본인 음식점 투석_우명철 등 10인

자료: 조선총독부 경무총감부 고등경찰과, 「독립운동에 관한 건(獨立運動ニ關スル件)」 제25보(3. 24)~제29보(3. 28), 1919; 국가기록원, 〈독립운동관련판결문〉. 이름으로 검색하면 해당 판결문을 찾을 수 있다.

다시 서울 시내로 좁혀보자. 3월 22~27일까지 시위의 첫 번째 특징은 시위 시간대가 밤이라는 점이다. 앞서 본 3월 22일 남대문역 부근 시위를 제외하면 거의 밤에 일어났다. 물론 3월 24일 어의동보통학교와 정동보통학교 졸업식, 3월 27일 만철경성관리국 직공 휴업같이 학교나 공장 등 일정한 장소를 점하며 조직을 갖춘 집단의 경우에는 낮에도 시위하였다. 그러나 이 외에 조직적인 시위는 없었다. 27일 종로 십자로에서 이봉하가 벌인 시위처럼 1인 시위도 낮에 일어났다. 그러나 길거리 같은 열린 공간에서 다수가 참여하는 시위는 밤에 일어났다. 낮에는 일제 군경의 경계가 심했기 때문이다. 서울 시내에는 군대가 상시 주둔하였다. 조선군사령관 우쓰노미야 타로宇都宮太郎의 일기를 보면 3월 1일 이후 경성에 변동은 있지만 대략 3개 중대가 주둔했고, 3월 22일 이후 시위가 격화되자 3월 28일에 3개 중대가 더 배치되었다.[5] 〈그림 28〉은 4월 1일 서울의 조선군 주둔 상황을 보여주는데, 총 여섯 명의 중대장이 배치된 것으로 볼 때 6개 중대가 주둔했음을 알 수 있다. 3월 서울 도심의 만세시위 추이를 살펴볼 때 〈그림 28〉만큼 촘촘하지는 않아도 주요 지점에 군대가 상주하면서 경계를 섰다는 점을 고려해야 한다.

경찰의 경계와 감시도 강화되었다. 3월 1일 만세시위 직후부터 사찰반이 조직 운영되었으며,[6] 3월 8~10일에 전차 차장과 운전수가 파업을 일

---

5 宇都宮太郎關係資料硏究會 編,『日本陸軍とアジア政策: 陸軍大將宇都宮太郎日記 3』, 岩波書店, 2007, 220~237쪽. 3월 23일자에 '경성 주둔 3 중대 외 1 중대'를 출동시켰고, 3월 28일자에 '경성에 2중대, 용산에 1중대'의 경비병을 증가시켰다는 기록이 나온다.

6 이양희, 「조선총독부의 3·1운동 탄압책과 피해 현황」,『백년 만의 귀환: 3·1운동시위의

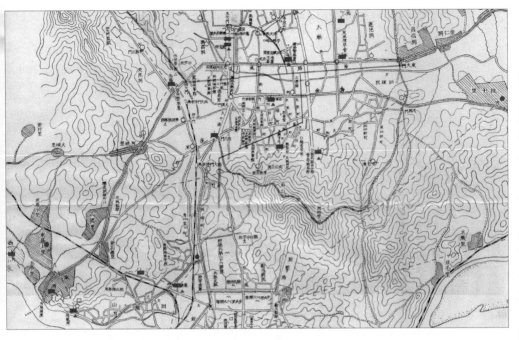

〈그림 28〉 1919년 4월 1일 서울의 조선군 배치도(부분). 자료: 朝鮮軍參謀部(→ 陸軍省), 「4月 1日 二 於ケル配備」, 1919. 4. 7(日本陸軍省, 『朝鮮騷擾事件関係書類 7』에 수록). 전체 지도는 이송순, 『삼일운동 데이터베이스로 보는 1919, 그날의 기록: 제2권 서울 | 경기도 | 충청도』 국사편찬위원회, 2019, 31쪽 참조. 지도에서 ■와 ○가 소대와 분대의 주둔지이다. ▲는 중대장 소재지인데, 경성 시내에 4곳, 용산과 마포에 각 1곳이 표시되어 있다.

으키자 경찰은 11일에 경관연습소생, 순사 등을 분승케 하여 '협박자', 즉 운전 중지와 파업 동참을 권한 자를 단속했다. 14일에는 도로에 서있는 조선인을 조사했으며, 경성 내 100명 이상 직공노동자가 있는 공장을 순찰했다. 15일부터는 검거반을 조직하여 동소문, 남산, 삼청동의 산

────

기록』, 국사편찬위원회, 2019, 320쪽.

지 및 조선인 마을을 뒤졌다.[7] 대규모 시위나 공장 단위의 파업을 일으키는 것은 물론이고 거리에 서 있기도 힘든 상황이었다. 이 틈을 비집고 3월 22일 남대문역 부근에서 비공장노동자의 시위가 터져 나왔고 군경은 총검을 휘둘렀다. 이에 군경이 눈을 부릅뜨고 있는 낮을 피해 어둠을 방패 삼아 밤 시위가 일어났던 것이다. 3월 26일 거지와 아이들의 만세시위가 색다른 점은 오후 3시 한낮이라는 시위 시간 때문이다.

3월 22~27일 만세시위의 두 번째 특징은 시위 참가자가 엘리트가 아니라 도시의 '기층민중'이라는 점이다. 박찬승은 이 시기 시위를 참여자가 대부분 노동자나 상인층인 '민중 시위'로 보았으며, 권보드래도 도시의 또 다른 시위 주체로서 '노동자'에 주목했다.[8] '민중'이나 '노동자'를 좀 더 들여다보자. 현재 열람할 수 있는 일제강점기 판결문 중 이 시기의 만세시위로 확인되는 것은 11종이며, 피고 121명의 정보가 담겨 있다. 여기에 다른 판결문에서 이 시기 시위에 참여한 것으로 확인되는 2명(고희준, 양주흡)을 더하면 모두 123명이다(〈표 3〉의 우측 참조). 123명은 시위 참가자 전체를 조망하기에 턱없이 모자라는 수지만,[9] 막연한 '다수'나 '군

---

7 京畿道警務部,「査察彙報」제15회(3. 11)·제18회(3. 14)·제19회(3. 15), 1919.

8 박찬승, 『1919: 대한민국의 첫 번째 봄』, 다산북스, 2019, 239쪽; 권보드래, 『3월 1일의 밤: 폭력의 세기에 꾸는 평화의 꿈』, 돌베개, 2019, 355~383쪽.

9 1919년 3월 25일 오후 2시경 종로청년회관 앞에서 김서환金瑞煥(24세, 종로2가 거주)이 전차에 투석하고 승객을 내리게 한 건으로 체포되어, 4월 26일 경성지방법원에서 '왕래 및 업무 방해죄'로 징역 3년의 판결을 받았다(「電車를 停留시키고 승객을 끌어내리어」, 『每日申報』 1919. 4. 15, 3면; 「騷擾煽動者 懲役五年, 동아연초직공」, 『每日申報』 1919. 4. 30, 3면). 군경의 기록에 이날 이 시간 시위가 나오지 않은 것으로 볼 때 1인 시위였던 것 같다. 다만 이와 관련된 판결문이나 형사사건기록을

132 낯선 삼일운동

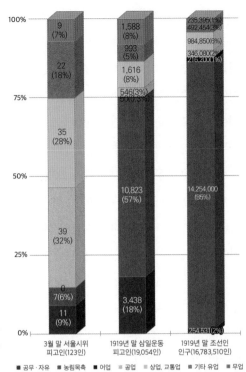

<그림 29> 1919년 3월 22~27일 서울 만세시위 참가자(피고인) 직업의 산업별 비중. 자료: 朝鮮總督府法務,「妄動事件處分表」, 1920. 1의 '제10 피고인의 직업'; 朝鮮總督府,『朝鮮總督府統計年報』 1919년판, 72~83쪽; 이 책 128쪽 <표 3>의 판결문. 원데이터는 290쪽 <부표 1> 참조.

■ 공무·자유 ■ 농림목축 ■ 어업 ■ 공업 ■ 상업, 교통업 ■ 기타 유업 ■ 무업

중'에 가려진 구체적인 시위자 모습에 다가갈 수 있는 귀중한 통로이다.

〈그림 29〉는 3월 22~27일 서울 만세시위자(피고인) 123명의 직업을 산업별로 분류해서 1919년 말에 집계된 삼일운동 참가자(피고인) 및 조선인 전체의 그것과 비교해본 것이다. 이 집단이 얼마나 모집단과 다른지 한눈에 알 수 있다. 1919년 말 삼일운동 관련 피고인 전체와 비교해 보면

통해 자세한 인적 사항을 확인할 수 없어 123명에 포함하지 않았다. 그러나 기억해야 할 사람이다.

3월 말 서울 만세시위 피고인 쪽은 공업, 상업·교통업, 기타 유업有業의 비중이 높으며 농업의 비중은 매우 낮았다. 당시 조선인 전체의 분포와 비교해 보면 그 차이는 더 커진다. 이는 시위 무대가 농촌이 아니라 도시 이며, 그 주된 산업인 상공업·서비스업에 종사하는 사람들이 시위에 참 여했음을 말해준다. 반면에 상대적으로 도시에 많이 분포하는 직업군인 공무·자유업(학생 포함)의 비중은 11%로, 전체 인구의 그것(2%)에 비해선 높지만 삼일운동 전체 피고인의 그것(18%)에 비해선 낮았다. 삼일운동 전체 피고인 중 공무·자유업의 비중이 높았던 것은 학생, 종교인, 교사와 같은 엘리트가 적극 참여하여 삼일운동 초반을 이끌었던 측면이 반영된 것이다. 이들이 공무·자유업 중에서 76%를 차지했다. 그러나 3월 말 서 울 시위에서 종교인은 전무했다. 신도도 거의 없었다. 판결문이나 신문 조서에 종교 유무가 기록된 103명 중 94명(90%)이 '무종교'였다. 교사도 없었다. 그나마 학생이 5명 참여했지만, 그 배경에 조직이 있어 보이지 않는다. 3명(양주흡, 체신국 양성소 학생 2명)은 해당 시위의 단순 가담자로 보이며, 2명(김공우, 고희준)만 시위를 주동 또는 선동했다고 기록되었다. 3 월 말 서울 시위에서 엘리트의 역할은 크지 않았다.

비중이 가장 컸던 공업(32%)을 보면, 공업 종사자로 시위에 참여한 이 들은 대부분 피고용자였다. 39명 중 직물, 연초, 신발 등의 직공이 36명 이었다. 다음으로 비중이 컸던 상업·교통업(28%)의 경우도 유사했다. 직 업명만으로 단정할 수 없지만 35명 중 마차부·인력거부·집배인·배달부 (7명), 음식점·권번의 고용인(2명), 행상(3명), 소규모 자본으로 가능한 각 종 상인(과자, 금붕어, 땔감, 연초 각 1명) 등 피고용자, 영세 자영업자가 눈에 띈다. '기타 유업'의 비중도 모집단에 비해 높은데, '고인·용인' 14명, 노동·인부·잡역 7명, 날품팔이(日傭) 1명으로, 도시 하층민의 대표적인 직업이다. '무업'은 '무직'과 '불상不祥'으로 구성되는데, 3월 말 서울 시위자의 무업은 9명 전부 '무직'이었다. 이렇게 대강 헤아려봐도 도시의 피고용인, 영세업자, 무직자가 83명으로, 전체의 67%였다. 나머지 사람들의 경제 사정도 이들과 큰 차이가 없었을 것이다. 또한 123명의 평균 나이는 28세였다. 삼일운동 피고인 전체의 나이 구간 통계를 보면 '20~29세'가 38%로 가장 많았고, 다음으로 '30~39세' 24%, '40~49세'와 '20세 미만'은 각 13% 순이었다. 123명의 나이 구간 통계를 내보면 '20~29세' 46%, '30~39세' 34%, '20세 미만' 19%, '40~49세' 4%로, 전체에 비해 젊었다. 피고인으로 볼 때 3월 말 서울 시위 참가자는 도시의 가난하며 젊은 '기층민중'이었다. 이런 층이 자발적으로 역사의 무대에 대거 등장한 것은 처음이 아닐까. 그런데 3월 26일 종묘 앞 시위가 색다른 점은 '기층민중'의 주력이라 할 수 없는 거지와 아이들'만'의 시위였기 때문이다. 그래서 한낮 기습 시위가 가능했는지 모른다. 밤마다 기층민중의 시위가 격렬히 벌어지는 외중에 군경이 지키고 있는 대낮에 누구도 이들이 모여서 만세를 외치리라 상상하지 못했을 거다.

한편 3월 말 서울 시위에서 체포된 피고인 중에는 주소가 경성이 아닌 자가 13명으로, 전체 123명의 11%를 차지했다. 중심지 경성은 다른 지역 사람들의 왕래가 잦은 곳이었다. 이 왕래를 통해 만세시위가 퍼졌을 것이다. 다만 그 전파의 방향이 일방적이지 않았다는 점에 유의하자. 경성부 임정(현재 중구 산림동)에 거주했던 최규륜(50세, 무직)은 『매일신보』를 통해 '지방에서 열심히 독립만세를 부르고 있는 것을 알고 경성에서도 만세를 불러야 한다는 생각'으로 23일 밤 종로 5가 오교 부근에서 만세를 불렀다. 또 주소는 경성부이지만 본적이 경기도나 다른 지역인 사람이 17명(14%)이었다. 학업을 위해 경성에 올라온 학생 4명을 제외하면 대부분 일자리를 찾아 왔을 것이다. 3월 22일 봉래정 만세시위의 주역 엄창근은 충북 면천이 본적이다. 3월 23일 전차에 투석한 유성옥(37세)은 경기도 여주가 본적이다. 이 두 사람이 언제 경성에 왔는지 알 수 없지만 직업은 둘 다 '노동'이었다. 강원 통천 출신으로 3월 22일 죽첨정 금화산 정상 만세시위에 참여한 변장성(21세), 충남 괴산 출신으로 3월 27일 창성동 경찰관연습소 앞 만세시위에 참여한 김종옥(30세)은 일자리를 찾지 못했는지 아니면 잃었는지 '무직'이었다.

3월 말 서울 시위의 세 번째 특징은 '군중'이라는 시위 방식이다. 보통 만세시위는 약속된 모일 모시 특정 장소에 모여 독립선언서를 낭독하고 만세 삼창 등으로 독립 의지를 공유한 뒤 세를 과시하며 또는 세를 얻기 위해 행진한다. 3월 1일 서울 시위가 그랬다. 지역에 따라 식민권력의 핵심인 관청이나 헌병·경찰 기구로 나아가 독립 의사를 천명하기도 한다. 농촌 시위의 대부분이 이런 양상이었다. 이를 위해서는 주도자와 어느 정도 규모의 조직이 필요하다. 그런데 3월 말 서울 시위의 대다수는 주도자도, 공개 행사도, 선언문도, 조직도, 명단도 없었다. 특히 23일과 26일에 집중적으로 일어난 전차 투석의 경우 우연히 모여 만세 부르고 투석한 뒤 흩어졌다. 조선총독부 측은 그 주체를 '부화뇌동하는 군중'으로 보았다. 19세기 말 프랑스 사회학자 귀스타브 르 봉(Gustave Le

〈그림 30〉 1919년 3월 23일 서울 만세시위 때 전차 투석 상황 →
자료: 국사편찬위원회 편, 『韓民族獨立運動史資料集 27』, 國史編纂委員會, 1996, 4-6쪽.
검증도는 국사편찬위원회, 〈한국사데이터베이스〉의 해당 자료 '원문 보기'를 통해 볼 수 있다. 전차 그림에서 빨간색은 파손을 의미한다.

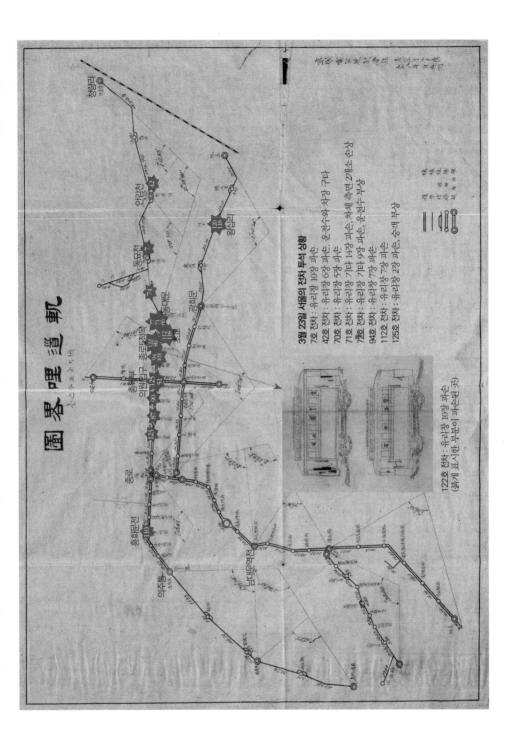

軌道客車圓

3월 23일 서울의 전차 투석 상황

7호 전차 : 유리창 10장 파손
42호 전차 : 유리창 6장 파손, 운전수와 차장 구타
70호 전차 : 유리창 5장 파손
71호 전차 : 유리창 기타 14장 파손, 차체 측면 2개소 손상
73호 전차 : 유리창 기타 9장 파손, 운전수 부상
94호 전차 : 유리창 7장 파손
112호 전차 : 유리창 7장 파손
125호 전차 : 유리창 2장 파손, 승객 부상

122호 전차 : 유리창 10장 파손
(붉게 표시한 부분이 파손된 곳)

Bon) 이래로 '군중'은 '두렵지만 열등한 무리'로 전염병처럼 다루어져왔다. 필자는 이때 '군중'을 집단이 아니라 민중의 정치 행동이나 실천의 하나로 보려 한다. 지배자의 억압이 엄존하는 상황 아래 피지배자 민중이 피해를 최소화하면서 자신의 의사를 효과적으로 표출하는 방식이다.

민중이 피해를 최소화하는 핵심 전술은 바로 '익명성'이다. 예를 들어 보자. 〈그림 30〉은 당시 검사가 작성한 검증조서의 도면과 그림을 바탕으로 3월 23일 전차 습격을 재구성해본 그림이다. 이 중 전차 122호는 3월 23일 종로5가 부근에서 시위대의 전차 투석으로 유리창 10장이 깨졌다. 이와 관련해 체포된 자는 정필모(26세, 잡역 및 야채장수) 한 명이었다. 정필모는 돌을 두 번 정도 던졌을 뿐인데 부근에 있던 일본인 순사의 눈에 띄어 붙잡혔다. 두루마기를 입고 모자를 써서 순사가 기억하기 쉬웠던 것 같다. 겨우 돌팔매질 두 번으로 저렇게 유리창 10장을 깰 수는 없다. 던진다고 다 명중하는 것도 아니고, 명중한다고 다 깨지는 것도 아니다. 유리창을 깼던 사람들, 그 수많은 전설은 다 어디로 갔을까? 부근에 있던 순사들은 눈 뜨고도 그들을 누구라 특정할 수 없었다. 3월 23일 밤에는 투석으로 전차 20대가 파손되고 그 유리창 103장이 깨졌다. 이 사건으로 105명이 검거되었다. 그중 검경의 조사를 받은 70명의 사건기록을 보면, 피의자는 대부분 만세는 불렀지만 투석은 하지 않았다고 했다. 판결문을 보면 결국 9명만 명확히 투석 건으로 기소됐는데 그나마 4명은 무죄판결을 받았다. 도시의 밤을 무대로 한 익명의 시위에서 검경이 누구를 붙잡아 행위를 입증하기란 쉽지 않았을 거다.

〈그림 31〉은 3월 27일 밤 100여 명이 참여한 재동파출소 습격 및 투석 사건의 검증 그림이다. 팔판동에서 시작된 제등 행렬, 준비된 구한국

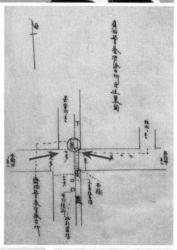

〈그림 31〉 1919년 3월 27일 밤 서울 재동파출소 습격 및 투석 사건. 자료: 국사편찬위원회 편, 『韓民族獨立運動史資料集 27』, 國史編纂委員會, 1996, 4~6쪽·82~83쪽. 검증도는 국사편찬위원회, 〈한국사데이터베이스〉의 해당 자료 '원문 보기'를 통해 볼 수 있다. 우측과 하단 그림은 1919년 3월 27일 시위대에 습격당한 재동파출소에 관한 검증도이다. 하단 그림에서 ⊠ 표시는 투석으로 깨진 유리창이다. 상단 사진은 검증도에 의거해 현재 안국역 사거리에서 재동파출소의 위치로 추정되는 곳을 표시하였다. 〈카카오맵〉 https://map.kakao.com에서 캡처(2021. 10. 30).

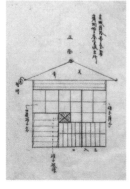  

기, 동서로 나눠 파출소를 협공한 점 등을 미뤄볼 때 3월 말 서울 시위 중 가장 짜임새가 있었다. 이 사건과 관련하여 3명이 현장에서 붙잡혀 기소되었는데, 2명은 징역 6개월, 1명은 무죄판결을 받았다. 주범은 잡지 못했다는 얘기다. 피의자 중 박계갑(17세, 양말제조 직공)이 주동자 2명의 이름과 사는 동네를 말했으나 경찰은 잡지 못한 것 같다. 그 2명이 기소된 기록은 아직 발견하지 못했다. 정확한 정보였을까, 아니면 시위 후 사망한 사람일까. 기소된 피의자 대부분이 만세를 부를 때 곁에 있던 자는 모르는 사람이라 진술했다. 그렇게 말해도 이상하지 않은 도시였고 밤이었다.[10]

이렇게 보면 3월 26일 한낮에 벌어진 거지와 아이들의 시위가 얼마나 색다른 것인지 뚜렷해진다. 밤에 시위를 벌였다면 익명은 가능했겠지만 전혀 주목받지 못했을 거다. 거꾸로, 대낮에 보란 듯이 시위를 일으켰다. 사회의 가장 약자라는 그들의 지위, 그들을 지켜보는 시민의 눈이 밤을 대신하는 방패였다. 군경이 대놓고 폭력 진압하기도 곤혹스러웠을 거다. 그랬다간 지배의 위신이 땅에 떨어진다. 신문에는 경관이 "가서 제지"했다고 쓰여 있다. 기록으로 남기기에도 민망했던가, 일본 군경의 기록 어디에도 이 사건은 나오지 않는다. '색다름'으로 그 이면—일제 군경의 폭력 진압과 그에 맞선 기층민중의 격렬한 밤 시위—을 도드라지게 한 저항의 장인에게 경의를 표한다.

익명성에 기대어 피해를 최소화하는 '군중'이라는 시위가 얼마나 효과

10 민중의 집단행동과 익명성 전술에 대해서는 제임스 C. 스콧 지음, 전상인 옮김, 『지배, 그리고 저항의 예술: 은닉 대본』, 후마니타스, 2020, 255~258쪽 참조.

가 있었을까. 조선총독부 측의 반응을 보면 알 수 있다. 앞서 보았듯이 28일 경성에 3개 중대가 증파되어 주둔했다. 경찰은 일본인 날품팔이와 건달을 동원하여 한복을 입혀서 밤에 조선인을 공격하게 했다. 물론 일본 측 기록에는 나오지 않는다. 윤치호는 3월 26일자 일기에 이렇게 적었다. "일본 당국은 갈고리와 곤봉, 칼 등으로 무장한 일본인 날품팔이들이 '만세'를 외치는 군중을 공격하게 만드는 저열하고 무자비한 방법을 채택했다. 당국은 경찰, 헌병, 군인만으로는 충분하지 않은가? 왜 이렇게 야비한 방법을 쓰는 것일까?"[11] 양주흡은 3월 27일자 일기에 "재동에서 만세를 부른 후 해산된 뒤 회사에 출근하던 세 사람이 가혹한 순사에게 칼을 맞아서 사망하였다고 한다", 3월 28일자에 "오늘 밤부터 순사가 엄중히 단속하는 한편, 건달들이 한복을 입고서 구타를 하므로 우리 동포 중에 외출하는 사람이 적어졌다", 3월 29일자에 "교동에서 오늘 밤 일본인이 살인극을 벌였다"고 썼다.[12] 재동의 조선인 사망에 대해 경찰은 "폭민 2명이 도주하다가 부상 후 사망했으며, 그 사망은 폭민의 투석에 의한 것"이라 했다.[13] 사찰 경찰은 "경관이 곤봉으로써 [진압]하자 이에 대항하기 위해 수레꾼 등이 결사대로 고용되어 철물상에서 많은 단도를 구입하였다"는 '유언비어'를 전하며 "모든 철물상 및 철물 행상을 취조했으나

11 국사편찬위원회 편, 박정신·이민원·박미경 번역, 『(국역) 윤치호 영문일기 6』, 국사편찬위원회, 2015, 287쪽.

12 국사편찬위원회 편, 『韓民族獨立運動史資料集 13』, 國史編纂委員會, 1990, 232쪽.

13 조선총독부 경무총감부 고등경찰과, 「독립운동에 관한 건(獨立運動二關スル件)」 제29보, 1919. 3. 28.

이와 같은 사실은 없다" 했다.[14] '도둑이 제 발 저린다'는 이럴 때 쓰는 말이다. 이제 시민은 밤거리에 나설 수 없게 되었다. 일제는 군대를 증파하고 테러를 가하여 겨우 도시 기층민중의 밤 시위를 막았다.

한국근현대사에서 도시 기층민중의 '군중' 시위는 남긴 족적에 비해 정당한 평가를 받지 못했다. 1960년 4·19민주화운동 때도 희생된 사망자 156명 중 가장 많은 수는 하층 노동자 61명이었고, 무직자 33명을 합치면 절반이 넘었다.[15] 1979년 부마민주항쟁 때도 시작은 학생이 하였으나 끝까지 투쟁한 이들은 빈민, 노동자, 실업자와 같은 도시 하층민이었다.[16] 1980년 5·18광주민주화항쟁 때 광주지방검찰청이 확인한 항쟁 측 사망자 162명 중에는 노동자가 35명으로 가장 많았다. 그들은 대부분 일용직이었으며, 여기에 점원·행상 등의 서비스직 11명, 생활이 열악한 '무직' 23명과 '불명' 17명을 합치면 86명으로 절반이 넘는다.[17] 언론과 집회의 자유가 없던 식민지기, 그리고 독재 시절에 '군중' 시위의 역할은 컸다. 언론과 집회의 자유가 있는 지금, 혹시 '군중'의 그들이 소외된 것은 아닌지 생각해보자.

물론 '군중'이라는 시위를 너무 낭만화하는 것도 경계해야 한다. 빛나는 면만 있는 것도 아니다. 1919년 "3월 23일 고양군 연희면 합정리

14 京畿道警務部, 『査察彙報』 제37회, 1919. 4. 2.

15 오제연, 「4·19혁명 전후 도시빈민」, 『한국현대생활문화사 1960년대: 근대화와 군대화』, 창비, 2016, 44~45쪽.

16 김원, 『박정희 시대의 유령들』, 현실문화, 2011, 414~447쪽.

17 서중석, 『사진과 그림으로 보는 한국현대사』, 웅진지식하우스, 2013, 422쪽.

에 약 30명의 사람이 집합하여 중국인 거주 가옥 2, 3호를 파괴"하였다
〈표 3〉.[18] 당시 강원도 통천에서도 중국인 상점이 피해를 보았다.[19] 이는
1931년 반중국인 폭동을 떠올리게 한다. 『조선일보』가 1931년 7월 2일
자 호외로 중국 창춘長春의 만보산萬寶山에서 조선농민이 수로 문제로 중
국농민과 충돌하여 큰 피해를 입었다고 보도했다. 이에 자극을 받은 조
선인들이 조선 전역에서 약 일주일간 중국인 상점에 투석하고 방화하며
중국인 100여 명을 학살한 사건이 일어났다. 이 폭동의 주역은 도시의
기층민중, 시위 형태는 '군중'이었다.[20] 삼일운동과 반중국인 폭동을 비
교하면 기분 나빠하는 사람이 많겠지만, 양자는 민족주의라는 점에서 공
통된다. 약자로서 강자에게 정의, 인도, 평화를 요구한다면 자기와 비슷
한 또는 자기보다 약한 자에게도 똑같이 정의, 인도, 평화로써 대하는 것
이 상식이다. 민족 내부의 강자와 약자 관계도 마찬가지다. 그렇게 대하
지 못하는 어떤 이유를 댄다면 그것은 거꾸로 자신에게도 적용될 수 있
다. 민족주의는 상식이 통하지 않게 하는 구분과 배제의 힘이 있다. 삼일
운동이 던진 과제는 깊고 커서 '민족주의'만으로 풀 수 없다.

　3월 말 서울 시위의 주역, 도시의 기층민중이 시위를 전후해 어떤 삶
을 살았는지 알려주는 자료는 드물다. 기록은 지배자와 엘리트 편이다.

---

18 조선총독부 경무총감부 고등경찰과, 「독립운동에 관한 건(獨立運動ニ關スル件)」 제25
　　보, 1919. 3. 24.

19 독립운동사편찬위원회 편, 『독립운동사자료집 6』, 독립유공자사업기금운용위원회,
　　1973, 574쪽.

20 정병욱, 「식민지 조선의 반중국인 폭동과 도시 하층민」, 『역사와 담론』 73, 2015. 1;
　　정병욱, 「1931년 식민지 조선 반중국인 폭동의 학살 현장 검토」, 『史叢』 97, 2019. 5.

'사막에서 찾은 바늘' 몇 가지를 소개하는 것으로 8장을 마무리하겠다. 장성환(19세, 이명異名 장점룡, 대금업)은 23일 오후 8시경 종로 4, 5가에서 만세를 부르다 체포되어 징역 8개월을 선고받았다. 그는 7개월 전 1918년 8월 28일 종로소학교 쌀 염매소廉賣所에서 일어난 '쌀 폭동'에 앞장섰다가 태형 90대의 처벌을 받은 적이 있었다. 삼일운동의 배경으로 쌀값 상승, 쌀 폭동을 언급할 때 나오는 사건이지만[21] 동일인이 양쪽에 다 참여한 사실은 처음 알았다. 기존에 이용되지 않던 관련 판결문[22]을 읽어보니 쌀 폭동의 민족적 맥락이 더 잘 이해되었다. 일본인 150~160명과 조선인 600~700명이 쌀을 구매하러 모이자, 염매소 측은 양자를 나누어서 각각 판매했고, 일본인 전부와 조선인 절반에게 팔고 나니 미곡이 바닥났다. 사지 못한 조선인들은 당연히 불만을 가질 수밖에 없었다. 장성환의 직업은 그사이에 '무직'에서 '대금업'으로 바뀌었다. 3월 23일 그는 돈을 받으러 가는 길에 군중과 함께 만세를 불렀다고 했다. 위의 쌀 폭동에 참가하여 벌금 30원을 물었던 김수한(1919년 18세)도 학생이 주도한 3월 1일 시위에 참여했다가 체포되어 검사의 신문까지 받고 풀려났던 것 같다. 그사이 김수한의 직업은 인천상업학교 학생에서 모범매약상회의 점원으로 바뀌었다. 검사의 신문조서를 읽어보니 그가 퇴학하지 않고 계속 학교에 다녔다면 학생단으로 엮여 처벌을 피하기 힘들었을 것이다.[23]

---

21 이정은, 『3·1 독립운동의 지방시위에 관한 연구』, 국학자료원, 2009, 123~124쪽; 권보드래, 『3월 1일의 밤: 폭력의 세기에 꾸는 평화의 꿈』, 돌베개, 2019, 187~188쪽.

22 京城地方法院, 「判決: 崔導絃 등 28인」, 1918. 10. 3.

23 국사편찬위원회 편, 『韓民族獨立運動史資料集 14』, 國史編纂委員會, 1991, 173~175쪽.

박귀돌(27세, 동아연초회사 직공)은 3월 26일 오후 8시 30분쯤 종교宗橋파출소(현재 종로구 내수동 16번지 부근) 앞에서 군중을 지휘하여 만세를 부르고 파출소에 투석했으며 그곳 순사보에게 독립만세를 외치라 협박하여 징역 5년 형을 받았다. 이후 1920년 칙령 제120호로 형기가 반감되었다. 1923년 7월 그는 다시 『매일신보』에 등장한다. 음독자살을 시도한 실연 청년으로.[24] 독립도 사랑도 쉽지 않았다.

황인수(20세, 신발 직공)는 3월 23일 밤 종로3가에서 조선독립만세를 외친 죄로 경성지방법원에서 징역 8개월, 경성복심법원에서 징역 6개월을 선고받았다. 그는 불복하고 고등법원에 상고했으나 기각되었다. 그의 상고 취지문은 다음과 같다.

올해 3월 1일 조선독립선언서 배포 이후 조선 내외에 거주하는 조선 민족을 비롯하여 조선에서 정신이 있는 자는 남과 여, 노인과 어린이를 막론하고 조선의 독립과 민족의 자유를 얻기 위해 만세를 불렀다. 민족자결의 시대를 맞이한 지금 이것이 인도人道이고 정의임은 세계가 모두 아는 바이다. 자국과 자신을 위해 안전한 권리를 보존하려는 형세는 물이 낮은 데로 흘러가는 것과 같으니 누가 막을 수 있겠는가? 그런즉 올해 3월 23일 밤 본인이 조선독립만세를 부른 것 역시 자국 자신을 위해 찬성, 환영한 의미일 뿐이다. 그날 밤 현장에서 붙잡힌 뒤로 수개월 동안 많고도 큰 고통을 받았고 또 유죄판결로 6개월의 징역을 선고받았다. 약함으로 강함을 대적할 수 없으니 육신은 고통을 받았으나 심신은

---

24 「失戀靑年飮毒, 생명이 위독」, 『每日申報』 1923. 7. 26, 3면.

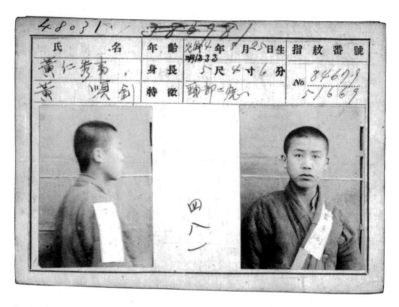

〈그림 32〉 1919년 서대문감옥에 수감된 황인수 사진. 자료: 국사편찬위원회, 〈한국사데이터베이스_일제감시대상인물카드〉.

속박할 수 없을 것이다. 이처럼 부당한 법률을 행하는 것은 세계 모두가 알고 있는 정의를 귀국이 모르는 것이고, 세계가 평화에 힘쓰는 주의主義를 귀국이 망치는 것이 아니겠는가? 그리한다면 동양의 대표, 동양의 선진이란 명성은 사라질 것이다. 부당한 법률을 사용하지 말고 세계의 통의通義와 귀국의 숙명을 신중히 스스로 지키기 바란다.

　　—고등법원형사부, 「1919年刑上第742號 判決書: 李鐘遠 등 19인」, 1919. 9. 20.

　기층민중의 삼일운동 사건기록이나 판결문을 보면 '남이 시켜서', '모르고' 등의 이유를 대면서 '잘못'을 인정하는 경우가 많다. 이러한 수동성, 무지, 돌연 순응은 압도적으로 불리한 권력관계에서 민중이 생존을 위해 자발적으로 선택한 경우가 많다. 염상섭의 『만세전』에 나오는 '갓 장수'처럼 말이다. 자발적 몰주체성, 능동적 수동성, 의도적 무지라 할 수 있다. 그러나 가끔 상황과 개인에 따라 황인수처럼 위험을 무릅쓰고 하고 싶은 말을 하는 경우가 있다. 황인수의 이후 행적도 흥미롭다. 1929년 9월 그는 오사카지방재판소에서 장물 방매 혐의로 징역 8개월, 벌금 30원을 선고받았다. 1941년 중국 한커우漢口에서 운전수를 했다는 기록도 있다. 1956년 고향인 충남 청양군 화성면 면의회 선거에 무소속으로 나와 당선되었다.[25]

　장성환, 박귀돌, 황인수… 이들이 바랐던 독립은 어떤 것이었을까?

---

25 白川秀南 編, 『在支半島人名錄 第二版 記念號』, 白川洋行, 1941, 98쪽; 李寬鎭·李永斗 共編, 『地方議員名鑑(4289年版)』, 中央通信社, 1956, 180쪽.

9

수원군 장안면·우정면 만세시위,
"많은 인민을 이길 수 없다"

당시 둑을 쌓을 때는 사람이 한쪽 갯바닥 흙을 파서 지게로 져다 쌓았다. … 품값은 한 사람이 하루 동안 갯바닥을 판 평수로 그날 저녁에 재서 계산한 다음 일당으로 주었다. 평수대로 일당을 준 것은 수백 명이 일하므로 공평을 기하기 위한 것으로 … 일 잘하는 사람은 하루에 다섯 평도 팠지만 못하는 사람은 서너 평을 파기도 했다. '잘하는 사람끼리 하면 돈을 잘 벌 수 있어서' 죽이 맞는 사람끼리 열이면 열, 다섯이면 다섯 '구미(組)'를 짜서 일했다. … 한백희 씨는 주로 음력 정월에서부터 삼월 사이 농사 시작하기 전에 '언(堰) 막는 일'을 다녔다고 한다. 언을 막은 후에도 "흙을 파다가 갯고랑을 막아서 땅을 판판하게 해야 하기 때문에" 몇 해 여기에 일을 다녔다.

송영만 씨는 방죽만 쌓아 놓았지 그 안의 논은 작인들이 개간하였다, 이는 "돈을 덜 들이고 대강 해놓아도 사람들이 (경작하겠다고) 덤볐기 때문"이다. 그러나 처음 개간한 논에 농사를 짓는 일은 여러모로 힘이 드는 일이어서 재수가 있는 사람은 소출을 보았으나 '잘 먹지 않는 논'에서 농사짓는 경우 "어려운 사람이 그걸 맡아서 하다가 자빠져서 인천, 서울로 떠난 사람이 많았다." 갯논은 보통 "10년을 읽어야 짠기가 빠지는데 갯논 큰 걸 맡아서 하다가 갯물에 (벼) 죽이고 일 년 내내 매달려도 쌀 한 됫박도 못 얻는 사람들이 올해 잘 먹을까, 내년에 잘 먹을까 하면서 그걸 붙잡고 있다가 결딴 난 사람들이 많았다." … 작인들이 실제적으로 논을 개간한 셈이기 때문에 지주나 마름이 함부로 "몇 해 못 먹고 붙잡아 공들인 논"을 빼앗지는 못했다. … 소출이 적은 경우 소작료를 내지 않기도 했다. … 한백희 씨는 처음 개간한 논에 농사짓는 일은 "허황되게 모심어 놓고 잘되기만 바라는 것"이라 하면서 그 어려움을 표현했다.

—한신대학박물관, 『남양만의 역사와 문화』, 한신대학교박물관, 2005,

269~270쪽.

2004년경 지역문화연구소가 화성시 우정읍 주곡리 한백희(1913년생)와 인터뷰한 기록이다. 위는 같은 읍 호곡리에서 1930년대에 방죽(둑) 쌓는 모습, 아래는 둑 안의 땅을 개간하는 모습이다. 보통 바닷가 간석지 개간은 이 두 가지가 결합한 사업이다. 화성시 우정읍과 장안면, 일제강점기 행정구역명으로 수원군 우정면과 장안면이 있는 조암반도는 조선시대부터 현재까지 끊임없이 개간이 이뤄진 지역이다. 반도의 정상 쌍봉산에 오르면 바다 쪽만이 아니라 육지와 연결된 쪽에도 '방죽말길' 같이 개간과 관련된 지명이 있다는 점을 알게 된다. 쌍봉산 사방에서 개간이 이뤄졌다는 증거다. 이 개간에 많은 사람이 달려들었다가 떠나고 일부만 정착했다. 허황되다 하지만 덤벼들 수밖에 없는 삶이 있다.

  1919년 4월 3일 수원군 장안면·우정면에서 시위대가 면사무소와 주재소를 공격하고 일본인 순사 가와바타 도요타로川端豊太郎를 때려죽였다. 이보다 앞서 3월 28일 같은 군 송산면의 만세시위대는 발포한 일본인 순사부장을 처단하였고, 4월 1~2일 인근의 안성군 양성면·원곡면에선 만세시위대가 주재소에 불을 지르고 면사무소와 일본인 상점 등을 공격했다. 이 지역의 시위가 얼마나 격렬했는지는 일본 측 반응을 보면 알 수 있다. 일본 군경은 이 지역에 4월 2일부터 14일 사이에 특별검거반을 투입하여 64개 마을에서 803인을 검거하고 276호를 태웠으며, 10인을 죽이고 19인을 다치게 했다. 이는 4월 15일 자행된 수원군 향남면 제암리 학살은 제외한 수치이다.

  장안면·우정면 만세시위는 삼일운동을 대표하는 격렬한 시위였으며, 그간 많은 연구가 이뤄졌다. 특히 '폭력시위'에 가치를 두고 삼일운동에 의미를 부여하려는 경향의 연구에서 자주 언급되는 사례이다. 이는 '비폭력' '평화' 시위에 중점을 두고 삼일운동을 보려는 경향과 대비된다. 주지하다시피 만세시위 중 상당수가 '폭력시위'였다. 조선총독부 군경 측 자료에 따르면 37.4%가 '폭행' 시위, 62.6%가 '폭행 없는' 시위였다. '폭력'이냐 '비폭력'이냐는 주관적 객관적 조건과 현장에 좌우되는 것이지 가치판단의 문제가 아니라 생각한다. 바꿔 말하면 '폭력'은 행위자의 주관적 객관적 조건과 그가 놓여 있는 현장으로 안내하는 좋은 '문門'이다.

  우리에게 열려 있는 '문'으로 들어가기 전에 자료가 갖는 한계, 기억과 연구의 편향에 대해 간단히 말해두는 것이 좋겠다. 주된 자료인 조선총독부의 경찰, 검사, 판사가 남긴 사건기록과 판결문은 시위가 일어난 지역과 규모에 비해 제한된 지역과 인물을 다뤘다. 최종 유죄판결을 받은 26인(기소된 27인 중 무죄판결을 받은 김현묵·최장섭 2인 제외, 이후 추가로 체포 기소된 이봉구 포함)의 주소를 보면 우정면 주곡리 4인, 장안면 석포리 5인, 동 수촌리 15인, 동 사곡리와 사랑리 각 1인이었다. 장안면과 우정면이 총 23개 리로 구성되었고 2,000여 명이 참여한 시위였다는 점을 생각하면 '유죄자'는 일부 지역의 적은 인원이다. 장안면 면장 김현묵은 당시 쌍봉산에서 우정면 이화리와 한각리에서 들고 온 태극기를 보았다고 했는데,[1] 사건기록이나 판결문에 이화리 사람은 전혀 나오지 않으며 한각리 사람 중에 기소된 사람은 없었다. 아울러 검거를 피해 도망한 사람들의 경우, 이를테면 수촌리 구장 백낙열과 소사 이원준, 우정면 화수리 김만호 등은 정보가 적거나 없다. 다뤄지는 범위가 제한되었을 뿐 아니라 자료의 내용도 혼란스럽다. 내란죄로 몰아가기 위해 고문도 불사하며 피의자에게서 '최대치의 폭력'을 자백하게 하려는 경찰과 검사, 그로부터 자신과 친족, 이웃을 지켜내려는 피의자가 서로 부딪치고 있다. 판사 앞에서 피의자의 진술은 번복됐고 갈수록 모호해졌다. 삼일운동 수사 당시 동족 부락에선 "늘 부락민의 범죄는 은폐하려는 습관"이 있어 꽤 애를 먹었단다.[2] 장안면 우정면도 그런 예다. 석포리 개간 청부업자 이시쿠라 다마키치石倉玉吉가 보기에도 "인민이 다 딴 마을 사람이 했다며 얼버

---

1 松永武吉,「騷擾ニ關スル件」, 1919. 4. 9(朝鮮總督府內務局,『大正八年 騷擾事件ニ關スル道長官報告綴 七冊ノ內四』에 수록).

2 京畿道內務部社會課,『京畿道農村社會事情』, 京畿道內務部社會課, 1924, 29쪽.

무렸다."[3] 해방이 되자 상황이 바뀌었다. 삼일운동은 가문과 지역의 영광이었고, 그에 따른 회고와 조사가 이뤄졌다. 또 천도교와 기독교의 입장에서 그 영향력과 역할을 강조하는 연구가 이뤄졌다. '폭력시위'를 강조하는 연구는 주로 피의자나 판결문이 인정하지 않았던 '최대치의 폭력'을 인용했다. 저마다의 진실을 감안하면, 모든 역사 연구가 그렇듯 사실을 온전히 복원한다는 것은 애초 불가능한 일이다. 다만 자료나 기존 기억과 연구를 검토하면서 발견한 '사각지대'를 말해보는 것, 그 사각지대를 시야에 넣고 전후 맥락에서 이 만세시위를 다시 생각해보는 것, 이것이 지금 필자가 할 수 있는 일이다. 결론부터 말하면 사각지대에서 우리를 기다리고 있는 것은 농촌의 기층민중, 즉 노동자, 머슴, 외지인들이다.

4월 2일 밤 쌍봉산 등에 봉화가 오르고, 3일 오전 우정면 주곡리 부근에서 북을 치며 출발한 시위대는 장안면사무소를 공격한 뒤 쌍봉산에 올라 만세를 부르며 세를 과시했다. 산에서 내려와 우정면사무소를 공격한 시위대는 한각리 광장 근처에 이르러 두 개의 진으로 나뉘어 오후 5시경 화수리 주재소를 포위 공격했다. 시위대는 산에서 1,000여 명, 주재소에서 2,000여 명으로 늘었다. 3일은 조암 장날도 아니었다. 시위대의 이동 경로, 참가 인원과 그 격렬함으로 볼 때 시위는 계획되었으며, 최종 목표가 주재소였음을 알 수 있다. 이러한 점이, 동일하게 일본인 순사가 처단되었던 송산면 만세시위가 '보안법 위반, 소요 및 살인'죄로 다뤄졌던 반

---

3 국사편찬위원회 편, 『韓民族獨立運動史資料集 21』, 국사편찬위원회, 1995, 19쪽. 수원군 장안면·우정면 만세시위의 '사건기록'이 국사편찬위원회 편, 『韓民族獨立運動史資料集 19~21』, 국사편찬위원회, 1994~1995로 간행되었다. 이하 본문에 별도의 각주 없이 인용한 문장의 출처는 이 자료집이다.

면, 장안면·우정면 시위는 '내란죄'로 다뤄졌던 이유일 것이다. 송산면 시위에선 수원서에서 지원 나온 일본인 순사부장 노구치 野口廣三가 발포했다가 성난 시위 군중에게 맞아 죽었다. 처단에 이르는 과정은 우발적이었다.

계획적인 시위가 가능했던 조직력은 어디서 나왔을까? 기존 연구에서 주목한 것은 먼저 종교였다. 백낙열 등의 천도교, 김교철 등의 기독교, 천주교, 유교…. 처음 기소된 27인에서 종교 분포는 '무종교' 20인(74%), 개신교 7인이었고, 예심에 회부된 52인으로 확대해 보아도 '무종교' 35인(67%), 개신교 9인, 천주교 5인, 천도교 3인이었다. 물론 종교를 숨겼을 수도 있으나[4] 전반적으로 종교와 그 조직이 시위에 주요한 역할을 한 것 같지 않다. 천도교 남양교구 순회전도사 백낙열이 구장을 맡았던 수촌리에서 15인이 기소되었는데, 그중 7인이 기독교인으로 모두 구장의 연락을 받아 시위에 나갔다. 백낙열은 천도교 간부보다는 구장으로서 역할을 했다. 장안리의 천도교 전도사 조교순은 시위 날 토지판매대금을 받기 위해 집에 머물렀다. 천도교 조직이 가동되었다면 있기 어려운 일이다. 장안리 소사 박복룡은 검사 앞에서 조교순이 몽둥이를 들고 나왔다 했으나 예심판사 앞에선 연락은 했지만 나가는 건 보지 못했다고 말

---

4 수원경찰서가 4월 29일 사건을 검사국으로 송치하면서 작성한 「의견서」에 적힌 '피고'인 34인의 종교는 천도교·동학 24인, 개신교(기독교 신교, 감리파, 장로파) 8인, 천주교 2인이었고(국사편찬위원회, 〈한국사데이터베이스〉의 해당 문건 '원문 보기' 참조), 뒤이어 진행된 검사의 신문조서에 피고인이 밝힌 종교를 보면 개신교 8인, 천주교 5인, 천도교 2인, 무종교 19인이었다. 「의견서」에 주기朱記된 종교와 신문조서에 진술된 종교 중 어느 것이 사실인지 판단하기 어렵다.

〈그림 33〉 장안면·우정면 만세시위 개략도. 자료: 京城地方法院, 『1920撿刑第943刑
事訴訟記錄: 金賢默 外 26名』, 1920에 수록(국사편찬위원회 전자도서관, 〈경성지방법
원 형사사건 기록〉 28 http://library.history.go.kr/dhrs/dhrsXIFViewer.jsp?system=dli
db&id=KS0000000028). 경성지방법원 예심판사 니시야마 규지로西山九二郎가 1919년
7월 2~6일에 행한 현장검증 조서에 첨부된 도면이다. 장안면사무소 – 쌍봉산 – 우정면
사무소 – 화수리 주재소에 이르는 길(빨간색 표시)이 '폭도가 통과한 길'로 표시되었다.

<그림 34> 2019년 화성시가 조성한 '화성 3.1운동 만세길' 안내지도.

했다. 박복룡의 진술을 최대한 인정하더라도 조교순은 천도교 조직이 아니라 '구장–소사' 조직의 연락에 따라 나섰다. 기독교를 대표하는 김교철도 수촌리 이원준 소사의 연락을 받고 나갔다.

물론 종교가 이 지역 삼일운동과 무관하다 할 순 없다. 전통시대를 떠받치던 유학·유교와 다른 새로운 종교가 퍼진 지역사회의 분위기는 시위의 먼 배경으로 언급할 만하다. 그런데 그보다 가까운 배경으로 염세 저항운동은 어떨까? 이 지역을 포함한 남양군 일대는 유명한 자염 생산 지역으로, 1906~1907년경 염세 납부를 거부했으며, '염업회의소'와 같은 민회를 조직한 경험이 있었다.[5] 또 개간지 도조거부운동은 어떨까? 규장각에 소장된 개항 이후 근대정부기록물 중 현 화성 지역 간척 관련 문서가 17건 있는데, 이 중에서 10건이 우정면 관련이다. 우정면 소재 개간지를 대한제국이 공토화하자 우정면민이 사유지라며 반발했다. 내장원에 내야 할 도조를 미납하거나 거납拒納하였고 집도執賭하려는 마름을 폭행하는 등 '난동'도 부렸다.[6] 이러한 저항의 경험들도 만세시위의 중요한 배경이다.

만세시위의 조직력과 관련해서 또 주목된 것이 구장 조직이었다. 3월 27일 장안면 구장회의에서 석포리 구장 차병한은 "수일 전 발안리에서 시위가 있었을 때 체포된 사람을 일본인 아이가 게다로 때리는 것을 보고 분개하지 않을 수 없었으니, 만세를 부르자"고 제의했다. 4월 3일 시

5 李東根, 「水原지역 3·1운동에서 天道敎의 역할—雨汀·長安面을 중심으로」, 『경기사학』 7, 2003.

6 양선아·오석민, 『화성시사 04 연해지역의 간척과 주민 생활의 변화』, 화성시, 2018, 74~81쪽.

위 때 몇몇 마을에선 구장이 소사를 시켜 주민을 '동원'했다. 시위에 '구장-소사' 조직이 가동된 것은 분명해 보인다. 그러나 장안면과 우정면의 모든 마을에서 구장 조직이 가동되었던 것은 아니다. 장안면 10개 리里 중 구장의 지시에 따라 소사가 마을을 돌아다니며 주민에게 '나와라, 나오지 않으면 때리겠다, 불 지르겠다'며 만세시위에 참여하게 했던 곳은 석포리, 수촌리, 독정리, 장안리 4개 리다. 금의리, 사랑리, 사곡리 3개리는 '구장-소사' 조직이 움직이지 않았다. 금의리의 경우 면장 김현묵의 거주지인데, 그는 "다른 면리에서 만세를 외치더라도 이 금의리만은 만세를 외치지 않기로 합의해 두었"다고 했다. 금의리 구장 이해진은 시위 날 점심 무렵 우정면 먹우리에서 술을 마시고 있었다. 장안면의 나머지 3개 리는 자료에 그 형적이 보이지 않는다. 우정면 13개 리 중 '구장-소사' 조직이 가동되었다는 기록은 없다. 다만 쌍봉산에서 보였던 이화리와 한각리의 태극기로 보건대 우정면에서도 곳에 따라 마을 차원의 대응이 있었다고 추정할 뿐이다. 이렇게 볼 때 장안면 구장회의에서 석포리 구장 차병한의 시위 제의에 많은 구장이 동의했다고 생각하기는 어렵다. 구장 모임을 시위 '추진위원회'로 보는 관점[7]은 무리인 것 같다. 수촌리 구장 백낙열이 가장 적극적으로 호응했으며, 그 결과 수촌리에서 가장 많은 유죄판결자(26인 중 15인)가 나왔다.

주민 '동원'을 들여다보면 구장 조직과 다른 조직이 눈에 띈다. 우정면 주곡리 구장 한규회는 시위 날 아침 차희식, 장제덕, 김흥식, 장소진이 마

---

7 이정은 「화성군 장안면 우정면 3·1운동」, 『한국독립운동사연구 9』, 1995(이정은, 『3·1독립운동의 지방시위에 관한 연구』, 국학자료원, 2009, 제6장), 293~294쪽·313쪽.

을에 와서 사람들에게 나오라 했으나 자신이 야단쳤다고 했다. 이후 그들은 이웃 멱우리에 가서 선동했다. 차희식과 장소진은 석포리에서 태어나 주곡리에 거주했으며 그리 부유하지 않은 농사꾼이었다. 차희식과 처는 차희식의 알리바이로 보리밭 김매기, 오줌통 메고 거름주기, 면장 집의 벼 찧기를 언급했다. 장소진은 구장에게 시위에 나가야 되냐 물었더니 "그런 일은 농사꾼이 할 일이 아니다, 일이나 하고 있어라, 내가 알아서 할 것이다"는 소리를 들었다. 피의자들이 말한 알리바이가 다 사실은 아니다. 그러나 그런 둘러대기에는 그들의 일상이 묻어 있다. 지주는 땔나무 선적을 감독했다든지 한식이라 떼를 입혔다든지, 농사꾼과 다른 알리바이를 댔다. 김흥식과 장제덕은 외지인(각각 수원군 음덕면, 같은 군 양감면)으로 주곡리에 거주했다. 김흥식은 나무하기, 소 사료 베기, 오줌통 메고 거름주기를 알리바이로 댔다. 장제덕은 그의 처 박씨에 따르면 그날 간척 공사지에 나간다고 했단다. 소작하면서 본격적인 농사철에 들어가기 전에 간석지 개간 노동으로 돈을 벌었던 것 같다. 그가 소작했던 것은 주곡리 문춘실의 진술을 통해 알 수 있다. 용인군 이동면 출생으로 외지인인 문춘실은 이곳에 와서 개간 노동을 하며 소작을 했는데, 그 땅은 개간 청부업자 이시쿠라가 장제덕과 장소진에게서 뺏은 땅이었다. 위 4인의 출생지는 다르지만 생활 처지는 비슷했다. 이들은 모두 무거운 처벌을 받았다. 차희식 징역 15년, 장소진과 장제덕 징역 12년, 김흥식 징역 5년. 앞의 세 사람에게는 살인죄가 적용되었다. '행동대장 차희식과 그의 그룹'이라 부를 만하다.[8] 그런데 차희식, 장소진은 1968년에 국가유공자

---

8 박환, 「수원군 우정면 화수리 3·1운동의 역사적 성격」, 『정신문화연구』 27-1,

로 포상되었지만 장제덕, 김홍식은 2010년이 넘어서야 포상됐다. 왜 이런 차이가 생긴 걸까.

판결문을 보면 우정면 멱우리 선동 이후 차희식은 장안면사무소로 가서 시위대와 합류했는데, 장제덕, 장소진, 김홍식은 사라졌다가 우정면사무소에서 다시 등장했다. 그 사이에 세 사람은 무엇을 했을까? 용인군 출신으로 장안면 사랑리에 거주하며 염전 일을 했던 정서성은 살해 혐의로 징역 12년 형을 받았는데, 1965년에 만세시위를 회고하는 글을 남겼다. 판결문에선 화수리 주재소에서 그가 등장하지만, 회고에 의하면 처음부터 끝까지 그가 만세시위를 주도했다. 사실 여부는 검토가 필요하지만, 한 가지 특이한 점은 그의 회고에 '구장-소사' 조직이 전혀 나오지 않는다는 거다. 주민 '동원'에 대해 "길가에 지나가는 사람들에게 같이 만세를 부르자고 권유하기도 하고 동네에 들어가 집집을 찾아가서 우리와 함께할 것을 권했"다고 한다.[9] 장소진, 장제덕, 김홍식이 이런 선전 선동을 하면서 지역 주민과 동료를 모았던 것이 아닐까? 지리적으로 보면 그 와중에 정서성이 합류했던 것 같다. 장안면사무소 앞에 약 200명이 모였는데, 우정면사무소 앞에서는 약 1,500명으로 늘었다.

선동자는 그들만이 아니었다. 주곡리와 이웃한 호곡리에서는 "머리에 수건을 동여매고 몽둥이를 든 사내"가 선동했다. 머리에 수건을 동여맸

2004(박환, 『경기지역 3·1독립운동사』, 선인, 2007, 제2부 2장).

9 鄭庶松, 「雙峯山의 '義兵'들: 水原」, 『新東亞』 1965년 3월호, 東亞日報社, 1965. 당시 사건기록이나 판결문에는 정서성鄭瑞聖으로 나오나, 이 글은 정서송이란 이름으로 썼다. 독립유공자 공적조서에 의하면 정서성은 이명이다. 국가보훈처, 〈공훈전자사료관〉 e-gonghun.mpva.go.kr 참조.

다는 것은 노동하는 사람이란 뜻이다. 많은 피의자와 증언자가 만세시위의 주역으로 석포리 개간 노동자들을 지목했다. 우정면장 최중환은 석포리의 "일본인이 경영하는 공사에 고용된 인부" 10인쯤을 시위의 주모자로 꼽았다. 장안면장 김현묵도 화수리 주재소 앞산에서 "20인 정도 곤봉을 들고 수건으로 머리를 동여맨" 자들과 마주쳤다. 모두 얼굴을 본 적 없는, 우정·장안 사람이 아니었다. 개간사업자 나가노 도조永野藤藏는 경성에서 온 인부가 29인인데, 소요 당일에는 12~13인만 있었다고 진술했다. 다른 지역에서 온 사람은 없었을까? 차병혁의 손자는 개간공사에 800여 명이 일했으며 그 사람들이 참가하여 시위자가 많아졌다고 보았다.[10]

노동자와 함께 또 다른 주역으로 농촌 하층민이 언급됐다. 김현묵은 시위 때 "내 주변에 무덤 봉분을 만드는 극하층 놈들이나 나쁜 짓을 하다 태형 맞은 놈들이 많았는데, 그들이 가장 난폭했으나 나는 하층 놈들과 교제가 없어서 누군지 모르겠다"고 말했다. 해방 전 마을은 불평등한 공간이었다. 반상, 즉 양반과 평민의 상하 구분이 뚜렷했다. 한 조사에

---

10 차진환 증언, 「차병혁」, 『수원 근현대사 증언 자료집 Ⅰ』, 수원시, 2001, 352~353쪽. 서두에서 인용한 둑 쌓기는 한백회가 1930년대 호곡리 일대의 개간 작업을 직접 해본 경험에서 나온 얘기다. 1930년대 호곡리의 개간사업은 1930년에 송영찬 등이 허가를 받고 1932년에 송영만 등이 양도를 받아 1933년 준공 인가를 받은 것 1건으로, 총 8만 3,410평 규모의 사업이었다(답 6만 4,147평, 제방 1,886평 등). 1919년 석포리에서 아키야마 겐스케秋山研亮가 개간하기 위해 총독부로부터 대부받은 면적은 85.21정보, 즉 25만 5,630평으로 호곡리 개간보다 규모가 3배나 컸다. 둑 쌓기에 수백 명이 일했다는 한백회의 증언으로 보아 차진환이 전해 들은 "800여 명"이 크게 과장된 것만은 아니다.

의하면 우정면 운평리에는 "직계가 없는 외성들로 이 일대 씨족에서 부리고 의식주를 부담해주는 하인이 마을마다 한두 명 있었다." 하인은 마을의 궂은일을 맡아 상여를 메고 봉분을 만들었다. 우정면 멱우리와 화수리의 연산 송씨 집안에는 대대로 내려오는 하인들이 있었는데, 이들을 특별히 '씨종'이라 불렀다.[11] 화수리 송영빈 집의 고용인 김만호는 만세시위에 참여한 뒤 가족을 데리고 도망쳤다. 시위에 참가했다가 붙잡혀 중형을 받은 이영쇠, 가와바타의 총에 맞아 숨진 이덕명도 농가의 고인, 즉 머슴이었다.

시위대의 행동에서 마을 상층에 대한 반감이 드러나기도 했다. 금의리 구장 이해진이 시위대의 촉구에 따라 우정면으로 나설 때 시위대는 "두루마기나 갓을 쓰고 가면 찢어버린다"고 했다. 양반 행세에 대한 반감이다. 누군가 면장 김현묵을 "간사지에 처넣고 밟아 죽여버려라"고 말했다. 이 말은 단순히 석포리에서 이루어지고 있는 일본인 개간사업에 대한 반대가 아니었다. 1918년 7월 장안면은 사곡리의 국유미간지 약 7정보를 대부 신청하여 개간사업을 추진하고 있었다. 면은 호戸마다 부역을 부과하여 개간사업에 필요한 노동력을 조달했다. 그렇다면 집에서 주인이 나갔을까, 종이 나갔을까? 또 개간사업의 이득을 면민이 다 같이 누리지도 못했던 것 같다. 일제강점기 멱우리 김원묵은 우정면 면장을 맡고 있을 때 '면답' 개간을 빌미로 자기 소유의 논에 방조제 공사를 했다가 빈축을 샀다.[12]

---

11 양선아·이경묵·정헌목, 『화성시사 12 마을의 어제와 오늘』, 화성시, 2020, 92~93쪽.

12 한신대학박물관, 『남양만의 역사와 문화』, 한신대학교박물관, 2005, 260쪽.

노동자는 물론이고 농촌 하층민 중에도 외지인이 많았는데, 이런 외지인도 적극 참여층으로 기억됐다. 차병혁의 손자는 만세시위 당시 외지인의 역할에 대해서 다음과 같이 말했다. "떠돌아 와서 여기 들어와서 살면서 매시 적극적으로 참석한 사람이 있다구 했는데 그게 누군지 이름을 정확히 모르겠네. 여기 본토백이가 아니구 이사를 들어와서 사시다가 여기 잡혀가서 저기해서 출옥해서 여기 와서 같이 살았어야 하는데 출옥해자마자 다른 곳에 갔으니까."[13] 김홍식, 이덕명, 정서성이 외지인이고, 이영쇠도 외지인 취급을 받았다. 장제덕은 농사꾼이자 노동자이자 외지인이었다.

종합해보면 장안면·우정면 만세시위의 주동세력은 두 그룹으로 나뉜다. 하나는 구장과 같은 지역유지 그룹으로, 그 중심에 석포리 구장 차병한, 수촌리 구장 백낙열, 차병혁이 있다. 다른 하나는 농촌의 하층민, 개간 노동자, 외지인과 같은 농촌의 기층민중으로, 그 중심에 차희식, 장제덕, 장소진 등이 있다. 전자가 '구장 – 소사' 조직을 통해 장안면 주민을 동원했다면, 후자는 우정면과 장안면 일부 마을을 돌아다니며 주민과 동료를 모았다. 두 그룹의 연결은 차희식과 차병한 사이에서 이뤄진 것 같다. 「토지조사부」나 「임야조사부」를 봤을 때 차병혁이나 백낙열보다는 차병한이 차희식과 경제적 처지가 가깝다. 차희식이 사는 주곡리 마을은 석포리와 가까워 주곡리의 다른 마을과 달리 석포리에 더 소속감을 가진 곳이었다.[14] 물론 당시 농촌에서 이렇게 '위와 아래'가 함께 만세시위를

13 차진환 증언, 「차병혁」, 『수원 근현대사 증언 자료집 Ⅰ』, 수원시, 2001, 352쪽.

14 한신대학박물관, 『남양만의 역사와 문화』, 한신대학교박물관, 2005, 259쪽.

하는 경우가 드문 건 아니었다. 장안면·우정면의 특색이라면 기층민중이 주도권을 잡았다는 점이고, 이것이 시위의 방향을 결정지었다.

두 주동세력이 '구장-소사' 조직을 움직이고 마을을 돌아다녔다 하더라도 마을 주민이 호응하지 않았다면 이렇게 큰 만세시위가 일어나지 못했을 것이다. 화수리 주재소 순사보 박재옥은, 두 면의 인민들은 독립사상을 가지고 있다, 만세시위 이전에도 간간이 일본 정치, 즉 식민 지배를 나쁘게 생각하고 조선의 독립을 바라는 인민의 이야기를 들은 적이 있다고 증언했다. 이러한 주민의 바람을 바탕으로 만세시위 참가는 '대세'를 이루었다. 금의리처럼 마을 유지가 만세를 부르지 않기로 하고 '구장-소사' 조직이 움직이지 않았던 곳에서도 "각 마을 주민이 만세를 외치므로 결국 만세를 외치게 되었다." 또 우정면 주곡리 구장 한규회의 처신을 통해서도 대세를 확인할 수 있다. 그는 예심판사에게 4월 3일 차회식 등이 마을에 선동하러 왔을 때 반대하며 쫓아냈다고 했으나, 문춘실의 처 이씨의 진술은 좀 달랐다. 전날 4월 2일 구장이 와서 '누가 나오라 하더라도 절대 나가면 안 된다'고 했다(이미 주동세력의 모의를 알고 있었다!), 3일 시위대가 와서 '타지에서 온 사람도 나오지 않으면 죽인다'고 하니 남편이 구장 집에 가서 물어봤다, 구장이 '나가지 않으면 안 된다'길래 남편이 쌍봉산까지 갔다가 돌아왔다고 증언했다. 주곡리 구장은 처음엔 시위에 반대했으나 대세가 시위로 기울자 참가하는 편이 신상에 좋겠다고 판단했던 것 같다.

시위 참가가 대세였다는 차원에서 '동원'도 해석할 필요가 있다. 피의자 대부분이 '나오지 않으면 죽이겠다, 불 지르겠다'는 '협박'에 못 이겨 나온 것으로 진술했다. 이런 모습은 전국의 만세시위, 특히 농촌에서 많이 발견된다. 이런 '협박'과 '동원'을 어떻게 바라봐야 할까. 근세 일본 민중사를 연구한 고故 야스마루 요시오安丸良夫는 잇키一揆, 민중 봉기에서 보이는 '강제 동원'에 대해 다음과 같이 해석했다. 참가 강제는 잇키가 그 지역의 '대세'가 되어, 지역공동체적 결속 차원에서 참가가 당연한 일이 되었다는 점을 말해준다. 잇키에 참가했던 대다수 사람은 그 참가 책임을 첫째 강제된 사실에, 둘째 참가가 '대세'였다는 사실에, 셋째 촌락공동체에 돌릴 수 있었다. 따라서 참가 강제는 사람들이 쉽게 잇키에 참가하기 위한 방식이었다. '강제'는 사람들의 봉기에 대한 의욕을 돋우는 역할을 했다. 이런 '동원'을 자주성이나 주체성 결여로 보는 사람이 있다면, 그것은 근대인의 기묘한 편견이다. 근세 민중의 능동성이나 수동성의 압도적 부분은 공동체적 규제와 관계의 매개 속에서 작동하는 것이다. '강제'에 매개되는 것이 저들의 능동성과 활동성의 구체적인 존재 형태일 것이다.[15] 하나 덧붙이자면 삼일운동 당시의 '협박'이 전통시대의 그것에 비해 좀 거칠어진 것 같기는 하다. 1862년 농민항쟁 때는 시위에 반대하는 사람 또는 마을에 벌전罰錢을 매기거나 집을 부수겠다는 정도였다.[16] 아마 지배자의 탄압 강도가 세졌기 때문일지 모른다. 신문조서를 보면 만세시위 참가자들은 자칫하면 누구나 죽을 수 있다는 것을 알았다. 옛날 인정仁政의 시대와 달라졌다. 거친 '협박'은 각오를 다지는 의식일 수 있다. 그런데 실제 참가하지 않았다고 마을 사람들끼리 불을 지르거나 죽이는 일은 발생하지 않았다. '협박'과 '동원'은 참가를 촉진하는

---

15 安丸良夫, 『日本の近代化と民衆思想』, 東京: 青木書店, 1974, 221~222쪽.

16 송찬섭, 「1862년 농민항쟁과 시위문화」, 『통합인문학연구』 10-1, 2018, 170쪽.

수단이었으며, 그것이 통했다는 점은 참가자의 수동성보다는 만세시위의 '대세'를 말해준다.

대세는 '폭력'의 강도에도 영향을 주었을 것이다. 시위대가 처음부터 일본인 순사를 죽이려 했던 것일까? 일부 피의자들은 경찰이나 검사 앞에서 인정했으나 판사 앞에선 부인했다. 송산면 만세시위와 달리 처음부터 주재소를 공격하고 일본인 순사를 혼내주겠다는 의도는 명확했던 것 같다. 시위의 한 축이었던 차병한의 발언을 음미해보자. 석포리 구장 차병한의 처 최씨는 예심판사에게 자기 남편은 당일 시위하러 나간 것이 아니라 제지하러 나갔다며, 돌아와서 이렇게 얘기했다고 진술했다. "아무리 제지해도 많은 인민을 이길 수 없다. 자신들이 하는 말은 듣지 않았다." 변명의 측면이 있긴 하지만 문맥 그대로 받아들인다면, '자신들', 즉 구장 등 유지 그룹이 말리려 했으나 많은 인민이 듣지 않고 면사무소와 주재소를 습격하여 순사를 죽였다는 의미다. 제지할 수 없을 정도로 많은 인민이 시위에 가담했다는 뜻이기도 하다. 백낙열이 면사무소를 부술 것까지야 있냐며 말렸지만, 인민은 부수었다. 차병혁은 시위 열흘 뒤 장안면 독정리 구장 최건환에게 이번 소요를 일으킨 자는 차희식이라 했다. 아마 차희식이라면 이렇게 얘기했을 것 같다. '많은 인민을 이길 수 없다. 사람이 많이 모이면 하늘도 이길 수 있다(人衆勝天).'[17] 단순히 살인

17 인중승천人衆勝天은 천정역승인天定亦勝人이란 말과 짝을 이루어, '일시적으로 사람이 하늘을 이길 수 있으나 결국은 하늘이 정한 대로 따라갈 수 밖에 없다'는 뜻이다. 하지만 19세기 민회民會의 시대가 도래하면서 인중승천은 '민심民心이 곧 천심天心'과 같이 '많은 사람의 뜻이 모이면 하늘도 감동하게 마련이다', 즉 '대의명분을 가지고 많은 사람의 공감과 호응을 이끌어낸다면 어떤 일이든지 해낼 수 있다'는 뜻으로 널

이 목적이었다면 석포리, 주곡리에서 곧장 화수리 주재소로 가면 빠르다. 돌고 돌아 주재소에 이르렀던 것은 세를 모으기 위해서, 결국 응징이 다수의 뜻이라는 점을 내세우기 위해서가 아니었을까? 주동세력 중 기층 민중 그룹은 많은 사람의 호응에 힘을 얻었을 것이다.

응징이 '살인'까지 나아갔던 것은 화수리 주재소 순사 탓도 크다. 우선 가와바타 순사는 포위된 상황에서 발포하여 시위자 한 명을 죽였다. 최종 판결문에는 발포 뒤에 시위대 중 차희식 등이 살해 목적을 실행한 것으로 기술되었다. 김현묵도 "순사가 발포하지 않았으면 죽이지 않았을 텐데 발포했기 때문에 죽였다"는 말을 들었다. 과연 발포하지 않았다면 어떻게 전개되었을까. 발포는 순사가 겪은 '공포'의 크기를 말해준다. 그는 왜 안성군 양성면 주재소 순사처럼 도망치지 않았을까? 안성군 원곡면·양성면 시위도 장안면·우정면 시위 못지않게 격렬했지만 순사를 처단하지 않은 이유는 그 일본인 순사가 시위대를 자극하지 않고 도망쳤기 때문이다. 같은 해 3월 31일 가와바타가 경성에 있던 형에게 보냈다는 편지를 보면, 그는 야마토 민족 운운하며 결의를 다지고 있었다. 송산면에서 죽은 노구치 순사를 기리며, 살해한 도배에게 복수하고 싶으나 자기가 있는 곳도 불온한 무리가 있어 자리를 떠날 수 없다, 이곳에서 폭민 몇백만이 쇄도해도 두려워하지 않고 마음껏 쳐죽이고(討斃) 최후를 마

리 받아들여지고 회자되었다. 삼일운동은 이러한 19세기 이래 민회의 정치문화, '인중승천'을 앞세운 집회·시위 문화와 연결되었으며, 장안면·우정면 만세시위에서 나온 '많은 인민을 이길 수 없다'는 말은 이를 잘 보여준다고 생각된다. 19세기 민회의 정치문화와 '인중승천론'에 관해서는 지수걸, 『1894년 남북접 동학군의 공주 점거투쟁』, 근간 참조.

칠 테니 가족과 선조에게 치욕 주는 일은 없을 거라 했다.[18] 그래도 자기가 한 일들을 생각하면 불안했던지, 4월 2일 밤 봉화가 오르자 다음 날 오전 5시에 출발해 발안 주재소로 가서 지원을 요청했다. 그러나 11시에 혼자 돌아왔다.

가와바타가 죽은 뒤 수사 과정에서 드러난 그의 행적을 보자. 순사보 오인영은 그가 조선인을 가혹하게 다루고 '도박'을 심하게 단속했기 때문에 주민의 원성을 샀다고 했다. 1919년 3월 11일 화수리 주재소에 부임한 순사보 박재옥에 따르면 시위가 일어나기 전까지 화수리에서 도박하는 사람을 한두 차례 검거했다. 당시 헌병경찰이 즉결처분한 인원을 범죄별로 보면 단연 '도박'이 1위로, 전체 인원의 30~40%를 차지했다(105쪽 〈그림 21〉 참조). 문제는 놀이와 상습 도박을 구분하지 않고 민족적 계급적 편견에 따라 조선인, 특히 빈곤층을 가혹하게 단속하고 처벌했다는 점이다.[19] 차희식은 1915년 도박죄로 징역 3개월의 처분을 받은 적이 있었다. 또 장안면 면장 김현묵은 나무 심는 일로 석포리 사람을, 공동묘지 건으로 사랑리 사람을 감독 순사와 상의하여 수원으로 보내서 고생하게 한 일이 있다고 했다. 김현묵은 부인했지만, 가와바타의 친구가 공동묘지 공사를 한 뒤 김현묵 등이 대금을 깎으려 하자 가와바타가 그의 안면을 때렸다는 얘기도 있다. 김현묵은 당시 34세로 가와바타보다 아홉 살 많았으며, 지역유지였다. 그에게 이 정도라면 기층민중에겐 어떠했을지 짐작이 간다. 1989년 일본 다큐멘터리에서 한 마을 주민은 가와바타

---

18 角田生, 「川端巡査の絶筆, 實兄に送れる最後の手紙」, 『朝鮮公論』 7-5, 1919. 5.

19 이종민, 「가벼운 범죄, 무거운 처벌」, 『사회와 역사』 107, 2015.

가 위생 검사를 하면서 닥치는 대로 조선인들의 뺨을 때렸다고 회고했다.[20] 따귀 때리기는 모욕을 줌으로써 때리는 사람에게 '지배자'라는 우월감을 줄지 모르지만, 맞는 사람에겐 분노가 쌓이는 폭력이다.

전체적으로 삼일운동 당시(3월 1일~4월 24일) 면사무소와 같은 행정기관(29건)보다 헌병경찰기구(130건)에 대한 시위가 많았던 것[21]은 무엇보다 모욕적 일상 통제에 대한 항의이자 저항이라 할 수 있다. 앞의 〈그림 21〉을 통해 저항의 효과를 확인할 수 있다. 경찰헌병 수는 거의 변함이 없는데 1919년과 1920년은 망치로 두들겨 맞은 것처럼 범죄즉결사건 수와 처벌 인원수가 줄었다. 1910년대 '무단통치'기에 구축된 경찰·헌병의 통치력, 일상적 민중 통제가 위축된 것이다. 1919년 5월 황해도 수안군 직원이 소속 면민에게 '연초경작조합煙草耕作組合'을 설명하자 "쓸데없는 설명 그만둬라. 우리는 도박하기에 바쁜 사람이다" 등 '불온한 언사'를 하는 자가 있었다.[22] 삼일운동 이후 바뀐 분위기를 말해준다.

연구자들은 시위의 격렬성을 확인하고 의미를 부여한 뒤 떠나버리면 그만이지만 장안면·우정면 사람들은 '만세 후'를 살아내야 했다. '만세'로 하나가 되었던 시위 참가자들은 이후 각자의 처지에 따라 다른 길을

---

20 마쓰다 도시히코松田利彦, 「'무단정치기' 조선의 헌병경찰과 위생행정」, 한국역사연구회 3·1운동100주년기획위원회 엮음, 『3·1운동 100년 3: 권력과 정치』, 휴머니스트, 2019.

21 水野直樹, 「三一運動期の植民地權力と朝鮮民衆-地域における「對峙」の樣相を考える」, 『コリアン·スタディーズ』 8, 2020.

22 黃海道, 「妄動事件ニ關スル情報(五)」, 1919. 5. 10(朝鮮總督府內務局, 『大正八年 騷擾事件ニ關スル道長官報告綴 七冊ノ內五』, 1919에 수록).

갔다. 군경이 마을로 들어와 불을 지르고 죽이며 붙잡는 판에 도망치는 것이 제일 좋은 방법일 수 있다. 마을 유지 중에선 수촌리 구장 백낙열이 소사 이원준과 함께 검거를 피해 사라졌다. 기층민중에선 석포리 개간사업에 고용되었던 노동자들이 시위에 가담한 뒤 배를 타고 도망쳤다는 소문이 돌았다. 화수리 김만호도 가족을 데리고 도망쳤다. 도망에 다 성공한 것은 아니었다. 수촌리 이봉구는 도망쳐 서울(경성)로 들어가 여관 고용인으로 살다가 1921년 1월 체포됐다. '보안법 위반, 소요, 살인'의 죄로 징역 12년 형을 받았다. 시위에 앞장섰던 주곡리 차희식도 군대가 마을에 불 지른 뒤로 한동안 낮에는 산에 올라갔다가 밤에 집으로 돌아오는 식으로 피했으나 6월 말경 체포되었다. 장소진, 김흥식, 장제덕, 정서성도 비슷한 시기에 체포되었다. 유죄판결을 받은 26인 중에서 마을 유지와 기층민중의 차이를 보여주는 예가 있다. 차병혁과 이영쇠의 만세시위 전후 삶을 보자.

차병혁은 석포리의 세족인 연안 차씨 차상문의 장남이다. 차상문은 1911년 「토지조사부」를 보면 석포리와 주곡리에만 논 2.1정보 밭 4.8정보를, 1918년 「임야조사부」에 따르면 27.7정보의 임야를 소유했다. 차병혁도 16정보의 임야를 소유했고 5.5정보의 '국유임야'를 대부받았다. 유명한 자염煮鹽 생산 지대인 이 지역에서 임야가 많다는 것은 땔나무를 팔아 돈을 벌 수 있음을 의미한다. 차병혁의 처와 동생은 차병혁이 4월 3일 시위 날 주곡리 해변에 땔나무 선적을 보러 갔다고 했다. 나무는 누가 해오나? 신문조서에 피의자들이 당일 한 일로 가장 많이 나오는 것이 '나무하기'였다. 자가용도 있었겠지만 판매용이 많았을 거다. 자신의 산이 아니라면 품삯을 받거나 해야 할 노동의 일부였을 거다. 동생 차병억

은 직업이 포목상으로 시위 당일 장부를 정리하고 있었다. 저녁엔 청부
업자 이시쿠라에게 시위가 일어났다는 것과 순사 사망 사실을 알려주었
다. 차상문 집에 개간 임시사무소가 있어서 가까운 사이였다. 이시쿠라
는 4월 중순 수색하러 온 군경을 안내하면서 차병혁의 집에 벼가 200석
가량 있는데 태우지 말라고 부탁했다. 차병혁 스스로가 "나는 마름을 하
고 있어 항상 벼 등이 집에 많은데 그것을 태워버리면 큰일이라 난폭한
일은 하지 않았다"고 진술했다. 그의 집안은 우정면 멱우리의 대지주 송
영만 또는 수원의 대지주 차유선·차준담의 마름을 맡았다고 전해진다.
아마 그의 집안은 마름을 기반으로 지주로, 상인으로 부를 확장해갔던
것 같다. 당시 농촌에서 마름은 지주 이상의 생활을 하는 자가 드물지 않
았으며, 다수가 "부락의 권위자이고 소농민의 지배자"였다.[23]

차병혁 집안의 위세를 보여주는 문서가 있다. 장안면 석포리와 우정면
주곡리 주민 67명이 연명 날인하여 경성복심법원에 보내는 1920년 11월
20일자 「민인탄원서民人歎寃書」이다. 차병혁은 '우매하고 폐병 환자라 죄
를 저질렀을 리 없다'는 다소 모호한 내용이다. 서명자에 석포리 후임 구
장 김현갑, 주곡리 구장 한규회 등 유지는 물론이고 징역 12년 형을 받
은 장제덕의 형 장제호도 있었다. 시위 참여 여부로 갈팡질팡했던 외지
인 문춘실도 서명했다. 어떤 마음이었을까? 이것이 효과가 있었을까, 아
무튼 차병혁은 '기도企圖'자이면서 징역 3년 형을 받았다. 차병혁이 투
옥되었어도 차씨 집안의 위상엔 문제가 없었다. 1927년 차상문은 장안
면 면협의회원 중 1명이었고, 1929년 12월엔 차병혁이 면의원으로 선출

---

23 京畿道內務部社會課, 『京畿道農村社會事情』, 京畿道內務部社會課, 1924, 99~100쪽.

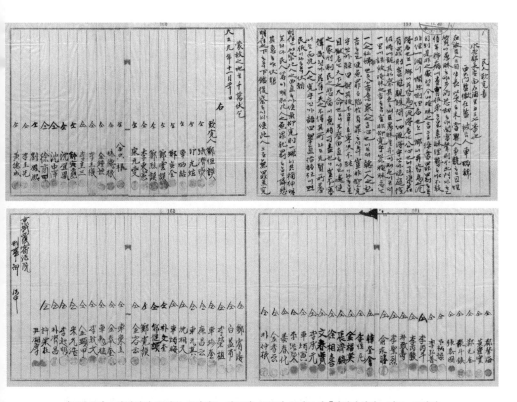

〈그림 35〉 차병혁의 무죄를 주장하는 석포리·주곡리 주민들의 「민인탄원서」. 자료: 국사편찬위원회 전자도서관, 〈경성지방법원 형사사건 기록〉 32 http://library.history.go.kr/dhrs/dhrsXIFViewer.jsp?system=dlidb&id=KS0000000032.

되었다. 1940년경 서울의 유영섭이 개간사업의 일환으로 현재의 버들저수지를 조성하는 공사를 시작하자, 그곳에서 농사짓던 마을 주민들이 드러눕고 싸우는 등 격렬하게 저항했다. 결국 주민들은 저수지로 수몰된 땅 대신 다른 농지를 분배받을 수 있었다. 이때 저항운동을 주도했던 차씨들이 조암 주재소에 많이 붙잡혀 갔다. 차씨 후손들은 자기 집안이 일제강점기에도 "말발이 셌던 사람들"이라는 예로 이 사건을 기억했다.[24] 1943년 「지세명기장地稅名寄帳」을 보면 석포리와 주곡리에 차병혁의 논밭이 10.4정보였다. 그의 동생 차병억과 차병필의 논밭을 합하면 13.3정보로 차상문 대에 비해 2배 증가했다. 그가 문중 대표로 소유한 땅은 제외한 수치다. 이런 치부를 바탕으로 해방 이후에도 차씨 집안은 번성했던 것 같다. 마침내 1957년 『경기도지』에 장안면을 대표하는 집성촌 집안의 하나로 오른다. 1934년 『조선朝鮮의 성씨姓氏』에 차씨는 해당 지역의 동족 부락 성씨로 기재되지 않았었다. 그리고 1962년 장안면·우정면 만세시위 참가자 중에서 차병혁이 처음으로 포상됐다(독립장). 당시 시위에 참가했던 차씨 중 유일한 생존자였다. '독립유공자 공적조서'에는 그가 이 만세시위를 '총지휘'한 것으로 적혀 있다.

차병혁을 위시한 차씨 집안의 연대기를 훑다 보면 민족이나 국가의 틀로 담아낼 수 없는 모습이 보인다. 그들을 중심에 놓고 보면 '지배 권력과 다양한 관계', 때론 활용하며 때론 저항하는 면이 눈에 띄며, 이 지역 특성을 잘 대표한다. 한편에는 개간지 도지 거부와 '난동', 염세 납부 거부, 삼일운동, 저수지 반대 운동이 있는가 하면, 다른 한편에는 이른 토지·임야조사사업 실행과 산림보호조합 설치, 계속되는 개간사업과 산림사업, 총독부 산업 시책에 적극 호응하는 면이 있다. 때론 활용하거나 때론 저항하는 힘의 원천은 무엇일까. 서두에서 보았듯이, 개간지 지주가 작인을 맘대로 할 수 없었던 것처럼 지주도 지배 권력이 누구든 간에 자

---

24 한신대학박물관, 『남양만의 역사와 문화』, 한신대학교박물관, 2005, 237쪽; 차진환 증언, 「차병혁」, 『수원 근현대사 증언 자료집 Ⅰ』, 수원시, 2001, 345~346쪽.

신들을 맘대로 할 수 없다고 생각하지 않았을까? 하늘 아래 왕의 땅이 아닌 곳이 없고, 국가에 세금 내지 않는 땅이 없다지만, 이 땅은 그들이 만들어낸 땅이었다. 지배 권력을 상대화하는 힘은 여기서 나온 것이 아닐까.

이영쇠는 사건기록 등에 1901년 석포리에서 태어난 것으로 되어 있으나, 이 지역 사람들은 그를 외지인으로 기억했다.[25] '가출옥 문서'[26]에 딸린 '신상표'에는 어린 시절이 이렇게 쓰였다. "어려서 부모를 여의고 숙부 장태욱張泰旭이 맡아서 키움. 9세부터 11세까지 서당에 다녔고, 이후 농가의 고용 및 노동을 함. 양호한 환경은 아님." 1911년 「토지조사부」를 보면 주곡리, 석포리, 금의리에 이영쇠 이름으로 논밭이 0.8정보가 있다. 적지 않은 땅이다. 「민적부」를 보면 1916년 10월 석포리 104번지 장태욱의 호적에 얹혀서(符籍) 일가 창립, 즉 본인이 호주가 됐다. 장태욱이 숙부라지만 이영쇠 양친의 성과 다르다. 그에겐 손위인지 아래인지 누이도 있었다. 고아가 된 오누이를 데려다 키운 아저씨였을까. 이영쇠는 장태욱 집의 머슴(雇人)을 하면서 틈틈이 노동했던 것 같다. 누이는 1916년경 박계복朴桂福과 결혼했던 것 같다. '신상표'에 이영쇠의 '주된 친족'으로 나오는 매부 박계복은 우정면 주곡리에 거주했으며, 소작농으로 생활이 곤란했지만 마을 사람들이 신용했다.

만세시위 후 이영쇠는 밭에 숨어 있다가 체포되었다. 헌병이 찾아낸

25 金善鎭, 『일제의 학살만행을 고발한다: 제암·고주리의 3.1운동』, 미래문화사, 1983, 99쪽.

26 西大門刑務所長 → 朝鮮總督, 「假出獄의 件 具申(李永釗)」, 1929. 4. 12.

것이 아니라 구장이 그를 헌병에게 인도했다. 차병한 대신 구장을 맡은 김현갑이 이영쇠를 인도하자 친족이랑 마을 사람이 "헌병이나 경찰이 잡아가는 것은 할 수 없지만 이쪽에서 인민을 잡아서 내어주는 법은 없다"며 항의했다. 김현갑은 "이영쇠가 주재소에 불을 지르지 않았느냐, 죄 있는 사람을 내어주는 것이 좋지, 마을 전체가 망하게 하는 것이 좋은가"라 했다. 1920년 12월 9일 경성복심법원에서 '보안법 위반, 소요, 살인, 방화, 건조물손괴'의 죄로 만세시위 피고인 중에서 가장 긴 15년 징역형(미결구류 400일 본형에 산입)을 받았다. 1924년 칙령 제10호와 1927년 칙령 제11호에 따라 두 차례 감형이 되면서 징역 11년 3개월 9일로 조정되었다. 형기 종료일은 1931년 2월 11일이었으나 그보다 2년 앞서 1929년 4월 24일 가출옥했다. 이영쇠는 처음 감옥에서 '장기 복역을 비관하여 괴로워하며 어떨 땐 조용하나 어떨 땐 거칠었다. 작업을 게을리하며 심사가 하루하루 고르지 못하였다. 공업용 주당酒糖을 훔쳐 먹다가 징벌을 받기도 했다.'

이후 마음을 다잡아 목공 기술도 익혔고 품행도 좋아져 1928년과 1929년에 각각 상표 1개를 받았다. '출옥 후 보호자'란에 경기도 고양군 용강면 아현리 경성구호회京城救護會라 쓰여 있다. "본 죄수의 집안은 일찍이 폐절廢絶됐고, 누이와 매부가 있어도 농가 고용인으로 전전하여 생계가 곤란해 도움을 받을 수 없다. 게다가 오래 감옥에 있어 사회 실정에 어두워 간절히 '경성구호회'를 희망한다"는 설명이 붙어 있다. 1932년 4월 함흥으로 본적을 옮겼다. 아마 '개발' 붐이 일어나는 '북선北鮮'에 일자리가 많았을 거다. 이후 삶은 알 수 없다.

그는 장안면·우정면 만세시위에서 최장기 징역형을 받은, 바꿔 말하자면 가장 격렬한 시위자였지만 2020년에야 독립유공자로 포상됐다. 삼일운동이 일어난 지 100년이 지나고 차병혁이 포상받은 지 58년 만이다. 그때의 만세시위로 처벌받은 사람 중에 가장 늦다. 그나마도 훈장을 전해 받을 후손이 없는 '미전수자'이다.

장안면·우정면 만세시위 참가자에 대한 포상을 보면 일정한 규칙이 있다. 유죄판결을 받은 26인 중 20인이 20세기에 포상을 받았는데, 사건기록으로 볼 때 정서성 한 사람을 제외하면 다 이 지역에서 나고 자란 인물들이다. 아마 정서성은 1965년 『신동아』에 실린 회고로 세상에 알려져 1968년 이른 시기에 포상됐을 가능성이 있다. 나머지 21세기에 포상된 6인 중 외지인이 3인(유수산, 장제덕, 김흥식)이고, 만세시위 이후 이 지역을 떠난 자가 2인(이봉구, 이영쇠)이다. 포상은 사건이 일어난 지역 사람 위주로 주어졌다. 처벌받은 형량의 다과, 다시 말해 참가 정도는 고려 대상이 아니었다.

한 사람만 더 얘기하고자 한다. 장제덕, 정서성과 같이 외지인으로서 이 시위에 참가했으나 잘 기억되지 않는 인물이 있다. 이덕명李德明. 이경백李敬伯으로도 불린다. 1919년 삼일운동 당시 그의 나이 30세쯤이라니 1890년경 태어났을 거라 짐작할 뿐 정확히 어느 해 어디서 태어났는지 모른다. 확실한 것은 1919년 4월 3일 화수리 주재소에서 일본인 순사 가와바타가 쏜 총알에 맞았고, 사망했다는 사실이다. 그런데 사망한 날짜도 확정할 수 없다. 사나흘 지나서 죽었다는 증언도 있고 시위 당일 죽었다는 말도 있다. 또 그가 불구였다고 말하는 사람도, 반대로 몸이 성했다고 말하는 사람도 있다. 삼일운동에 참가했던 희생자라면 그를 잘 기억하는 것이 마땅할 텐데 왜 이렇게 모호할까? 우선 이 시위를 수사한 검경이나 재판한 판사는 그의 죽음에 관심이 없었으며 도리어 숨기려 했다. 가와바타 순사가 발포 이후 시위 군중에게 참살되었기 때문에 수사의 초점은 시위 군중의 폭력, 즉 '살인'에 맞춰졌다. 6월 27일 검사가 보강 수사를 하는 과정에 증인 우영규의 입에서 이덕명의 사망이 처음 언급되었다. 아니, 그사이 피의자나 증인이 얘기했는데도 기록되지 않았을 수 있으니 '처음 기록되었다'는 쪽이 더 정확하겠다. 이후에도 판사는 이덕명의 사망을 피의자들의 시위 참여 여부나 정도를 밝히는 데 필요한 수단으로 활용할 뿐이었다. 예를 들면 "불구자도 참여했다면 성한 사람은 다 참여한 것이 아닌가"라고 묻는다든지 피의자들의 허점을 찾기 위해 사체를 나른 시간, 나르면서 나눈 얘기를 교차 질문하는 식이다. 그의 죽음을 기록하면 할수록 순사 가와바타를 죽인 군중이 명분을 얻게 되고 그 폭력성은 희석되는 것이리라. 예심판사는 한 증인에게 "주재소 뒤쪽 창고에 방화하려는 것을 순사가 권총으로 사살한 것이 아닌가"라고 질문을 했다가 원하는 답을 얻지 못했다. 이 사건의 최종 판결문에도 이덕명의 사망은 기록되지 않았다.

당시 피의자나 증인들의 말을 읽어보면 이덕명에 대한 정보가 명확하지 않은 또 다른 이유를 찾을 수 있다. 그는 이 지역 사람이 아니었다. 그가 거주했던 장안면 사곡리 구장 김찬규는 "그놈은 집도 없고 처자도 없는 사내", "거처가 정해진 곳이 없는 놈"이라며 총 맞은 그를 누가 어디로 운반했는지 묻는 질문에 대답하지 못하다가 결국 판사에게 구장으로서 무책임하다는 꾸지람을 들었다. 그를 머슴으로 고용했던 김연성은 그의 이름이 이경백이 아니라 이덕명이며 "대략 30세쯤 사내로 작년 가을부터 우리 집에 있었다", "이전에도 우리 집에 두고 일을 시킨 일이 있다"고 했다. 시위 당일 김연성은 사촌의 혼인 잔치가 있어 거기 가느라 이덕명이 나갔는지 몰랐다. 구장은 그가 "나무하러 갔다가 군중에게 잡혀갔을지도 모른다"고 추측했다. 해가 진 뒤 박순근과 박장경이 시신을 수습하러 갔을 때 시신 곁에는 아무도 없었다. 그들은 시신을 김연성 집으로 지고 오지 않고 매장 허가도 없이 바로 공동묘지에 묻었다. 김연성은 두 사람이 "마을 사람으로 못 본 체하고 버려둘 수 없으므로 가져다가 묻어주었다", 박장경은 "김연성이 시켰다", 박순근은 "마을 노인들이 묻어주라 해서" 그랬다고 했다. 시신 수습도 죄가 될까 봐 모두 한 발 뺐다. 고용주나 구장을 포함하여 마을 사람들의 이덕명에 관한 진술을 읽다 보면 그를 낮춰 보는 '하대'를 느낄 수 있다.

그는 어떤 사연으로 이 마을에 들어왔을까? 외지인으로 마을 사람들에게 인정받기 위해 시위에 앞장서다 총을 맞은 걸까? 시위대에서 같은 처지의 동료들을 보고 힘이 났던 걸까? 뒤 시기 통계이지만 1930년 국세조사보고에 따르면 '조선인' 유업자의 소분류 직업 중에서 머슴(作男, 作女)은 44만여 명으로 전체에서 세 번째로 많았다. 그러나 이들이 역사로 쓰이는 경우는 드물다. 외부인으로서, 머슴으로서 이덕명의 처지는 해방 이후에도 그다지 바뀌지 않았다. 사망자로서 그가 기억되곤 했지만 2002년에서야 애국장이 추서됐다. 그마저도 훈장을 받을 후손이나 관련자가 없는 '미전수자'이다. 지역과 국가가 어찌하든 간에, 앞으로 필자는 장안면·우정면 만세시위를 이영쇠와 이덕명의 시위, 존경의 마음을 담아 '머슴'의 시위로 기억하고 얘기하겠다.

10

| 제주 신좌면 만세시위, 그 후 |

제주 시내에서 섬을 동쪽으로 돌다 보면 첫 번째 만나게 되는 읍이 조천朝天이다. 조천읍 입구 오른편에 '민족 자존의 고장'이라 쓰인 표지석이 세워져 있다. 자부심이 느껴진다. 조천, 일제강점기에 신좌면新左面이었던 이곳에서 1919년 3월 21일부터 24일까지 네 차례 연속하여 만세시위가 일어났다. 당시 제주도가 속한 전라남도에서 만세시위가 4회 일어난 곳은 해남군 해남면과 이곳밖에 없다. 전국 2,509면 중 832면(33.2%)에서 '만세시위'가 일어났는데, 4회 이상 일어난 곳은 71개 면(2.8%)에 불과했다.[1] 이 중

〈그림 36〉 제주 일주동로변 조천읍 입구 표지석. 〈카카오맵〉에서 캡처(2021. 2. 15).

---

1 국사편찬위원회, 〈삼일운동 데이터베이스〉.

<그림 37> 제주도 조천만세동산과 삼일운동기념탑. 필자 촬영(2020. 12).

상당수가 군청 소재지(23개 면)이거나 대도시와 인접한 면(고양군 9개 면
등)이란 점을 감안하면, 그렇지 않은 조천면에서 네 차례나 일어난 만세
시위는 자랑할 만한 역사다.

　표지석을 지나 조천읍으로 7~8분 들어가면 삼일운동기념탑이 나온다.
탑이 선 곳은 조천 읍내와 포구가 내려다보이는 미밋동산(현재 만세동산)
으로, 1919년 3월 21일 이곳에서 김시범·김시은 등이 서당 학생, 주민과
함께 '독립만세'라 쓴 기를 들고 만세를 부르며 마을로 행진하였다. 조
천시장, 비석거리를 거쳐 신촌리로 나아갔다. 이날 김시범 등 13인이 체
포되었다. 다음 날 22일부터 24일까지 독립만세를 외치며 구속자 석방
을 요구하는 시위가 이어졌다. 삼일운동 당시 격렬한 시위는 헌병·경찰
의 시위자 구속에 대한 종교 또는 지역공동체의 항의와 석방 요구인 경

우가 많았다. 조천에서도 23일 경찰이 구속자를 조천경찰관주재소에서 제주도경찰서로 압송하려 했던 것 같다. 이에 부인과 아동까지 참여한 시위대가 돌을 던졌는데, 경찰은 이들에게 발포했다. 이때 주소지가 신흥리인 여성 이귀동李貴童이 구속되었다가 사흘 후 석방되었다고 전해진다. 조선헌병대사령부가 5월 말에 작성한 「소요 사건의 개황」에는 "21일, 22일 양일 제주도 4군 5개소에서 9회의 시위운동이 있었지만 오직 22일 조천면에서 폭민이 피고인을 탈환하려고 기도해서 발포 해산시켰을 뿐, 다른 지역은 큰일이 없었"다고 되어 있다. 다른 자료와 대조해 보면 발포가 있던 날은 23일인 것 같다. 신좌면의 네 차례 시위는 조천리를 중심으로 신촌리·함덕리에 미쳤고, 3차 시위까지 적어도 매번 200명 정도가 모였다.[2]

삼일운동 당시 제주도 경찰이 광주지방법원 제주지청 검사국에 송치한 자는 33인, 검사는 이 중 29인을 기소했고, 4인에겐 '기소 중지' 처분을 내렸다. 제주지청은 29인 중 23인에게 징역 1년에서 4개월을 선고했는데, 이 중 14인이 실형, 9인이 집행유예였다. 나머지 6인에겐 무죄를 선고했다. 실형을 받은 14인이 항소했으나 대구복심법원은 일부 감형했을 뿐 모두에게 실형을 판결했다. 33인 또는 29인이 전부 신좌면 만세시위자인지 분명하지 않지만, 유죄판결을 받은 23인은 그렇다. 그 명단은 다음과 같다. 〈표 4〉는 제주지청 검사국이 기소한 29인의 나이, 교육, 종교, 직업(23인)을 정리한 것이다.

---

2 국사편찬위원회, 〈삼일운동 데이터베이스〉; 송광배, 「제주지방의 삼일운동과 그 후의 항일운동」, 국민대학교 교육대학원 석사학위논문, 1984, 37쪽.

실형 김시범·김시은: 징역 1년 / 황진식·김장환·김필원·김희수·이문
천·김연배·박두규: 징역 8개월 / 김용찬·고재륜·김형배·김경희·백응
선: 징역 6개월

집행유예 김시희·김백능·부병각·김종호·한철영·한석화·김동인·김순
탁: 징역 6개월 / 한백흥: 징역 4개월

— 大邱覆審法院刑事第一部, 「1919年形控第405號 判決: 金時範 등 14인」,
1919. 5. 29; 제주도지편찬위원회, 『濟州抗日獨立運動史』, 제주도, 1996, 431쪽.

〈표 4〉 1919년 제주도 만세시위자 신상 정보

	18~19세		20~24세		25~29세		30~39세		합계
나이	5		13		6		5		29
	17%		45%		21%		17%		100%
	(7%)		(20%)		(17%)		(24%)		(전국)
	가정/서당 교육		보통교육		중등교육		무교육		합계
교육	19		8		1		1		29
	66%		28%		3%		3%		100%
	(20%)		(15%)		(4%)		(32%)		(전국)
	무종교		기독교		유교				합계
종교	28		1		0		0		29
	97%		3%		·				100%
	(49%)		(16%)		(2%)				(전국)
	농업	잡화상	과자상	상업 소계	교사	학생	용인 傭人	무직	합계
직업	13	5	1	6	1	1	1	1	23*
	57%	22%	4%	26%	4%	4%	4%	4%	100%
	(57%)	(3%)	?	(8%)	(2%)	(9%)	(4%)	(6%)	(전국)

자료: 大邱覆審法院刑事第一部, 「1919年形控第405號 判決: 金時範 등 14인」, 1919. 5. 29; 제주도지편찬위원회, 『濟州抗日獨立運動史』, 제주도, 1996, 431쪽; 朝鮮總督府法務, 「妄動事件處分表」, 1920. 1.
각 항목의 괄호 안 숫자는 '전국'의 비중으로, 1919년 3월 1일부터 12월 31일까지 조선총독부 검사국이 수리 처분한 삼일운동 관련 '피고인' 19,054인에 대한 수치이다. 직업은 '유죄'로 판결받은 23인의 수치이다.

29인을 전부 신좌면 시위자로 간주한다면 그 만세시위 주도자는 전국과 비교해 볼 때 주로 '젊고 배웠으며 종교를 믿지 않는 층'이었다. 직업을 보면 상업의 비중이 꽤 높았다. 기존 연구에서 조천 만세시위의 배경으로 유림의 전통, 유교적 사상이 강조되는데, 시위가 시작된 3월 21일이 지역 유림을 대표하는 김시우의 기일이었고, 그의 일족인 '조천 김씨'(김해 김씨 이동파梨洞派)들이 시위를 주도했기 때문이다. 유교의 영향을 부정할 수 없겠지만 시위자들이 유림은 아니었다. 위 시위 주도자 중 보통교육·중등교육 등 근대적 교육기관 학력자가 1/3가량으로 전체에 비해 높은 편이다. 비중이 높은 서당교육도 '전통'으로만 보기 어렵다. 연령상 서당교육을 받았을 가능성이 큰 김시범(30세)은 독립으로 조선 민족이 '천부의 자유'를 얻기 바랐다.[3] 그는 조천의 근대적 중등교육기관인 '독서회관'에서 교편을 잡기도 했다.[4] 나이와 직업으로 보거나, 또 적극적으로 유교를 종교로 택하지 않았다는 점으로 볼 때 시위자들에게 끼친 유교의 영향은 제한적이라 하겠다.

'조천 김씨'가 이 지역에서 영향력이 큰 집안으로서 만세시위를 조직하고 전개하는 데 이바지했음은 틀림없다. 또 그 일족 다수가 이후 항일운동과 사회운동에 헌신했다. 그렇다 하더라도 지역에서 일족의 역할을 균형 있게 논하려면 19세기 말 봉건 지배 세력의 일원으로 농민 봉기를 진압하는 데 앞장섰던 점,[5] 일제강점기에 다수가 조천면장직을 맡아 일

---

3 大邱覆審法院刑事第一部, 「1919年形控第405號 判決: 金時範 등 14인」, 1919. 5. 29.

4 金寶鉉, 『朝天誌』, 1976, 70쪽.

5 이영권, 『새로 쓰는 제주사』, 휴머니스트, 2005, 300쪽.

제에 협력했던 점[6]도 같이 언급되어야 한다. 전체적으로 볼 때 조천 김씨는 조천 포구를 거점으로 육지와 교역을 통해 부를 축적한 뒤 자식 교육을 통해 그 지위를 유지 또는 상승시키고자 했다. 그 결과 전통 교육을 통해 유림의 일원이 되었고, 근대적 교육기관을 통해서 많은 엘리트가 배출되었으며, 그 일부가 부일附日 또는 항일에 나섰다. 당시 사람들 사이에 회자되었던 '머리는 조천'이라는 말은 이런 조천의 교육열에 관한 세평이었을 것이다.

삼일운동의 영향은 컸다. 조선총독부 고등법원검사국 사상부가 1932년에 작성한 「제주도의 치안 상황」을 보면 "조천·함덕·신촌 세 지역민의 독립시위운동"은 도내 "청소년의 뇌리에 뿌리 뽑을 수 없는 불온사상을 심어주는 출발"점이었다.[7] 비단 청소년만이 아니었다. 1919년 마흔이 된 김시숙金時淑은 두 번의 결혼 실패 후 "궐기"하여 배우기 시작하였다. 숙부 김문주(고려공산당 국내부 위원이었던 김명식의 부친)의 조언이 있었다, 삼일운동을 보면서 의지를 불태웠다고 전한다. 곧 여자 교육에 매진하여 1921년경 '조천부인야학회'를 조직하여 1926년경까지 부인들을 인도했으며, 1924년경 '조천유아원'을 설립하였다. 1926년 4월 '조천부인회' 총회에서 임시의장을 맡은 것으로 볼 때 그는 조천 여성계의 중심인물이었다. 1926년 6월 '조천여자청년회'는 '여자야학회'를 인수하고 그간 "열성"으로 이끌어왔던 김시숙의 공로를 표창했다. '조천여자청년회' 교양부는 만세시위로 구속된 적이 있는 이귀동이 맡았다(〈그림 38〉 참조).

----

6 제주도지편찬위원회, 『濟州抗日獨立運動史』, 제주도, 1996, 95~96쪽.

7 高等法院檢事局思想部, 「濟州道ノ治安狀況」, 『思想月報』 2-5, 1932. 8~9쪽.

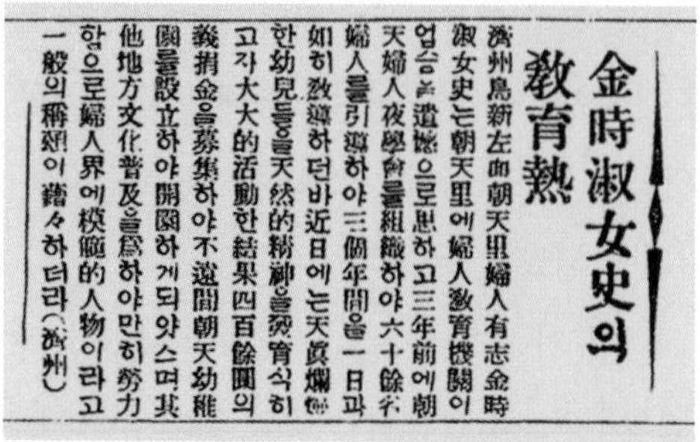

金時淑女史의
敎育熱

濟州島新左面朝天里婦人有志金時
淑女史는朝天里에婦人敎育機關이
업슴을遺憾으로思하고三年前에朝
天婦人夜學會를組織하야六十餘名
婦人를引導하야三個年間을一日과
如히敎導하던바近日에는天眞爛漫
한幼兒들을天然的精神을發育식히
고자大大的活動한結果四百餘圓의
義捐金을募集하야不遠間朝天幼稚
園를設立하야開園하게되얏스며其
他地方文化普及을爲하야만히努力
함으로婦人界에模範的人物이라고
一般의稱頌이藉々하더라(濟州)

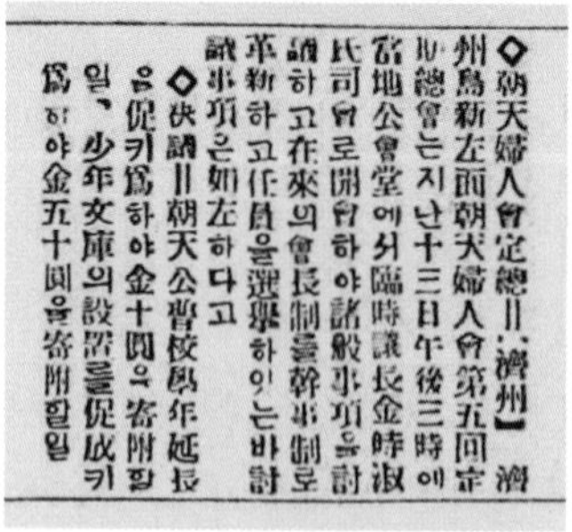

◇朝天婦人會定總=[濟州]濟
州島新左面朝天婦人會第五回定
期總會는지난十三日午後三時에
當地公會堂에서臨時議長金時淑
氏司會로開會하야諸般事項을討
議하고在來의會長制를幹事制로
革新하고任員을選擧하얏는바討
議事項은如左하다고
◇決議=朝天公普校學年延長
을促키爲하야金十圓을寄附할
일、少年文庫의設置를促成키
爲하야金五十圓을寄附할일

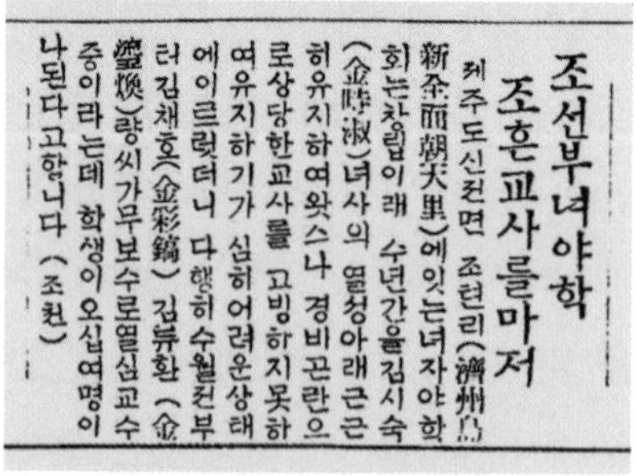

조선부녀야학
조흔교사를마저

제주도신좌면 조텬리(濟州島
新左面朝天里)에잇는녀자야학
회는창립이래 수년간을김시숙
(金時淑)녀사의 열성아래근근
히유지하여왓스나 경비곤란으
로상당한교사를 고빙하지못하
여유지하기가 심히어려운상태
에이르럿더니 다행히수월전부
터김채호(金彩鎬) 김뉴환 (金
鎏煥)량씨가무보수로열심교수
중이라는데 학생이오십여명이
나된다고합니다 (조천)

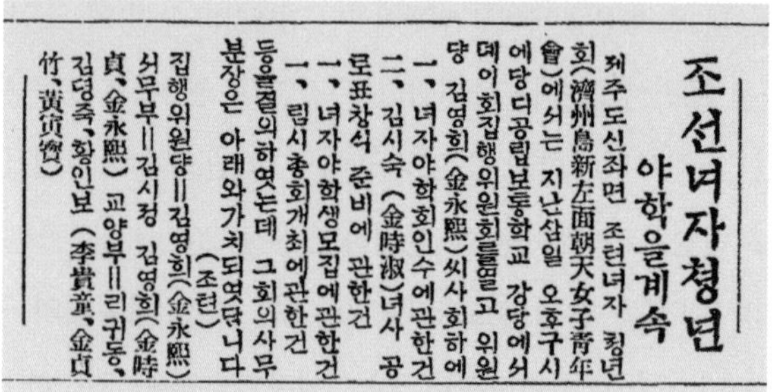

조선녀자청년
야학을계속

제주도신좌면 조텬녀자 청년
회(濟州島新左面朝天女子靑年
會)에서는 지난삼일 오후구시
에당디공립보통학교 강당에서
뎨이회집행위원회를열고 위원
댱 김영희(金永熙)씨사회하에
一、녀자야학회인수에관한건
二、김시숙 (金時淑)녀사 공
로표창식 준비에 관한건
一、녀자야학생모집에관한건
一、림시총회개최에관한건
등을결의하엿는데 그회의사무
분장은 아래와가치되엿답니다
(조텬)
집행위원댱=김영희(金永熙)
서무부=김시청 김영희(金時
貞、金永熙) 교양부=리귀동、
김덩숙、황인보 (李貴童、金貞
竹、黃寅寶)

〈그림 38〉 일제강점기 김시숙 관련 신문기사. 자료: 위는 『조선일보』 1924년 1월 19일자 4면, 중간 왼쪽은 『시대일보』 1926년 4월 25일자 3면, 중간 오른쪽은 『동아일보』 1926년 5월 20일자 3면, 아래는 『동아일보』 1926년 6월 9일자 3면. 각각 네이버, 〈뉴스 라이브러리〉 https://newslibrary.naver.com; 국사편찬위원회, 〈한국사데이터베이스〉; 국립중앙도서관, 〈대한민국 신문 아카이브〉 https://nl.go.kr/newspaper에서 캡처(2021. 3. 19).

1927년경 김시숙은 일본 오사카大阪로 건너가 여성노동운동에 종사했다. 무정부주의자 고순흠이 쓴 묘지명에 따르면 그는 "공녀노동소조工女勞動消組의 창업과 수성 운동에 몰두"하였다. 오사카 '조선무산자사회연맹' 회원이었던 고순흠은 1925년경 '조선여공보호회'를 조직했다. 조선여공보호회는 조선인 여공의 대우 개선과 권리 옹호를 목적으로 방적공장의 분쟁에 간여했다. 김시숙이 몰두했다는 '공녀노동소조'도 오사카 조선인 여공의 권익을 옹호하고 상호부조를 통해 생활권을 확보하기 위한 일종의 노동소비조합이었던 것 같다. 후지나가 다케시藤永壯의 연구에 따르면 조선인 여공의 생활은 열악 그 자체였다. 1928년 6월 말 오사카부大阪府의 조선인 여성 수는 11,358명으로, 특히 방직공장이 집중된 지역에 많이 거주했다. 1930년 10월 오사카시 조사에 따르면 섬유공업에 종사한 조선인 여공의 54.2%가 20세 이하였다. 임금은 평균 일당 82전으로, 일본인 여성 93전의 90%도 되지 않았다. 조선인 남자 134전의 60%, 일본인 남자 163전의 절반에 불과했다. 노동시간은 보통 주야 2교대 12시간이었으며, 방으로 돌아가면 쓰러져 자기 바빴다. 기숙사는 비위생적이어서 자주 전염병이 발생했고, 식사로 썩은 생선과 벌레가 든 무말랭이가 나왔다. 또, 현장감독의 폭력에도 시달렸다. 이런 가운데 친일적 재일조선인 단체 상애회相愛會는 여공에게 회비를 걷었으며, 일본인 기업가 및 경찰과 결탁해 노동쟁의에 개입하고 폭력을 행사했다. 조선인 여공은 노동을 통해 겨우 손에 쥔 돈을 대부분 고향에 송금했다. 10대 소녀들의 노동이 제주의 귀중한 현금 수입원이었다.[8] 부모가 받은 돈

8 후지나가 다케시, 「재일 방적 여공의 노동과 생활―오사카大阪 지역을 중심으로」,

〈그림 39〉 1910~1920년대 오사카 조선인 여공. 자료:『大阪朝日新聞』 1913년 12월 16일자 및 1922년 6월 1일자; 후지나가 다케시, 「재일 방적 여공의 노동과 생활—오사카大阪 지역을 중심으로」,『제주여성사Ⅱ』. 제주발전연구원, 2011, 422·427쪽에서 재인용. 왼쪽은 1913년 12월 셋쓰攝津 방적 노다공장에서 일하기 시작한 조선인 여공이고, 오른쪽은 1922년 5월 오사카 시민관에서 열린 '오사카 거주 조선인 직업여성 생활개선 대회' 모습이다.

은 생계에 큰 보탬이 되었고 마을의 자랑이었다.[9] 김시숙은 오사카에 가서 그 돈이 여공의 피눈물임을 보았을 거다.

━━━━

『제주여성사Ⅱ』, 제주발전연구원, 2011.

9 이지치 노리코 지음, 안행순 옮김, 『(탐라문화학술총서 16) 일본인학자가 본 제주인의 삶』, 경인문화사, 2013, 123쪽. 책에 나오는 사례는 1921년 제주도 행원리에서 출생하여 1938~1942년 일본에서 일한 남성의 경험이지만 여성의 송금도 비슷하게 받아들여졌을 것이다.

〈그림 40〉 김시숙의 묘비. 필자 촬영(2020. 12). 양천상동 조천리 구공동묘지에 그의 묘와 묘비가 있다(조천읍 조천리 산92 소재). 묘비의 옆면과 뒷면에 고순흠이 쓴 지명誌銘이 새겨져 있다.

김시숙은 조선인 여공노동소비조합을 만들었지만 지켜내지 못했다. 어떤 이유였을까. 그는 1933년 54세에 오사카 적십자병원에서 사망했다. 오사카의 조선 여성들이 앞장서서 장례를 치렀고, 그의 고향에 비석이 세워졌다.

김시숙 묘지명

재래의 불합리한 도덕과 윤리는 특히 여자의 개성과 인권을 무시했다. 그 결과 약자는 거기에 순종하였으니 강자는 반역하게 되었다. 반역자는 왈 탕녀, 순종자는 왈 열부烈婦란 지위를 얻게 되었다. 그러므로 나는 사실史實에서는 순정의 애愛도 진정한 정조貞操도 발견할 수 없다.

남성에게 그것이 없는 이상 여성에게만 그 존재가 설 수 없는 것이 아닌가! 이러한 모순된 사회에 있어 진정한 열부라면 충실한 반역자 무리일 것이며 동시에 비참한 시대적 희생 계급이다. 이 계급의 일인인 김시숙 씨는 고종 17년 경진[1880년] 2월 24일 조천 벌문閥門 해김海金 종가 출생으로 미장준룡眉長俊隆하고 대인 남자와 같은 개성의 소지자이다. 어찌 부권夫權 전제주의의 맹목적 현모양처주의에 긍종肯從할 수 있었으리오. 결국 결혼 생활은 실패하고 40세에 궐기하여 초학初學을 약수략수修한 후 부인 여명黎明 및 유아 교육을 개척하고 도일渡日하여 공녀노동소조工女勞動消組의 창업과 수성 운동에 몰두하다가 시기가 불우인지 그 사업도 모두 소멸되고 자신도 54세 되던 계유[1933년] 7월 15일 오사카 적십자병원에서 주인 없는 송장을 이루고 말았다. 그래서 기구한 처지가 같은 여성들끼리 호상護喪부인회를 조직하여 반구返柩하고 황계산黃鷄山 아래 누총累塚 가운데 비석까지 세우게 되었다. 명왈銘曰 "철저한 시대적 희생자며 충실한 여명 운동가여! 님의 몸은 비록 구학溝壑의 진흙이 되었으나 님의 피와 땀은 광명의 천지에 만인의 생명으로 나타날 날이 있으리라." 한망후韓亡後 27년 병자[1936년] 7월 15일 세움. 고순흠 근지謹識

— 김찬흡 편저, 『20世紀濟州人名事典』, 제주문화원, 2000, 142쪽.

신좌면 만세시위를 주도했다가 유죄 처분을 받은 사람들은 이후 지역의 중견으로 교육운동과 사회운동에 힘썼다.[10] 그중 김순탁의 활약이 눈

---

10 송광배, 앞의 글, 52~54쪽.

〈그림 41〉 김순탁의 묘비 앞면과 뒷면. 필자 촬영(2020. 12). 조천읍 제주항일기념관 앞에 전시되어 있다. 안세훈이 1942년 8월 광주지방법원에서 신좌소비조합운동 등으로 징역 1년 6개월을 선고받을 때 이 묘비 건립과 추도식도 '유죄' 항목에 포함되었다. 제주도지편찬위원회, 『濟州抗日獨立運動史』, 제주도, 1996, 776쪽.

에 띈다. 1916년 제주농림학교를 졸업한 그는 신명사숙 교사, 1928년 제주청년동맹 조천지부 위원장, 1929년 조천리향회 금주실행위원 및 노동야학 교사, 1930년경 신좌소비조합 상무이사 및 동아일보지부 기자 등을 역임했다.[11] 1938년 병으로 타계하자 그의 친구 안세훈(이명 안요검, 해방 후 제주도 인민위원회 위원장 및 민주주의민족전선 공동의장[12])이 비에 김순탁의

---

11 김창후, 『자유를 찾아서: 金東日의 억새와 해바라기의 세월』, 선인문화사, 2008, 221~223쪽.

12 濟州地方檢察廳, 「情報檢事會議提出書」, 1958(국사편찬위원회 소장); 濟民日報 4·3 취재반, 『4·3은 말한다 1: 해방의 환희와 좌절』, 전예원, 1994, 219쪽.

〈그림 42〉 조천야학당. 필자 촬영(2020. 12). 표지석에 "1925년 6월 김시용, 김시균 등이 설립하였고, 1929년 조천청년동맹 회원들이 마을 청년과 부녀자를 3개 반으로 나누어 교육시켰다"고 쓰였다. 이 1929년 야학운동 건으로 김순탁은 광주지방법원 제주지청에서 징역 8개월, 대구복심법원에서 무죄를 선고받았다(제주도지편찬위원회, 『濟州抗日獨立運動史』, 제주도, 1996, 626~627쪽). 2009년 조천리 새마을회에서 옛 자리에 2층 건물로 준공했다.

생애를 다음과 같이 요약했다. "당시는 봉건적 구문화 파괴와 시대적 신문화 건설운동이 일었다. 군은 분연히 역사적 발전 사명 다하여, 혹은 소학교에서 편鞭을 들어 교육자로서 활동하고, 혹은 가두에 출전出戰하여 신문화 건설자로서 분투하니 그 길고 긴 도정은 기구 험난의 극極이었으나, 단지 한길로 파괴와 건설을 위한 희생적 역사는 무한한 과거에서 영구한 장래에 전할 유산이다."

김순탁의 유족은 부인과 8남매로, 이 가운데 7번째가 김동일金東日이다.[13] 그는 부친이 돌아가실 때 6세였고, 1941년 4월 조천공립국민학교에 입학하여 1947년 7월 졸업했다. 두 언니도 국민학교를 다녔다. 딸이 돈 벌러 일본에 가겠다고 하면 허락해도 야학에 다니면 회초리를 들던 시절이었다.[14] 김시숙의 마을 조천은 달랐다. 그가 국민학교에 다니던 시절, 특히 해방 직후 조천, 아니 제주도는 6만의 귀환자, 콜레라와 흉년, 일본과 교역 중단 등으로 먹고살기 힘들었지만 정치적으로 평화로웠다. 브루스 커밍스에 따르면 해방 직후 제주도는 인민위원회가 정부 역할을 담당했던 대표적인 지역이었다. 이를 주도했던 좌익은 온건했고 독자적이며 제주도민의 지지를 받았다. 이를 상징적으로 보여주는 것이 제주도 좌익이 남조선과도입법의원 선거에 참여하여 인민위원회 계열 2인이 당선된 일이다. 미군정이 좌익을 배제하기 위해 고안한 제한선거, 4단계 간접선거였고, 좌파 진영이 사실상 보이콧한 선거였다. 제주도는 전국 유일의 좌익계 인사 당선 지역이었다. 도민의 지지는 인민위원회 지도자 대부분이 항일투쟁 경력자여서 믿었기 때문일 것이다.[15] 신좌면 만세시위의 주역 김시범은 해방 직후 조천면 건국준비위원회 위원장, 조천면장을 맡았다. 김필원은 제주도 건국준비위원회 집행위원이었다.[16] 제주도 인민위원회는 식민 지배를 겪으면서 '민족해방운동'을 전개했던 제주도

---

13 김창후, 앞의 책. 이하 김동일의 생애는 이 책에 따른다.

14 박승자, 「아픈 기억을 뒤로 하고 일본으로 떠났지」, 제주4·3연구소 편, 『4·3과 여성, 그 살아낸 날들의 기록』, 각, 2019.

15 濟民日報 4·3 취재반, 『4·3은 말한다 1: 해방의 환희와 좌절』, 전예원, 1994, 77~85쪽; 김영미, 「미 군정기 남조선과도입법의원의 성립과 활동」, 『韓國史論』 32, 1994.

16 濟民日報 4·3 취재반, 위의 책(1994), 67·84쪽.

민이 내린 역사적 결론, 성취였다. 이것이 제주도만의 결론일까? '4·3'은 제주도에 한정된 문제가 아니다.

이후는 아시다시피 제주도민이 내린 결론을 "전후 아시아에서 가장 잔인하고 지속적이며 철저한 반란 진압 작전을 통해 뿌리 뽑는" 역사가 전개됐다.[17] 그 시작이 삼일운동 기념식이었다는 점이 얄궂다. 1947년 제주에서 약 3만 명이 참여한 제28회 삼일절 기념식이 열렸고, 경찰이 발포하여 어린이와 부인 등 6인이 사망했다. 일부 경찰을 포함하여 제주도민관이 총파업을 단행하며 항의하자, 이를 빌미로 미군정이 좌익 등을 탄압하기 시작했다. 김시범은 1947년 4월 18일 제주지방검찰청에서 '삼일 사건' 연루자로 약식재판을 받고 벌금형에 처해졌다. 좌익은 탄압에 대응하여 조직을 강화했다. 김시범은 그해 7월 제주도 민주주의민족전선 부의장에 추대되었다.[18]

같은 달 국민학교를 졸업한 김동일은 조천중학원에 입학하고 남로당 산하 '조선민주애국청년동맹'에 가입하여 연락원으로 활동했다. 1948년 '4·3'이 일어나고 11월 25일에 김시범이 토벌대에 연행되어 함덕리 서우봉에서 총살당했다.[19] 그보다 앞서 11월 1일, 29년 전 만세시위로 징역 4개월, 집행유예 처분을 받았었던 함덕리 구장 한백홍이 토벌대가 마을

---

17 Bruce Cumings, *The origins of the Korean War* Volume 1, Princeton, N.J.: Princeton University Press(Fourth printing: Seoul: Yuksabipyungsa, 2002), 1981, p. 349.

18 「삼일사건 공판 21일 개정: 약식재판으로 이십구 명이 출감!」, 『濟州新報』 1947. 4. 20, 2면; 「島民戰强化! 議長에 朴景勳氏推載」, 『濟州新報』 1947. 7. 18, 1면.

19 이재홍, 「4.3명예회복, 그것은 거짓입니다」, 『제주의 소리』 2007. 3. 30(http://www.jejusori.net).

청년들을 처형하려 하자 "청년들의 신원을 보증할 테니 죽이지 말라"고 만류했다가 청년들과 함께 처형됐다.[20] 이 무렵 16세 김동일은 산에 연락하러 갔다가 내려오지 못하고 조천리 조직원들과 함께 도피 생활을 시작했다. 한라산 자락에서 겨울을 나고 1949년 4월경 경찰에 체포되었다. 같이 체포된 여성동맹위원장은 총살된 뒤 목이 잘려 마을에 전시되었다. 김시범의 딸이다.[21]

1949년 7월 광주형무소에 수감되었던 김동일은 어린 나이로 인해 빨리 석방되어 그해 말 친척이 있던 진도로 가서 지냈다. 한국전쟁이 발발하자 인민군 진도군당에 들어가 위원장 비서로 활동을 재개했다. 곧 다시 산으로 들어가야 했다. 1951년 봄, 지리산 자락의 한 산골 마을에서 체포되었다. 이번엔 같이 체포된 동료의 부친 덕에 풀려났다. 1956년 재일동포와 결혼하여 1958년 자유를 찾아 밀항했지만, "냉장고 속의 고기"처럼 살면서 오십이 넘어서도 새벽 4시 반부터 밤 11시까지 일했다. 1985년경부터 '4·3을 생각하는 모임'에 나가면서 비로소 속말을 나눌 수 있었다. 2008년 조국을 떠난 지 50년 만에 제주를 찾았고, 2017년 도쿄에서 86세의 나이로 세상을 떠났다.

김동일의 삶에 관해서는 그가 2003년 자신의 생애를 구술한 자료와 사망 전후 영상이 담긴 아트 다큐멘터리가 남아 있다.[22] 둘을 비교해 보

---

20 濟民日報 4·3 취재반, 『4·3은 말한다 4: 초토화작전』, 전예원, 1997, 323쪽; 한형진, 「항일했지만 4.3 희생자 빨간 낙인 … 100년 만에 독립유공자 된 한백흥 선생」, 『제주의 소리』 2018. 8. 13.

21 김창후, 앞의 책, 79~80쪽; 濟民日報 4·3 취재반, 위의 책(1997), 424쪽.

22 김동일이 자신의 삶을 구술한 책은 김창후, 앞의 책이고, 그의 영상이 담긴 다큐멘터

〈그림 43〉 조천리 2840번지 김동일의 생가, 즉 일제강점기 김순탁의 집. 필자 촬영(2020. 12). 김동일은 1947년 조선민주애국청년동맹의 연락원 활동을 했던 배경으로 그런 일을 해야 사람대접을 받았던 당시 '사회 분위기'와 함께 '집안 분위기'를 들었다. 그는 항일운동을 했던 아버지의 딸로 부끄럽지 않게 살려고 했으며, 어머니도 무언의 지원을 했다.

면 흥미로운 점이 발견된다. 2003년 제주에서 온 채록자에게 도쿄에서 말할 때와 2008년 자신이 직접 제주를 방문하여 제주 사람들에게 말할 때의 자기 서사 전략이 달랐다. 전자에선 '4·3' 당시 자신들은 "나라를 위해" 싸웠던 것이고 "정의와 인도에 맞는" "정정당당한 일"이었다고 말했다. 자신과 함께 싸우다 돌아가신 동지들은 '열사'이고 그들을 위해 한라산에 비석을 세우고자 했다. 그런데 후자에선 '폭도'임을 자부했다. 아들의 친구들이 이렇게 말했다 "4·3이다 해서 일본에서 오면 다 자기가

리 영화는 임홍순 감독, 〈우리를 갈라놓는 것들〉, 2019이다.

애국자라고 하지, 너네 어머니처럼 '나 폭도년이여' 하면서 자랑스럽게 얘기한 사람이 너네 어머니 딱 혼자다."[23] 그도 열사비를 세우겠다는 바람이 남한에서든 북한에서든 받아들여질 수 없다는 것, 남한에서 대통령의 사과와 '4·3특별법'이 무고한 양민을 학살한 국가폭력에 관한 반성이지 자신들의 삶을 인정한 것이 아니라는 점을 잘 알았다.[24] 평생 벗어나고자 했던 '폭도'라는 말을 자부심을 담아 다시 쓰는 그에게서 '양민'이란 이름의 탈색, '국가로 수렴'에 대한 거부가 느껴진다.

우리는 '4·3'이나 한국전쟁 피해자를 무구한 양민으로 보는 데 익숙하다. 그런데 그들 중 상당수는 피해자나 피동적인 참여자가 아니라 민주주의의, 통일된 자주 국가 건설의 능동적 주체였다. 현재의 후대 위주, 국가 중심적 기억 방식은 19세기 이래 아래로부터 성장 발전을 거듭해온 지역사회의 민주주의 경험과 역량을 소홀히 하는 것일 수 있다.[25] 그 경험과 역량의 한 뿌리가 삼일운동이었다. 제주도 인민위원회나 김동일과 대한민국 제1공화국 중 어느 쪽이 더 삼일운동을 계승한 것일까, 삼일운동을 계승한다는 것은 무엇일까?

23 임흥순 감독, 영화 〈우리를 갈라놓는 것들〉, 2019, 1:03:47~04:24.

24 김창후, 앞의 책, 34쪽.

25 지수걸, 「한국전쟁과 군郡 단위 지방정치─공주·영동·예산지역 사례를 중심으로」, 『지역과 역사』 27, 2010.

보론

보론 1
'삼일운동 데이터베이스'와 사료 비판

2019년 2월 국사편찬위원회가 삼일운동 100주년을 맞이하여 〈삼일운동 데이터베이스〉(이하 '삼일DB'로 줄임)를 개통하였다. 삼일운동 관련 1차 사료에서 개별 사건의 정보를 추출, 정리, 종합하여 전체 삼일운동 관련 데이터를 일목요연하게 파악할 수 있도록 만들었다. '소개'에 나와 있듯이 구성된 자료의 성격과 한계에 유의한다면 '운동의 실상'을 알 수 있으며 '감춰진 진실'도 찾을 수 있을 것이다. 삼일운동 100주년을 맞이하여 여러 성과가 나왔고 또 나올 것이지만, 짐작건대 100주년 최대의 성취는 '삼일DB'일 것이다. 공공재로서 연구도구로서 장점이 많다. 아마 삼일운동 연구는 '삼일DB' 이전과 이후로 나뉠 것이다. 사료 비판이라는 측면에서 간략한 이용 후기를 적어보겠다.

삼일운동 100주년을 맞이하여 쏟아져 나오는 성과 중 주목할 만한 저서로 권보드래의 『3월 1일의 밤: 폭력의 세기에 꾸는 평화의 꿈』(돌베개, 2019)이 있다. 31쪽에 "독립됐다는 소문은 예언적 소문으로 종종 독립과 방불한 현실을 불러왔다. 평안도 일부 지역에서는 일시적으로 해방구가 조성돼 주민자치가 탄생했다"며 다음 세 가지 사례를 들었다. "순창군 신창면에서는 … 면사무소에 '대한독립운동준비사무소'라는 간판을 달고 태극기를 게양했고, 선천군 운종면 신미도에서는 면사무소를 인수해 20여 일간 자치적 행정사무를 집행했으며, 의주군 옥상면에서도 자치민단이 면사무소 비품 및 자금을 압수한 후 10여 일 동안 자치 업무를 보았다." 옥상면 시위야 유명하지만 다른 곳에서도 이런 일이 있었다는 사실이 놀랍다. 한번 '삼일DB'에서 검색해본다. 순창군은 '순천군'의 오타일 거다. '평남 순천군 신창면'을 검색해보니 3월 5일부터 7일까지 시위가 3회 있었다. '개요'나 원자료 어디에도 '대한독립운동준비사무소'는 나오지 않는다. 선천군 운종면 신미도는 당시 행정구역상 같은 군 '남면 신미동'을 말하는 것 같다. '평북 남면 신미동'으로 검색하면 3월 3일부터 5일까지 시위가 3회 나온다. 여기도 "20여 일간 자치적 행정 업무"는 나오지 않는다. 비고란에 "신미동이 육지와 떨어진 섬 속의 마을"이기 때문에 "3일간의 연속 시위가 가능했던" 것으로 추정하는 DB 작성자의 의견이 달려 있다. 물론 근거가 일본 측 자료이니 일본으로서는 치욕적인 '해방구' 발생이 아예 기록되지 않았거나 축소됐을 가능성도 있다.

『3월 1일의 밤』의 '해방구 사례'는 어디에서 근거한 것일까? 해당 각주를 보면 『독립운동사자료집 5』로 나와 있다. 『독립운동사자료집 5』는 1972년에 간행된 삼일운동 관련 '재판 기록', 즉 판결문을 모아놓은 자료집을 말한다. 판결문이라면 '삼일DB'의 대상 사료이니 DB에 나오지 않을 리 없건만 '해방구 사례'는 보이지 않는다. 『3월 1일의 밤』 각주에 인용된 쪽수나 그 앞뒤로 볼 때 『독립운동사자료집 5』가 아니라 아무래도 김정인·이정은, 『국내 3·1운동 Ⅰ—중부·북부』(독립기념관 한국독립운동사연구소, 2009)인 것 같다. 이 책에서 위의 인용된 쪽수나 그 부근을 찾아보면 해당 내용이 나온다. 다만 그 내용에 주가 달려 있지 않다. 같은 책황해도 편 각 군의 투쟁에 달린 주를 보면 "이하 각 군의 투쟁은 『독립운동사 2』(독립운동사편찬위원회 편, 1971)의 각 군 사례를 골간"(183쪽)으로 정리하였다고 했으니 평안남북도도 동일하리라. 과연 『독립운동사 2』에는 해당 내용이 기술되어 있다(395~396, 448~449, 466~467쪽). '독립운동사편찬위원회'가 1969년에 설치된 후 1979년까지 존속하면서 펴낸 『독립운동사』 총 10권과 『독립운동사자료집』 총 17권은 당시 침체된 독립운동사 연구를 진작시켜 "한국근대사의 주류의 위치에 올려놓았다"고 자부할 정도로 학계에 기여한 바가 크다. 삼일운동을 다룬 『독립운동사』 2, 3권을 읽어보면 필자마다 관점이나 학문적 밀도는 다르지만 운동 서술이종래 서울이나 도시 중심을 넘어서 전국 방방곡곡으로 확대되었다. 도별일지, 궐기도, 세부 시위도, 독립선언서 체송표 등도 유익하고, 무엇보다지리 정보에 밝고 현장감 있는 서술이 눈에 띈다. 조동걸이 현장 조사와인터뷰를 바탕으로 쓴 강원도 편은 압권이다. 2권 평안남북도 편을 집필한 사람은 이홍근李弘根이라 한다. 평안북도 선천 출신으로 광복군이었던 독립유공자를 말하는 것 같다.[1] 『독립운동사』 2권에도 신창면과 신미동 시위의 근거가 명확하지 않다. 참고문헌으로 제시된 자료들에 그런

---

1 조동걸에 의하면 이홍근은 『독립운동사』 3권(삼일운동) '중국 방면의 운동' 편, 4권 (임시정부사) '임시정부와 일제의 중국 침략' 편, 7권(의열투쟁사)의 '서론'을 집필했다. 『독립운동사자료집』에도 수록 자료 일부의 번역자로 나온다. 이상 '독립운동사편찬위원회'의 활동에 대해서는 趙東杰, 「독립운동사편찬위원회의 존폐와 저술 활동」, 『韓國史學史學報』 24, 한국사학사학회, 2011 참조.

내용이 나오지 않는다. 다만 증언자 명단에 '신창면 시위 지도자'의 이름이 있는 것으로 볼 때 위의 '대한독립운동준비사무소', '자치적 행정사무'는 증언과 본인이 들은 정보에 의거하여 서술했을 가능성이 높다. 물론 기억이 다 잘못된 것은 아니며, 기억 그 자체로 충분히 연구할 가치가 있다. 그러나 연구 저서에서 어떠한 검토 없이 그대로 반복할 것은 아니다.[2]

신창면과 신미동 시위가 사료와 기억의 문제라면, 옥상면 시위는 사료 비판의 문제가 있다. 옥상면 시위에 대해서는 앞서 본 책들 외에 최근 나온 김정인의 『오늘과 마주한 3·1운동』(책과함께, 2019, 88~89쪽), 박찬승의 『1919: 대한민국의 첫 번째 봄』(다산초당, 2019, 265~267쪽)에도 대동소이한 내용이 서술되었다. 더구나 '삼일DB'의 '4월 2일 평북 의주군 옥상면 시위' 개요도 비슷하게 정리되어 있으니 의심의 여지가 없어 보인다. 그래도 의문이 든다면 '삼일DB'는 관련 자료의 원문을 서비스하고 있으니 찾아보면 된다.

먼저 '10여 일' 자치를 검토해보자. '삼일DB'에서 찾아보면 3~4월 평북 의주군에서 시위가 총 46건 있었으며, 운동의 최고조기인 3월 29일~4월 4일에 21건이 일어났다. 이에 대해 일본 헌병·경찰 측이 발포로 탄압한 시위가 3~4월에 모두 11건인데, 3월 15일 첫 발포가 있었고, 3월 29일~4월 4일에 10건이 집중되었다. 이렇게 탄압이 거세서인지 의주군

---

2 참고로 1960년대부터 삼일운동을 연구해온 윤병석, 김진봉의 저서에는 위의 세 시위에 관한 서술이 없다. 윤병석, 『(증보) 3·1운동사』, 국학자료원, 2004[1974]; 金鎭鳳, 『三·一運動史研究』, 國學資料院, 2000 참조.

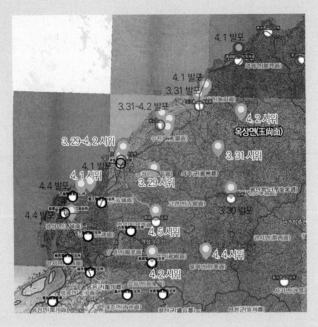

〈그림 44〉 평안북도 의주군 만세시위 및 헌병·경찰의 발포 지역(1919. 3. 29~4. 5). 자료: 국사편찬위원회, 〈삼일운동 데이터베이스〉, 2019. 5. 30. 검색. 〈삼일운동 데이터베이스〉에서 날짜 '3. 29~4. 5', 행정구역 '평안북도 의주군', 기본 유형 '시위'로 검색한 후 '사건 위치정보' 하단의 '삼일운동GIS'를 클릭하면 위와 같은 그림이 나온다. 지도 위의 발포 및 시위 일자는 필자가 표시했다.

에서는 4월 5일 고관면 시위를 끝으로 1919년 상반기에 시위가 일어나지 않았다. 〈그림 44〉는 '삼일DB'에서 제공하는 지리 정보를 이용하여 3월 29일부터 4월 5일까지 의주군에서 일어난 총 22건의 시위 지역과 발포 지역을 표시한 것이다. 빨간색 O은 헌병주재소, 검은색 O은 경찰관 주재소이다. 옥상면에 주재소가 없다는 점, 이등도로(지도의 붉은 선)도 지나가지 않는다는 점은 '자치'에 유리하나, 가장 가까운 가산면 옥강헌병주재소에서 옥상면사무소까지 거리는 직선거리로 10km도 되지 않는다 ('삼일DB'의 거리 측정 기능을 이용하면 쉽게 알 수 있다). 3월 31일부터 4월 4일까지 주변 면에서 헌병과 경찰이 발포로 시위를 진압했고, 4월 6일 이후에는 시위가 발생하지 않았다. 4월 2일 전후 옥상면의 '10여 일 자치'를 헌병이 방관했을지 의문이다. '삼일DB'가 제공하는 원자료에도, 이를 정리한 시위 '개요'에도 '10여 일 자치'는 나오지 않는다. 그럼 앞의 연구자들이 이렇게 서술한 근거는 무엇인가. 역시 『독립운동사』 2권이다. 4월 2일 시위 뒤 "약 십수 일간" 자치한 것으로 기술되어 있다(466쪽). 출처는 제시되지 않았다.

'10여 일' 여부가 뭐가 그리 중요하냐, '자치민단을 조직하여 행정사무를 수행하기 위해 면사무소의 장부 7권과 공금 193원 15전을 인수'받은 거면 '자치' 또는 그 의지를 증명하기에 충분하지 않은가 할 수 있다. 그렇다. 이제 자치민단과 장부 및 공금 인수에 대해서 검토해볼 차례다. 의주군 옥상면 시위 사건의 핵심 자료는 박경득朴擎得에 대한 판결문들인데('삼일DB'에서 원문을 볼 수 있다), 결론부터 말하자면 최종적으로 경성복심법원은 위의 '자치' 관련 부분이 증거가 충분하지 않다고 판단했다.

> 피고 박경득이 군중이 전시前示 소요를 하는데 면서기 최영균 및 기타
> 면직원에게 '조선은 독립할 것이니 면사무의 집행을 하지 않아야 한다'
> 고 말하고 혹은 '조선은 독립하면 자치민단을 조직하여 일본 관헌의 지
> 휘를 받고 있는 면사무소를 폐지할 것이니 면사무소 비품인 공부公簿
> 및 공금을 제공하라, 이에 응하지 않으면 동인들을 살해하겠다'고 협박
> 해서 면직원들로 하여금 공부 7책 및 공금 193원 15전을 내놓게 하여

이를 강탈하고, 또 군중의 일부가 면사무소 숙직실을 침입할 때 그 지휘를 하였다는 등의 공소사실은 이를 인정할 증거가 충분치 않으나 이상은 판시判示 소요죄와 1개의 행위로서 기소된 것이라 인정되므로 특별히 이 점에 대해 무죄 언도를 하지 않는다.

— 京城覆審法院, 「1920刑控524號 判決: 朴擎得」, 1920. 10. 30.

(국가기록원, 〈독립운동관련판결문〉의 번역문을 참조)

경성복심법원 판사가 보기에 소요죄는 인정되지만 '자치민단', '면사무소 장부와 공금 인수' 부분은 증거가 충분하지 않았다. 다만 소요죄와 하나의 행위로 기소되었기 때문에 특별히 '자치' 부분에 대해서만 무죄를 선고하지는 않겠다는 것이 판결의 요지다. 물론 증거가 불충분하다고 해

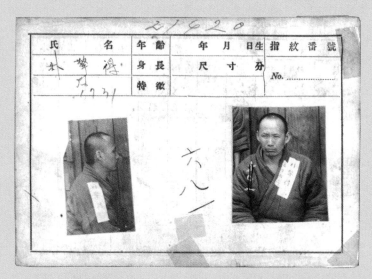

<그림 45> 서대문감옥에 수감된 의주군 옥상면 시위자 박경득. 자료: 국사편찬위원회, 〈한국사 데이터베이스_일제감시대상인물카드〉.

서 그런 사실이 없었다고 단정할 수 없다. 그렇지만 이런 판결 내용은 알려져야 하고 연구하는 데 참고되어야 하지 않을까?

옥상면 시위가 널리 알려진 것은 『독립운동사 2』(독립운동사편찬위원회 편, 1971)에 서술되면서부터인데 역시 출처가 명시되지 않았다. 다만 이 책 전체 '참고서적'을 보면 「조선총독부 각급 재판소 판결문」이 있고(57쪽), 같은 편찬위원회에서 1972년에 펴낸 『독립운동사자료집 5: 3.1운동 재판기록』에 박경득에 대한 경성지방법원 판결문이 실려 있는 것으로 볼 때 옥상면 시위는 증언보다는 판결문을 통해 인지된 것 같다. 『독립운동사자료집 5』는 당시로서는 접근하기 힘든 판결문이, 그것도 번역되어 실려 있으니 한동안 삼일운동 연구의 보배 같은 자료집이었다. 그러나 2000년대 들어서 온라인(공훈전자사료관이나 국가기록원 독립운동판결문)상으로 원문 이미지를 볼 수 있게 되면서 오탈자, 누락, 번역 오류가 많이 눈에 띄었다. 이용하려면 반드시 원문 대조가 필요한 자료집이다. 이보다 더 큰 문제는 자료의 성격과 질서에 대한 이해가 부족한 가운데 명확한 기준 없이 수록 판결문을 선정하였으며, 그것을 지역별로 질서 없이 나열했다는 점이다. 황해도 수안군 만세시위의 경우 법원 단계별로 경성지방법원, 경성복심법원, 고등법원 순으로 판결문을 배열했다. 그런데 이 사건은 내란죄로 옥상면 사건처럼 고등법원 예심(1920. 3. 22) - 경성지방법원(1920. 8. 7) - 경성복심법원(1920. 11. 22)을 거쳐 최종 양형이 확정되었다.[3] 그나마 수안군 만세시위는 순서가 바뀌기는 했지만 판결문이 모

---

3 내란죄 관련 재판 과정에 대해서는 한인섭, 『식민지 법정에서 독립을 변론하다』, 경인문화사, 2012, 73~106쪽 참조.

두 실려서 그 전모를 파악할 수 있다. 옥상면 박경득의 경우는 경성지방법원 판결문만 수록됐다. 아마 같은 내용이 계속 반복된다고 판단했을지 모른다. 따라서 위에 인용한 경성복심법원의 최종 판결 내용은 판결문 원문 서비스가 이뤄지기 전에는 잘 알려지지 않았던 것 같다. 원문 서비스가 이뤄지고 나서도 연구자들은 계속 『독립운동사 2』나 『독립운동사자료집 5: 3.1운동재판기록』을 검토 없이 인용하며 같은 내용을 반복했다.

삼일운동에 관한 일제 헌병·경찰 측 자료를 볼 때 과장과 축소에 유의할 필요가 있다. 그들이 도검과 발포 등으로 강경 진압하여 시위대에 사상자가 많이 발생한 경우 '어쩔 수 없었던 상황'을 강조하기 위해 시위자들의 폭력을 과장하는 경우가 있다.[4] 또 '삼일DB'를 보면 자주 발견할 수 있듯이, 다른 기록에 의하면 시위가 일어났는데 헌병·경찰은 '미연未然'이라고 보고한 경우가 많다. 이는 '별일 없이 근무 잘하고 있다'는 의미의 축소 왜곡에 해당한다. 판결문도 사료로 이용할 때 조심할 필요가 있다. 한마디로 법원의 판결문은 판사의 판단이나 기소한 검사의 주장이 담겨 있는 문서이지, 사실 그 자체는 아니다. 특히 내란죄로 처리되었던 사건의 피고인은 일반 만세시위 사건의 피고인에 비해 무죄나 면소 비율이 높았다.[5] 그만큼 검사가 내란죄를 입증하려고 무리했다는 방증이다.

4 原口由夫, 「三·一運動彈壓事例の硏究―警務局日次報告の批判的檢討を中心にして」, 『朝鮮史硏究會論文集』 23, 朝鮮史硏究會, 1986. 3 참조.

5 내란죄로 고등법원에 예심이 청구된 사건은 '손병희 등 47인', '김현묵 등 52인', '최은식 등 127인', '박경득 1인', '안봉하 등 71인', '윤상태, 권영대, 변상태 등 30인', '이정화 등 20인' 총 7사건이다. 이들 중 '면소', '소실' 등으로 감소된 인원을 제외한 321인에 대한 최종 판결을 보면 유죄가 82%였다. 나머지는 부분 무죄 4%, 무죄 4%, 면소 10%였다(각 판결문 참조). 이에 비해 삼일운동 '피의자'가 망라되어 있는 朝鮮

때로는 거슬러 읽는 것이 사실에 더 가까울 수 있다. 요즘 '신문조서'의 증거능력이 의심받는 상황과 유사한 이치이다. 필자는 1940년 전후 양구군 해안면에서 일어난 한 항일 사건을 판결문의 주장과 다르게 해석 분석하여 다른 역사상을 제시해본 적이 있다.[6] 기노시타 다카오木下隆男도 판결문이나 신문조서를 비판적으로 독해하여 기존과 다른 '105인 사건', '신민회' 상을 제시하였다.[7] 똑같이 적용해보면, 옥상면 시위에 관한 박경득의 판결문에 담겨 있는 검사의 기소 의견('자치' 관련 부분 포함)이나 판사의 판단(증거 불충분)을 그대로 받아 적기보다는 일단 합리적으로 의심해보는 것이 필요하다. 이에 필요한 재료는 '삼일DB'에 거의 다 담겨 있어 삼일운동 연구 초보자도 빠른 시간에 사료 비판의 최전선에 도달할 수 있다. 서두에서 감히 삼일운동 연구는 '삼일DB' 이전과 이후로 나뉠 것이라 했던 이유도 여기에 있다.

總督府法務, 「妄動事件處分表」, 1920. 1의 제1심 판결 8,629인의 경우 유죄 96%, 무죄 2%, 기타 1%, 미종국未終局 1%였다.

6 정병욱, 「김창환, 살아서 불온한 낙서, 죽어서 불온한 역사」, 『식민지 불온열전』, 역사비평사, 2013; 정병욱, 「식민지 기억과 분단」, 『역사문제연구』 32, 2014.

7 끼노시따 따까오木下隆男, 「105인 사건과 청년학우회 연구」, 숭실대학교기독교학과 박사학위논문, 2011. 6.

보론 2
1919년 3월 황해도 수안 만세시위의 재구성

1. 서론: 왜, 어떻게?

1919년 3월 3일 황해도 수안군의 천도교도가 일으킨 수안면 만세시위[1]
는 당대부터 삼일운동을 대표하는 시위였다. 조선총독부 일부 판검사는
3월 1일 독립선언이 '내란죄'임을 증명하는 '폭동' 중 하나로 예시하였으
며, 외국인 선교사와 한국 독립운동세력은 일본의 만행을 보여주는 사례
로 언급하였다. 후대 연구에서도 수안면 만세시위는 삼일운동의 '공세적
시위'를 대표하는 사례이다. 이정은에 의하면, 수안면 만세시위는 관공서
에 쇄도하여 이를 습격하는 '공세적 시위' 중에서도 '헌병대 철수'를 요
구한, 일제의 식민 지배를 근본적으로 부정하는 시위운동이었다.[2]

---

1 수안군에서 일어난 만세시위는 1919년 3월 3일부터 18일까지 총 7건이다(국사편찬
  위원회, 〈삼일운동 데이터베이스〉, 2019. 8. 18 검색). 이 글에서 다루는 수안 만세
  시위는 3월 3일 수안군 수안면에서 벌어진 시위를 말한다.
2 이정은, 『3·1독립운동의 지방시위에 관한 연구』, 국학자료원, 2009, 148쪽·161~164쪽.

수안면 만세시위의 강력함에 비해 그 요인에 대한 설명은 빈약하다. 외적 요인으로 도시 평양과 비교하여 농촌 수안의 경우 탄압하는 일제 측의 힘, 장악력이 약했던 점이 지적된다.[3] 과연 수안의 헌병대가 약해서 시위대가 '공세적 시위'를 전개했는지도 의문이지만, 이와 같은 주장은 같은 농촌지역 간의 차이, 일본 관헌과 충돌한 곳과 충돌 없이 시위를 마친 곳의 차이를 설명하지 못한다. 내적 요인으로 시위 주체가 강한 조직을 갖춘 천도교도였다는 점이 거론된다.[4] 필자도 동의하는 바이지만, 이것도 그렇게 견실한 대답이 아니다. 천도교 조직이 수안군에 버금가고 중앙으로부터 수안군과 같은 시위 지침을 받은 것으로 보이는 이웃 곡산군의 천도교 시위대는 헌병대의 지시에 따라 해산했다. 이런 차이는 왜 발생한 것일까?

한편 일본의 하라구치 요시오原口由夫는 당시 일본 관헌의 보고에서 '폭민 – 폭행(습격·돌입) – 부득이한 발포'가 하나의 정형화된 패턴으로 반복되고 있다며, 한국 및 선교사 측 기록과 비교하여 이러한 '발포 합리

최근 연구로 성주현, 「3.1운동과 공세적 만세시위의 전개―강서군·맹산군·수안군을 중심으로」, 『3·1운동의 역사적 의의와 지역적 전개』, 한국사연구회 편, 경인문화사, 2019 참조. '공세적 시위'에 대한 정의는 명확하지 않다. 이정은은 '평화형'과 대비하여 '관공서 쇄도 또는 습격'을 포함하는 강력한 시위를 말하는 것 같다. 성주현은 '폭력이 수반되지 않더라도 일제 식민지 기관을 대상으로 적극적으로 전개'한 시위, '일제의 식민 통치에 적극적으로 대응하거나 저항'한 시위를 '공세적 시위'로 볼수 있다고 한다(같은 글, 134~135쪽). '공세적 시위'를 어떻게 정의하든, 이정은과성주현은 수안면 시위를 헌병대 '습격'으로 본다는 점에서는 동일하다.

3 이정은, 위의 책, 158~164쪽.

4 주요한 연구로 조규태, 「황해도 수안지역 천도교인의 3·1운동」, 『崇實史學』 23, 숭실사학회, 2009가 있다. 앞의 이정은, 성주현도 같은 주장을 한다.

화' 주장이 갖는 기만성을 드러냈다. 삼일운동의 비폭력적 성격을 주장하는 그는, 일본 관헌 사료의 틀에서 벗어나지 못하고 삼일운동을 '폭동'으로 보는 역사 연구자가 여전히 존재한다고 지적했다.[5] 삼일운동의 '비폭력성'만 강조하는 역편향을 경계해야겠지만, 혹시 한국 삼일운동 연구에서 일본 측 자료의 '습격'을 사료 비판 없이 격렬한 시위, '공세적 시위'의 증거로 보는 경향은 없을까? 그의 연구에선 언급되지 않은 사례지만 수안면 만세시위의 '습격'도 그의 지적을 염두에 두며 검토해볼 필요가 있다.

이 글의 목적은 첫째, 현재 알려진 수안면 만세시위의 역사상歷史像이 어떻게 형성되었는지 추적 검토하는 것이다. 이를 바탕으로 둘째, 기존 역사상에 의문을 제기하고 수안면 만세시위를 재구성해보겠다. 100년 전이나 지금이나 수안면 만세시위자들은 미지의 존재이다. 당시 '폭도'였다가 이제 강력한 시위 주체, '독립유공자'가 된 수안군의 천도교도. 그들은 왜, 어떻게 같은 날 총탄을 무릅쓰고 세 번이나 시위하였을까? 우리는 그들의 강력한 운동성을 당연한 것으로 전제하면서 마땅히 던져야 할 질문을 하지 않았다. 이 글은 그들에게 다가서기 위한 한 걸음이다.

5 原口由夫, 「三・一運動彈壓事例の研究—警務局日次報告の批判的檢討を中心にして」, 『朝鮮史研究會論文集』 23, 朝鮮史研究會, 1986, 224~225쪽·229쪽·240쪽.

2. 수안면 만세시위 역사상의 성립 과정

1) 일제강점기: 습격 대 만행

(1) 조선 헌병·경찰, 군, 도장관의 보고: 습격

1910년대 헌병경찰제하에서 군청 소재지인 수안면에는 헌병분대가 배치되었다. 헌병분대는 면의 만세시위 상황을 상층에 보고했을 것이고, 그 정점에 조선총독부 경무총감부의 경무총장과 조선주차헌병대사령부의 헌병사령관이 있다. 주지하다시피 이 두 최고직은 일본 육군장관, 즉 육군장군이 겸임했다.[6] 수안면 만세시위에 대한 일본 측의 보고 자료를 정리한 〈표 5〉를 보면 경무총감부와 헌병사령부 두 계통에서 정보가 생성되는 것 같지만 헌병경찰제하에서는 하나의 계통이다. 이러한 보고를 바탕으로 조선총독과 조선군사령관이 일본 육군대신에게 전보를 보냈다. 당시 조선을 지배하는 것이 일본 육군이었음을 상징적으로 보여준다.

〈표 5〉를 보면 수안면 만세시위의 전모가 중앙에 전달된 것은 3월 3일 밤이었던 것 같다. 헌병사령관이 일본 육군대신에게 보내는 전보(②)를 보면 군중의 3회 '습격' – '부득이하게' 병기 사용 – 사상자 발생이라는 기본 골격이 제시되었다. 이후 주체가 천도교도·'폭민'으로 바뀌기도 하고, 시위 시간과 횟수에 약간의 혼선이 생기기도 했지만(④) 기본 골격은 바뀌지 않았다. 시위대의 요구 사항도 '헌병분대와 군청을 인도하라'로 정리되었다(④). 조선헌병대사령부와 조선총독부 경무총감부가 작

---

6 松田利彦, 『日本の朝鮮植民地支配と警察 一九〇五~一九四五年』, 校倉書房, 2009, 140쪽.

〈표 5〉 조선 헌병·경찰·군과 도장관의 '수안면 만세시위' 관련 보고

번호	작성/발신 일시	문서명	작성/발신자 (→ 수신자)	주요 내용	비고
①	3. 3. (17시 접수 상황)	독립운동에 관한 건(제4보)	조선총독부 경무총감부 고등경찰과 (→조선총독 등)	1일 밤 독립선언서 배포. ● 오늘 아침(今朝) 폭민 200명 내습, 진무(鎭撫) 중.	
②	3. 4. 00:25	전보 (密第102號 其12)	조선주차헌병대사령관 (→일본 육군대신)	● 군중이 앞뒤로 3회에 걸쳐 헌병분대 습격. ● 헌병 부득이하게 병기 사용. 제2회 때 폭민 사망자 6명, 부상자 9명, 제3회 때 사망자 3명, 부상자 9명 발생. ● 내습의 징조가 있어 평양 보병 40명 응원을 위해 수배 중.	
③	3. 4. 15시	전보 (密第102號 其18)	조선군사령관 (→일본 육군대신)	● 3월 3일 오전 6시 천도교도가 헌병분대 습격, 일단 해산. 오전 11시와 오후 1시 2회에 걸쳐 다시 내습, 사상자 발생. ● 형세 불온, 헌병대장 요청으로 보병 제77연대의 1개 소대(약 20명)를 파견, 4일 이후 보병 제78연대와 교대시킬 것임.	
④	3. 4. (19시 접수 상황)	독립운동에 관한 건(제5보)	조선총독부 경무총감부 고등경찰과 (→조선총독 등)	● 3일 오전 6시경 천도교도 등 약 150명 헌병분대로 몰려들어 설유 해산. ● 오전 11시경부터 오후 7시까지 3회에 걸쳐 천도교도 약 50~150명 내습. 헌병분대 구내로 쇄도, 헌병분대와 군청을 인도하라고 압박 폭행. ● 위험 급박, 도저히 진압할 길이 없어서 마침내 총기 사용. 폭도 9명 죽이고 18명 중상 입혀 격퇴.	『매일신보』 3. 7. 보도

⑤	3. 4. 19:31	전보 (密第102號 其15)	조선총독 (→일본 육군대신)	● 3월 3일 폭민 세 차례 헌병분대 습격. 첫 번째는 무사히 해산, 두 번째와 세 번째는 완강 저항. ● 헌병은 부득이 병기 사용, 사망자 9명, 부상자 18명. ● 국장에 참열한 보병 77연대의 장교 이하 20명 수안에 급행.	3. 6. 육군대신 → 내무대신
⑥	3. 3.	전보	황해도장관 (→정무총감)	3회 내습, 각 관청 기타 헌병대에 피난토록 함.	
⑦	3. 3.	전보	황해도장관 (→정무총감)	11시 반 수안 천도교도 150명 헌병대에 내습, 해산명령했으나 함성 지르며 난입하려 해 헌병이 발포하여 즉사 6명, 중상 9명.	
⑧	3. 8.	소요 사건에 관한 보고 (騷擾事件ニ關スル件報告)	황해도장관 (→조선총독)	천도교도 일단―圖, 헌병분대에 전후 3회 내습, 해산명령 듣지 않고 함성 지르며 난입하려 해 헌병 발포, 2회에 걸쳐 즉사 9명, 중상 18명. 각 관서, 헌병대로 피난, 일본인 의용단, 기타 야경단 조직하여 경계, 4일 평양 보병장교 이하 30여 명 내착.	

자료: 국사편찬위원회, 〈삼일운동 데이터베이스〉의 '3월 3일 황해도 수안군 수안면 시위', 2019. 8. 18 검색; 姜德相 編, 『現代史資料 25: 朝鮮 1: 三·一運動 1』, 東京: みすず書房, 1966, 91~93쪽·288~291쪽; 國史編纂委員會 編, 『韓國獨立運動史 2』, 探求堂, 1966, 718~722쪽.

성한 「조선소요사건일람표朝鮮騷擾事件一覽表(1919년 4월 말 조사)」에 최종적으로 정리 집계된 내용은 다음과 같다. '수안읍 내, 폭행 1, 소요 인원 450명, 소요자종별 천도교도, 검거 인원 83명, 폭민 사망 13명, 폭민 부상 18명.'[7] 사망자 수가 3월 당시 파악한 9명보다 4명이 늘어 13명으로

---

7 兒島惣次郎(朝鮮憲兵隊司令官) → 山梨半造(陸軍次官), 「朝鮮騷擾事件一覽表ニ關スル件」, 1919. 10. 2, 55쪽.

집계되었다. 헌병·경찰 외에도 도장관이 조선총독부 정무총감이나 조선 총독에게 시위 상황을 보고했다(⑥~⑧). 시위대가 '함성을 지르며 헌병분 대로 난입하려 했다'는 묘사와 방어를 위한 일본인 '의용단' 및 '야경단' 조직이 눈에 띈다.

조선 헌병·경찰 등이 작성한 보고의 특징은 시위대의 '폭행'을 부각하 면서 발포가 어쩔 수 없었음, 부득이했음을 강조하는 것이다. 당시 신문 도 이를 따랐다. 삼일운동에 대한 조선총독부의 보도 통제가 풀려『경성 일보』는 3월 6일 석간부터,『매일신보』는 3월 7일자부터 '소요'라는 제목 으로 각 지역의 만세시위를 보도했다.『매일신보』 3월 7일자 첫 번째 삼 일운동 관련 기사는 '각지 소요 사건: 경성을 위시하여 각 지방 소동, 황 평 양서에는 폭행이 심하다'란 제목으로 실렸다. '황평 양서'란 황해도 평안도 두 서북 지역을 말한다. 이때 보도된 각 지역 소식을 보면 수안의 사망자가 제일 많았다.

수안遂安, 아홉 명이 죽어

삼월 삼일 아침에 약 이백 명의 천도교도가 수안 헌병대를 음습하였으 므로 설유하야 해산케 하였으나 오전 열 시쯤부터 오후 일곱 시까지 세 번이나 천도교도의 일단은 함성을 지르면서 본대 안에 쇄도하여 본대 와 군청을 내어놓으라 하여 위험이 급박하여 도저히 진압하는 방책이 없었으므로 본대에서는 총기를 사용하여 폭민 아홉 명을 죽이고 십팔 명의 중상자를 내어 헤쳐 보냈더라.

—「각지소요사건」,『매일신보』 1919. 3. 7, 3면.

이 보도에 따르면 수안면에선 천도교도가 아침 1회, 오전 10시~오후 7시 3회, 총 4회 시위하였고, 헌병대는 '진압하는 방책이 없어', 즉 부득이하게 총기를 사용하여 '폭민' 측에 사상자가 27명 나왔다. 이 기사는 3월 4일 조선총독부 경무총감부 고등경찰과에서 조선총독에게 보고한 「독립운동에 관한 건」 제5보를 거의 그대로 받아 적은 것이다(〈표 5〉의 ④). 헌병분대와 군청을 '인도하라'는 시위대의 요구가 '내어놓으라'고 번역되었을 뿐이다. '오후 7시까지' 총 4회 시위는 이 두 자료 외에는 나오지 않는 정보이나 해방 이후 자주 인용되어 혼란을 초래했다.

이러한 신문 보도에 대해선 당대부터 비판이 있었다. 대한민국임시정부가 1919년 9월 편찬을 마무리한 『한일관계사료집』에 다음과 같이 썼다. "삼월 이래로 일본인의 신문마다 한인韓人이 먼저 헌병대와 주재소를 습격하므로 부득이 무력으로 대하였다 함은 모두 일본인이 발포 학살한 이유를 대서 자기 허물을 엄호하는 구실일 뿐이다. 수중에 한 치의 쇠붙이도 없는 한인이 먼저 습격함은 전혀 없는 사실이다."[8]

(2) 외국인 선교사와 한국인 측 기록: 만행

수안면 시위 소식은 빠르게 퍼져 나갔다. 경성의 김윤식은 3월 5일 일기에 다음과 같이 적었다. "수안의 민단民團이 폭동을 일으켜 헌병대장이

---

8 國史編纂委員會 編, 『대한민국임시정부자료집 7: 한일관계사료집』, 국사편찬위원회, 2005, 201쪽. 원문은 다음과 같다. "三月以來로 日人의 新聞마다 韓人이 先히 憲兵隊와 駐在所를 襲擊함으로 不得已 武力으로 待ㅎ엿다 함은 皆 日人이 發砲虐殺ㅎ 理由를 附ㅎ야 自過를 掩護ㅎ는 藉口뿐이고 手無寸鐵한 韓人이 先히 襲擊ㅎ기는 毫無ㅎ 事實이라."

죽고 일본 병사가 무기를 휘둘러(放銃) 민의 무리 중에 죽은 자가 30여 명이라더라."[9] 아직 삼일운동에 대한 신문 보도가 있기 전이라는 점을 감안하면 김윤식은 수안면 소식을 사람 편에 전해 들은 것 같다. 소문의 골자는 '폭동 – 헌병대장 사망 – 헌병의 무기 사용 – 사상민 발생'이다. 소문만 들으면 양측이 죽고 죽이는 전투가 벌어졌던 것 같다. 일본 측 기록을 보면 수안면 시위에서 일본 측 사상자나 부상자는 없었다.[10] 어쨌든 '방창放銃'이란 표현에서 알 수 있듯이 김윤식이 일본 측 자료처럼 '부득이함'을 옹호했던 것 같지는 않다.

김윤식 일기가 전하는 소문과 앞의 『매일신보』 보도 내용을 비교해 보면 일본 측이 보도 해제를 통해 노리는 바가 무엇인지 알 수 있다. 당시 조선헌병대사령관 고지마 소지로兒島惣次郞는 '유언비어'가 성하고 '과대한 풍설'이 유전되어 민심을 미혹시킬 우려가 있으니 "도리어 사실을 보도시키고 동시에 당부[조선헌병대]에서도 정확한 사실을 발표하여 게재시키는 것이 유리하다"고 생각하여 3월 6일부터 일정한 조건 아래 삼일운동 보도를 허용했다.[11] 수안면 시위의 경우 일단 사실 여부는 차치하고

----

9 國史編纂委員會 編, 『(韓國史料叢書11) 續陰晴史』 下, 國史編纂委員會, 1960, 490쪽. "聞元山民黨聚鬧被逮者, 五十餘人, 遂安民團暴動, 憲兵隊長見殺, 日兵放銃, 民黨死者三十餘人云."

10 성주현은 '공세적 시위'에서 헌병·경찰 측의 피해도 적지 않았다며 수안군에서는 헌병 1명이 죽고 보조원 1명이 부상을 당하는 등 사상자가 6명 발생하였다고 했으나 근거가 명확하지 않다. 성주현, 앞의 글, 160쪽.

11 兒島惣次郞(朝鮮憲兵隊司令官)→ 山梨半造(陸軍次官), 「新聞取締方針ノ件」, 1919. 3. 12; 姜德相 編, 앞의 책, 1966, 123~124쪽. 조선총독부 측의 언론통제에 대해서는 임경석, 「3.1운동기 친일의 논리와 심리 —『매일신보』를 중심으로」, 『역사와 현실』

보면 소문은 헌병대의 폭력(방창)과 그로 인한 많은 사망자(30여 명)를 전했다. 반면 신문은 폭력(총기 사용)의 '부득이함'을 강조하면서 적은 사망자(9명)를 전했다. 수안면 만세시위에 대해선 외국인 선교사와 그에 바탕을 둔 한국인 측 기록이 남아 있다.

〈표 6〉 외국인 선교사와 한국인 측 '수안면 만세시위' 기록

자료명	저자, 발행 시기	주요 내용
㉠ 『한국의 상황』 The Korean Situation: Authentic Accounts of Recent Events by Eye Witnesses	미국기독교연합회 동양관계위원회, 1919. 8.	(만행 증거 5, 수안읍에서) ● 2, 3백 명이 황해도 수안읍 헌병분대를 찾아가 한국이 독립을 선언했으니 떠나가라(leave)고 말했다. 헌병들은 한국이 독립을 성취했다면 물론 떠나갈 것이지만, 그러나 떠나기 전에 서울로부터 떠나라는 명령을 받아야 한다고 대답했다. 군중은 이 말을 듣고 만족하여 물러났다. 두 시간 뒤에, 또 다른 군중 (another crowd of people)이 몰려와 같은 요구를 했다. 이번에는 헌병들이 그들에게 발포하여 5명을 사살했다. 그 외 많은 사람이 부상하고 투옥되었다. ● 그 후, 한 노인이 헌병대로 찾아가 한국인들에게 자행한 처사에 항의했다. 헌병들은 이 노인도 쏘아 죽였다. 노인의 부인이 찾아와서 남편의 시체를 보자 그 옆에 주저앉아 한국의 관습에 따라 울부짖었다. 이 여인은 조용히 하라는 말을 듣지 않고 통곡하다가 역시 죽임을 당했다. 그날인지 다음 날 아침인지, 이 부부의 딸도 헌병대에 갔으나 칼에 베였다. ● 감옥에 갇힌 부상자들은 2일간 있는 동안 약간의 밥은 받았으나, 물은 조금도 받지 못했다. 그들은 너무 목이 타서 자신들의 오줌을 마셨다고 한다. 2일 후 석방된 이들 중 일부는 남정 楠亭(Tulmichang)에 있는 수안 광산회사 병원에 이송되었다. 이들은 적절한 상처 치료를 받지 못해 괴저壞疽가 나타나기 시작했다. 한 사람은 종아리의 상처가 심해 괴저되었다. 또 한 사람은 부상한 후 잘 돌보지 않아 썩어들어간 팔 하나를 절단해야 했다. 병원에 이송된 사람들 중 한 사람은 약 39세였으며, 나머지는 60세가 넘었다.

▬▬▬▬

제69호, 한국역사연구회, 2008, 50~51쪽 참조.

ⓛ『獨立』	大韓民國臨時政府, 1919. 9. 27.	**(미국 상원의 한국사정보고서_ 제15장 일인의 만행, 수안읍에서)** ● 황해도 수안읍서는 시민들이 헌병대에 밀려가 한국이 독립을 선언하였으므로 퇴거키를 청하니 헌병대에서는 물론 하려니와 서울서 명령이 와야 되겠다 하여 군중이 산귀散歸 하니라. 2시간쯤 후에 다시 다른 일대—隊가 와서 또 퇴거를 요구하니 이때에는 헌병대가 발포하여 5명을 살殺하고 기타 [부]상자가 다출하고 또한 투옥된 자도 다수더라. ● 한 노인이 이 만행을 항의하러 갔다가 피살하니라. 그 처가 이를 발견하고 남편 곁에 앉아 통곡하매 헌병이 울지 말라 명하나 듣지 않으므로 또한 창살하다. 익일에 헌병대로 찾아간 두 딸(娘)도 검으로 찔렀다. ● 부상자들은 이틀씩 감옥에 있었다. 그동안에 밥(飯)만 조금 주고 물은 안 주므로 어찌 목이 말랐던지 소변까지 마셨더라. 2일 후에 다시 헌병대로 넘어왔다가 그중 수인數人은 광산병원으로 갔는데, 저들의 상처는 치료를 가하지 않으므로 괴저를 생生하였더라. 1인은 다리(腿) 심히 상하였는데 물크러졌으며 또 1인은 팔을 절단치 않을 수 없게 되었으니 옥중에서 상처를 간호치 않은 까닭이다. 병원으로 간 사람은 39세와 60세 2인이더라.
ⓒ『韓國獨立運動史略 上篇』	金秉祚, 1921. 3 (또는 1922. 6)*	**(수안 인민의 독립선언)** ● 수안군의 시민들이 헌병대에 몰려와서 말하기를, "한국이 독립을 선언하였으니 너희들은 이제 퇴거함이 마땅하다." 하니, 헌병이 발포하여 나의집羅義緝·이인식李仁植 이하 15명을 사살하고 부상한 자와 갇힌 자가 많았다. ● 이에 한 노인이 만행을 항의하러 갔다가 또 피살당하니, 노인의 아내가 시체 옆에 이르러 목을 놓아 크게 우니, 일병이 강제로 그치라 하였다. 노파가 듣지 않으니, 일병이 또 창으로 찔러 죽이고, 즉시 천도교당을 강제 점령하여 거기에 수비대가 거처케 하고 공금 6백 원을 탈취하였다. 다음 날 아침에 (유가족인) 두 처녀가 만행을 또한 힐난코자 헌병대에 갔다가 칼에 찔렸다. ● 다수의 부상자를 그대로 옥에 가두고 음료수를 주지 아니하니 수인들이 목이 타서 오줌으로 갈증을 면하였다. 피수자被囚者 85인 중에 혹은 퇴골이 파쇄되기도 하였고, 혹은 어깨와 팔이 단절되었으며, 그중에서 요행으로 광산병원에 입원하여 치료받은 자는 2인뿐이었다.

자료: ㉠ The Commission on Relations with the Orient of the Federal Council of the Churches of Christ in America, *The Korean Situation: Authentic Accounts of Recent Events by Eye Witnesses*, New York, 1919(?), pp. 32~33. 원본은 국사편찬위원회, 〈전자사료관〉http://archive.history.go.kr/id/AUS208_00_00C0036(2019. 8. 18 검색) 참조. 번역본은 독립운동사편찬위원회 편, 『독립운동사자료집 4: 3.1운동사자료집』, 독립유공자사업기금운용위원회, 1972, 367쪽. ㉡ 대한민국임시정부, 『獨立』 第14號, 1919. 9. 27, 1면(국사편찬위원회 편, 『대한민국임시정부 자료집 별책 1: 독립신문』, 국사편찬위원회, 2005에 수록). ㉢ 김병조 지음, 한국독립운동사연구소 편, 『한국독립운동사략 상편』, 독립기념관, 2018[1921], 45쪽(원문), 71쪽(조판본); 번역본은 독립운동사편찬위원회 편, 『독립운동사자료집 6: 삼일운동사자료집』, 독립유공자사업기금운용위원회, 1973, 202쪽. 표의 내용은 필자가 원문과 대조하여 일부 수정하거나 현재 표기법으로 고침. * 『한국독립운동사략』의 실제 출간일에 대해서는 최우석, 「3·1운동, 그 기억의 탄생—『한일관계사료집』, 『한국독립운동지혈사』, 『한국독립운동사략 상편』을 중심으로」, 『서울과 역사』, 제99호, 서울역사편찬원, 2018, 98~100쪽 참조.

미국기독교연합회 동양관계위원회가 1919년 7월 인쇄해서 8월 배포한 것으로 추정되는 『한국의 상황(The Korean Situation)』에는 일본 만행의 한 증거로 수안면 시위 사건이 제시됐다.[12] 크게 세 부분으로 이뤄졌다. ① 시위와 발포, ② 항의하는 노인과 그 가족에 대한 만행, ③ 치료받지 못한 부상자들. 이 보고서는 미국 상원에 제출되어 의사록에 등재되었고, 이것이 대한민국임시정부가 상해에서 발행했던 기관지 『독립』에 제6호(1919. 9. 6)부터 번역 연재되었는데,[13] 수안면 만세시위는 제14호(1919. 9. 27)에 실렸다(〈표 6〉 참조). 『한국의 상황』과 같은 구성과 내용이다. 박

---

12 미국기독교연합회 동양관계위원회의 활동에 관해서는 김승태, 「3.1독립운동과 선교사들의 대응에 관한 연구」, 『한국독립운동사연구』 제45집, 독립기념관 한국독립운동사연구소, 2013, 125~134쪽 참조.

13 독립운동사편찬위원회 편, 『독립운동사자료집 4: 3.1운동사자료집』, 독립유공자사업기금운용위원회, 1972, 141~143쪽; 대한민국임시정부, 『獨立』 第6號, 1919. 9. 6, 1면. 10월 13일자 미국 상원 의사록에도 '수안 사건'이 두 번 언급되었는데, 모두 『한국의 상황(The Korean Situation)』에 근거한 것으로 보인다. 독립운동사편찬위원회, 같은 책, 1972, 221~330쪽.

은식의 『한국독립운동지혈사』에 실린 '수안 사건'(부록―세계여론, 미국 상원의 한국사정보고서)은 이 『독립』의 기사를 한문으로 번역한 것으로 보인다.[14] 『독립』이나 『한국독립운동지혈사』에 약간의 번역 오류가 있다는 점을 고려하면, 분석은 그 모본인 『한국의 상황』을 대상으로 하는 것이 바람직하다. 앞의 일본 헌병·경찰 측 자료와 대조되는 부분은 시위 횟수이다. 일본 헌병·경찰 측이 세 차례 시위로 기록했지만, 선교사 측의 자료 『한국의 상황』에는 시위가 두 차례 있었던 것으로 기록되었다. 아울러 앞의 일본 측 자료와 달리 선교사 측 자료는 첫 번째 시위와 두 번째 시위의 시위대를 구별했다. 두 번째 시위대는 '또 다른 군중(another crowd of people)', 『독립』에 따르면 '다른 일대―隊'였다.[15] 또 시위대가 헌병대에 말한 요구 사항은 "한국이 독립을 선언했으니 떠나가라", 즉 '퇴거'였다. 일본 측 자료의 "헌병분대와 군청을 인도하라"보다 포괄적이다.

1921년경 상해에서 김병조가 쓴 『한국독립운동사략 상편韓國獨立運動史略 上篇』에도 수안면 만세시위가 실렸다(〈표 6〉 참조). 내용을 보면 『한국의 상황』의 구조를 따랐지만, 세부적으로 첨삭이 이뤄졌다. 시위의 횟수나 시위대를 구분하지 않은 대신 구체적으로 사망한 자 2인의 이름(나의 집, 이인식)이 명기됐고, 사망자 수도 15명으로 일본 측 기록에 비해 늘었다. 또 '수비대', 즉 지원하러 온 헌병대의 천도교당 점령과 재산 탈취가

---

14 박은식, 『韓國獨立運動之血史』, 上海: 維新社, 1920; 백암박은식선생전집편찬위원회, 『白巖朴殷植全集 제2집』, 동방미디어(주), 2002, 201~202쪽. 한글 번역본은 박은식 지음, 김도형 옮김, 『한국독립운동지혈사』, 소명출판, 2008, 428~456쪽 참조.

15 『韓國獨立運動之血史』에서 두 번째 시위는 '다른 시위대'가 아니라 같은 시위대가 '다른 곳(他所)'에 간 것으로 번역됐다. 박은식 지음, 위의 책, 201쪽.

부기되었다. 이는 앞의 일본 측 기록이나 선교사 기록에 없는 것이지만 근거가 없어 보이지는 않는다. 천도교 수안군 교구에서 1909년 작성한 것으로 보이는 『천민보록天民寶錄』에는 이인식李仁植(1855년생)이 나온다. 나의집은 나오지 않지만 나태집羅泰輯(1872년생)이 나오는 것으로 볼 때 오기이거나 같은 항렬자를 쓰고 있는 일가일 가능성이 있다.[16] '천도교당 점령'은 1920년 11월 경성복심법원 판결문의 인용 신문조서에 나온다.[17] 수감자 수 85명도 앞서 본 조선헌병대사령부, 조선총독부 경무총감부의 「조선소요사건일람표(1919년 4월 말 조사)」에 유사한 수치(검거자 83명)가 나온다. 대한민국임시정부의 국내 활동 과정에서 수집된 것인지 상해로 건너온 해당 지역의 한국인을 통해서 수집된 것인지, 정보체가 기록인지 전언인지 알 수 없지만, 김병조가 수안 만세시위를 집필하면서 기존 일본 측과 선교사 측 자료 외에도 관련 정보를 수집했음을 알 수 있다.

외국인 선교사와 한국인 측 기록은 일제의 만행에 초점을 맞추었기 때문에 만세시위 자체는 상세히 기록하지 않았다. 대표적으로 김병조의 경우는 몇 차례의 시위를 구분하지 않고 통합하여 기술했다. 만행의 예로 기술된, 항의하러 갔다가 피살된 노인 이야기와 부상자 상황은 누구에게서 들은 것일까? 『한국의 상황』은 재한 선교사들이 여러 통로를 통해 보내온 보고서, 편지, 진술서, 신문기사 등에서 절대적으로 믿을 만한 것을 발췌하여 편집한 것이며 증거 문서들은 제보자를 보호하기 위해 대부분

16 黃海道遂安郡教區室(?), 『遂安郡天民寶錄』, 1909, 21·68쪽.

17 京城覆審法院, 「1920刑控528·529·530號 判決: 安鳳河 등 68인」, 1920. 11. 22.

출처와 인명을 감추었다.[18] 부상자 상황은 아무래도 병원이 아니면 알기 어려운 내용이다. 『한국의 상황』의 원자료가 어디엔가 있지 않을까?

(3) 판결문과 신문조서: '내란죄' 적용 시도

조선총독부는 수안면 시위를 다른 지방의 만세시위와 다르게 취급했다. 삼일운동을 담당했던 조선총독부 판검사 중 일부는 몇몇 사건을 '내란죄'로 다루고자 했다. 당시 내란죄는 '정부를 전복하거나 영토를 빼앗거나 기타 조헌朝憲[국헌]을 어지럽힐 목적으로 폭동을 일으키는 것'으로 고등법원에서 담당했다.[19] 내란죄가 성립하려면 '폭동'이 있어야 한다. 1919년 8월 1일 경성지방법원 예심에서 판사 나가시마 유조永島雄藏는 '손병희 등 47인'의 독립선언 사건을 '내란죄'로 판단하고 고등법원으로 넘기면서 중요 근거로 "피고들의 선동에 호응하여 황해도 수안군 수안면, 평안북도 의주군 옥상면, 경기도 안성군 양성면 및 원곡면 등에서 조선 독립을 목적으로 하는 폭동을 야기"시켰다는 점을 들었다.[20] 세간에서 말하는 '3대 시위' 운운은 여기서 비롯된 것이다. 언급된 세 곳의 시위 사건도 '내란죄'로 간주하여 고등법원으로 이관되었다. 양성면·원곡면 시위는 8월 8일 경성지방법원 예심에서 결정되었다. 위 세 곳 시위 외에도 경기도 수원군 장안면·우정면 시위, 경상남도 창원군 진동면 시

---

18 독립운동사편찬위원회 편, 앞의 책, 1972, 340쪽.

19 朝鮮總督府 編, 「第15輯—'刑法' 제77조」, 『朝鮮法令輯覽 下卷』, 朝鮮行政學會, 1938, 316~317쪽; 「第14輯—'裁判所構成法' 제15조의 제2」, 같은 책, 3쪽; 「'朝鮮總督府裁判所令' 제3조 3항」, 『朝鮮法令輯覽 上卷』 第3輯, 朝鮮行政學會, 1940, 74쪽.

20 京城地方法院, 「豫審終結: 孫秉熙 등 47인」, 1919. 8. 1.

위 등이 내란죄로 고등법원에 이관되었는데, 각각 8월 7일 경성지방법원 예심, 11월 6일 부산지방법원 공판에서 결정되었다. 자료가 남아 있지 않아 확정할 수 없지만 수안면 시위도 1919년 하반기에 비슷한 절차를 밟아 해주지방법원에서 고등법원으로 이관되었던 것 같다. 결론부터 말하자면 1920년 3월 22일 고등법원은 손병희 등의 독립선언과 수안면 등 위의 다섯 시위 사건을 내란죄로 인정하지 않았으며, 경성지방법원을 관할재판소로 지정했다. 그해 8월 초 경성지방법원은 이 사건들에 대해 변호사 허헌의 주장을 받아들여 '공소 불수리' 판결을 내렸으나, 검사가 경성복심법원에 공소하였다. 경성복심법원은 경성지방법원의 '공소 불수리' 판결을 취소하고 바로 심리에 들어가 1920년 말과 1921년 초 각 사건 피의자에게 형을 선고했다〈부표 2〉 참조).[21]

일제강점기 형사사건의 경우 사건이 종료되면 판결문은 판결 법원에 남고 이 외의 기록은 처음 기소했던 지방법원 검사국으로 이관된다. 따라서 삼일운동 관련 사건 중 38도선 이북 소재 지방법원이 관할하는 지역에서 일어난 것의 사건기록과 판결문은 이북 소재 지방법원에 보관되었다. 이 중에서 피의자 또는 검사가 상고하여 경성의 고등법원까지 올라오면 그 판결문만 이남에 남는다. 그런데 수안면 시위의 경우 위와 같이 '내란죄' 여부 문제로 경성에 이관되어 고등법원(예심), 경성지방법원, 경성복심법원을 거쳤기 때문에 사건기록은 해주지방법원에 이관되었겠

---

21 '내란죄' 관련 재판 과정에 대해서는 한인섭, 『식민지 법정에서 독립을 변론하다』, 경인문화사, 2012, 73~106쪽; 장신, 「삼일운동과 조선총독부의 司法 대응」, 『역사문제연구』 제18호, 역사문제연구소, 2007, 154~157쪽 참조.

지만 각 판결문은 경성에 남아 현재 국가기록원에 보관되어 있다. 판결문은 보통 사건 번호, 피고인의 인적 사항, '주문', '이유'로 구성되어 있다. '이유'는 다시 검사의 공소사실을 정리 기재한 다음 '주문'(판결)의 근거를 제시한다. 보통 판결문을 통해 어떤 사건을 파악하고자 할 때 정리된 공소사실이 가장 많이 이용된다. 아마 서사 구조가 갖추어졌기 때문에 그런 것 같은데, 공소사실은 어디까지나 검사의 주장이며 판사의 판단에 의해서도 부정될 수 있다는 점을 생각해야 한다. 또 판결문 전체는 판사의 견해가 제시된 것이라는 점도 고려해야 한다. 우선 세 판결문, 특히 정리된 공소사실을 중심으로 수안면 시위 내용을 요약하면 〈표 7〉과 같다.

고등법원 예심은 비록 본 사건이 내란죄에 해당하지 않는다고 판단했지만, 시위대의 폭행 협박이 과격했음을 인정했다. 경성지방법원의 판결은 당시 변호사 허헌이 제기한 '공소 수리' 여부에 관한 법리 해석 문제에 치중하여 정리한 사건 내용이 앞선 고등법원 예심 때와 거의 같다. 경성복심법원은 양형을 위해 피고인과 증인의 신문조서를 인용하면서 좀 더 상세하게 정리했지만, 시위의 기본 내용은 이전과 비슷하다.

조선총독부 법원의 판결문은 앞의 다른 자료군에 비해 사건의 전말을 상세히 전하고 있다. 눈에 띄는 것은 첫째, 3월 3일 시위가 있기 전날인 3월 2일 수안헌병분대가 천도교 수안교구실을 수색하여 독립선언문을 압수하고 안봉하 교구장 등 10여 명을 연행했다는 점이다. 이는 앞의 경찰·헌병 측과 선교사·한국인 측 기록이 전하지 않았던 사실이다. 둘째, 1차·3차 시위 주도자(이영철, 홍석정, 한청일)와 2차 시위 주도자(이동욱, 오관옥)가 달랐다. 또 뒤에서 좀 더 분석하겠지만 1차 시위 피고자 중에 2

<표 7> 판결문 '공소사실'에 나타난 '수안면 만세시위'

법원	구분	주요 내용
고등법원 예심 1920. 3. 22. 경성지방법원 1920. 8. 7.	1. 모의/체포	● 3월 1일 밤 곡산군 천도교도 이경섭, 서울서 가져온 독립선언서 100여 매를 수안군 천도교구장 안봉하에게 전달. ● 3월 2일 안봉하 등이 교구실에서 전교사, 전도사와 함께 3월 3일 시위를 모의. - 수안헌병대, 교구실 수색, 안봉하 등 14인 검거. - 체포를 면한 이영철(교구실 소사), 홍석정(전 교구장), 한청일(전교사) 등이 다중을 인솔하여 헌병분대로 몰려가 독립만세를 외치고 동 분대의 퇴거를 요구하는 시위운동을 기획, 각 면 천도교도에게 교구실로 모이도록 연락.
	2. 내습(시위)	● 3월 3일 1차 내습/시위: 오전 6시경 교구실에 모인 130~140명, 이영철이 선두에 서고 한청일이 태극기를 들고 행진을 시작. 금융조합 앞에서 이영철, 군중을 향해 '우리는 오늘로써 일본의 통치를 벗어나 자유민이 되고 조선 독립을 이룰 것이니, 모두 독립만세를 부르고 수안헌병분대를 퇴거시켜야 한다' 연설. 헌병분대에 이르러 이영철과 홍석정 등이 헌병대원에게 '조선은 독립하였다', '공화정치는 세계의 대세이다', '빨리 헌병분대를 인도하라' 요구, '만일 인도하지 않으면 지방에서 천도교도들이 계속 몰려들어 끝까지 관철할 것'이라 협박. 헌병분대장 설득으로 대표 2명을 남기고 일단 퇴산. ● 3월 3일 2차 내습/시위: 그사이 교구실에 신도들이 더 모여 오전 11~12시경 전교사 이동욱과 신도 오관옥이 앞장서서 약 100여 명이 헌병분대로 몰려가 '조선독립만세'를 외치고 헌병분대의 퇴거를 요구하면서 사무실로 돌진하려 함. 이에 발포 저지, 진압. ● 3월 3일 3차 내습/시위: 오후 12~1시경 한청일, 홍석정이 그 뒤로 모여든 신도들을 지휘하여 독립만세를 외치며 헌병분대로 몰려가 차단줄을 뚫고 구내에 침입, 분대 명도明渡를 요구, '우리를 죽이라' 외치며 다중의 위력 과시, 사무실로 돌진해 들어와 분대원을 협박, 이에 발포 저지, 진압.
	3. 기타 참여	주변 면에 거주하는 이시용, 임창운, 이두천 등 주민을 이끌고 수안면 교구실로 가다가 남정리 헌병주재소 헌병의 제지를 받았으나, 이에 복종치 않고 돌진.

경성복심법원 1920. 11. 22.	1. 모의/체포	독립선언서 약 70매 수교. 안봉하, 나찬흥(금융원) 등이 각 면 천도교도들에 독립선언서 교부.
	2~4.내습(시위)	1차 시위 이영철, 2차 시위 이동욱, 3차 시위 양석두 지휘, 발포 언급하지 않음. 3차 시위 '사무실 돌진' 언급 없음.
	5. 기타 참여	3명만 행진 계속.

자료: 高等法院, 「1919特豫6·7·10號 決定書: 安鳳河 등 71인」, 1920. 3. 22; 京城地方法院, 「1919刑公402號 判決: 安鳳河 등 70인」, 1920. 8. 7; 京城覆審法院, 「1920刑控528·529·530號 判決: 安鳳河 등 68인」, 1920. 11. 22.

차 시위에도 참여한 자는 2인에 불과했다(〈부표 3〉 참조). 2차 시위대가 1차 시위대와 다른 시위대라는 선교사 측 기록이 근거가 있었다. 셋째, 이 사건의 최종 판결이었던 경성복심법원의 판결문에 정리된 공소사실은 예심과 지방법원의 그것에 비해 '발포'와 그로 인한 '사망'을 은폐하였다. 내용에 '발포' 사실이 나오지 않을 뿐만 아니라 시위 주도자 중에 사망자 (홍석정, 한청일, 오관옥)[22]를 드러내지 않았다. 지금까지 확인한 바로는 경

22 경성복심법원 판결문에 인용된 '증인 수안헌병분대장 노로 다다시野呂匡 신문조서'에 의하면 '3차 시위'에서 분대장이 "사격을 명령하자 한청일韓淸一·오관옥吳觀玉외 4명이 쓰러지고 나머지는 도주하였다." 한청일은 뒤에 나오는 한병익의 아버지로, 그가 사망한 사실은 고등법원 예심 '한병익 신문조서'에 반복해서 나온다. 國史編纂委員會 編, 『韓民族獨立運動史資料集 12: 三一運動 II』, 國史編纂委員會, 1990, 147~151쪽. 오관옥은 '2차 시위' 주도자이고 '3차 시위'에도 참여했으나 이후 피고인이나 부상자 명단에 나오지 않는 것으로 판단컨대 현장에서 사망한 것 같다. 홍석정洪錫貞(禎)의 사망 사실은 곡산면 만세시위 관련 '이경섭 외 6인 조서'에 나온다. 國史編纂委員會 編, 『韓民族獨立運動史資料集 13: 三一運動 III』, 國史編纂委員會, 1990, 156쪽.

성지방법원 공판 때 공소사실이 신문에도 보도되었으니[23] 당대에도 검사와 판사가 파악한 사건의 대강은 알려졌을 거다.

공소사실이나 판결문의 기초 자료로 검경과 판사가 피의자와 증인을 신문한 '신문조서'가 있다. 이 조서들은 대부분 검경과 판사의 견해가 담겨 있기 마련이지만 주의 깊게 살펴보면 공소사실이나 판결문에 없는 사실을 전하기도 하고, 검경 및 판사와 다른 피의자의 주장이 담겨 있기도 하다. 아쉽게도 이 사건의 신문조서는 수사 종결과 함께 해주지방법원으로 이관되었을 것이기 때문에 대한민국에는 원본이 남아 있지 않다. 다만 그 파편을 볼 수 있다. 우선 경성복심법원의 판사는 공소사실을 정리한 뒤에 판결의 근거로 많은 신문조서를 인용했다. 이를 통해 다음과 같은 사실을 알 수 있다. 첫째, 천도교 교구장 안봉하가 이경섭의 독립선언서 전달이 있기 전에 경성의 독립선언 준비 소식을 들었다. 검사의 안봉하 신문조서에 의하면 안봉하는 그 소식을 2월 28일 경성을 다녀온 전도사 김영만에게서 들었다. 둘째, 시위대는 검·판사가 정리한 '조선 독립(만세)', '공화정치는 세계의 대세', '헌병분대 인도' 구호 외에 '구속자 석방'도 외쳤음을 알 수 있다. 증인 수안헌병분대장 노로 다다시野呂匡는 3월 3일 첫 시위에서 한청일 등이 "죄 없는 교구장 이하를 구금하였으니 속히 석방하라" 했다고 증언했다. 헌병오장 시모카와 주이치下川忠一도 이영철이 말한 "유치자를 석방하라"를 들었다. 셋째, 시위 이후 일본군이 교구실을 점거했다. 사법경찰관 니시하라 가쿠조西原擧三는 검사의 신문에 수안교구실에서 남은 독립선언서 12장과 태극기 1개를 발견한 경위

---

23 「又!無『送致』의大公判! 第一日은 遂安及新義州事件」, 『동아일보』 1920. 7. 23, 3면.

를 말하면서 '3월 11일 수안 천도교 교구실을 경비대 숙소로 삼기 위해 동료 5, 6명과 청소했다'고 증언했다. 따라서 김병조가 쓴 "천도교당을 강제 점령하여 거기에 수비대가 거처케" 하였다는 것은 근거가 확실하다 (〈표 6〉 참조). 넷째, 인용된 검사의 신문조서들을 보면 3월 2일 교구실 모의에 참석했던 사람들은 이때 헌병대 '점령', '점거', '접수' 방침이 정해졌고, 그 임무는 홍석정과 한청일이 담당하기로 했다고 진술했다. 그런데 헌병대 '접수' 모의에 관해서 피의자들은 이후 신문에서는 부인했다. 1920년 11월 2일 경성복심법원 공판에서 피의자 이응호는 3월 2일 모의 사실과 헌병대 사무 인수 결의를 부인했으며 검사에게 그렇게 진술하지 않았다고 했다. 홍길재는 아예 교구실에 가지 않았다고 답했으며, 홍두옥은 자신이 교구실 문밖에서 잡혔기 때문에 협의한 사실을 모른다고 했다.[24]

수안면 만세시위를 목격했던 한병익과 그에게서 시위 상황을 들은 이경섭(수안군에 독립선언서를 전달한 자)의 신문조서가 남아 있다. 수안군과 이웃한 곡산군 만세시위에 참여했던 둘은 '손병희 등 47인'에 포함되어 '내란죄'로 경성의 법원에서 신문을 받게 되면서, 이전 곡산헌병분대와 해주지방법원 서흥지청에서 조사받은 기록도 이송되었다. 한병익은 수안면 만세시위의 사망자 한청일의 자식으로 '3차 시위'에 참여했다. 1919년 5월 10일 경성지방법원 예심판사 나가시마 유조永島雄藏와 문답 중 수안 시위 관련 부분은 다음과 같다.

24 「遂安事件 七十一名 公判(二)」, 『每日申報』 1920. 11. 3, 3면.

문 헌병대에 가서 무슨 일로 헌병과 충돌하였는가?

답 처음 교구에 여러 사람이 집합하고 있을 때 헌병 4인이 와서 해산을 명하였으나, 해산하지 않으니까 분대로 몇 사람을 가자고 하면서 헌병이 연행하여 가자 군중은 뒤를 따라서 헌병대로 가서 사무실에 들어갈 때 발사하였다.

문 천도교인은 조선이 이미 독립이 되었으니 헌병을 보내고 분대를 점령하자는 것인가?

답 그런 것은 아니다.

          …

문 피고 등이 헌병대에 갈 때 유리창에 돌을 던지므로 헌병은 새끼줄(繩)로 줄을 치고 그 안에 들어서면 총살을 한다고 하였으나 피고 등이 새끼를 끊고 들어가서 헌병이 발포한 것이 아닌가?

답 돌을 던져 유리를 깨뜨린 것은 아니다. 또 새끼줄을 끊고 들어간 것이 아니라 새끼줄 있는 데까지 갔을 때 헌병이 발포하였다.

—李炳憲, 『三·一運動祕史』, 時事時報社出版局, 1959, 745~746쪽.

이경섭은 이보다 하루 앞선 1919년 5월 9일 같은 판사에게 수안면 만세시위에 대해 다음과 같이 말했다.

한병익의 말을 들으면 김영만이가 선언서 2매를 전교실에 갖다 두었는데 그 이튿날 헌병대분대에서 가택수색을 하여 그것을 압수하고 그곳에 있던 교인 13인을 체포하여 분대로 연행하였다는 것이다. 선언서의 배포를 맡은 사람이 그것을 알고 다수가 집합하여 유치된 사람을 석방하고 또는 독립을 달라고 요구하니, 헌병은 우리가 독립을 줄 수 없으므로 상부의 명령이 있을 때까지 기다리라고 하면서 군중을 해산시켰다 하며, 또 서부 전교실서는 부인들까지 분대에 가서 독립을 요구하니 헌병은 상부의 명령이 있을 때까지 기다리라고 하였다 한다. 그때 어린 아이가 실수하여 분대 유리창을 깨뜨렸는데 헌병이 발포하여 그 총소리를 듣고 교구에 있던 사람들이 분대로 간즉 헌병이 총을 쏘아 사상자를 내었다.　　　　　　　　　　　　　　　　　―위와 같은 책, 684~685쪽.

또 1919년 10월 24일 한병익은 고등법원 예심판사 구스노키 조조楠常藏의 질문에 이렇게 답했다.

문 그때 헌병분대 쪽에서는 군중이 들어오는 것을 제지하기 위하여 대문 입구에 줄을 쳐놓고, 여기에서 안으로 들어와서는 안 된다고 군중에게 경고했다는데 어떤가.
답 나는 줄을 쳐놓은 것은 보았으나 군중에게 그런 경고를 한 것은 듣지 못했다.

　　　　　　　　　　　　　　　…

문 그때 만세를 불렀을 뿐 아니라, 군중은 분대를 명도明渡하라는 구호를 연창하고 우리를 죽이라고 하면서 분대 사무실을 향하여 돌진했다고 하는데 어떤가.
답 그때는 금줄을 넘어서 들어간 사람은 없었다. 또 분대를 명도하라는 구호를 연창하거나 우리를 죽이라고 하거나 하는 소리는 전혀 듣지 못했다.

...

문 방금 말해준, 헌병대의 금줄을 넘어서 돌진하여 분대를 명도하라, 우
리를 죽이라고 하는 등의 일은 앞서 들려준 기록 중 증인 노로 다다
시野呂匡의 공술에 그것이 기록되어 있는데 어떤가.

답 그것은 분대장이 거짓말을 하는 것인데 금줄 안으로 들어가기 전부
터 이미 발포했다.

—國史編纂委員會 編, 『韓民族獨立運動史資料集 12』,

國史編纂委員會, 1990, 149~150쪽.

한병익의 진술 속에는 일치하지 않는 부분이 있고 시위대 후방에 있어
서[25] 명확하지 않은 점이 있긴 하지만, 한결같이 시위대의 헌병대 '점령'
의도를 부인했고 '인도하라'라는 구호를 듣지 못했다면서, 헌병분대장 노
로 다다시가 거짓말을 했다고 주장했다. 이경섭의 전언에도 공소사실에
는 없는 '유치자 석방'이란 구호가 나온다. 눈여겨볼 점은 헌병 발포를
촉발한 요인으로 새로운 상황이 제시되었다. 이경섭의 전언에 따르면 어
린아이가 유리창을 깬 실수가 발포를 촉발했다. 한병익은 헌병이 교구실
로 와서 해산을 명령했고 몇 명을 연행해 갔던 점을 지적했다. 이런 한병
익·이경섭의 신문조서는 해방 이후에나 공개된 것이기 때문에 당시 사
람들은 몰랐을 수도 있다. 다만 1920년 9월 21일 경성복심법원 법정에
서 했던 진술은 신문에 보도되었다. 판사가 "헌병대에게 폭동을 하였는

---

25 한병익은 헌병대 문에서 30보쯤 떨어진 곳에 있었다. 國史編纂委員會 編, 『韓民族獨
立運動史資料集 12』, 國史編纂委員會, 1990, 149쪽.

가" 질문하자, 한병익은 "헌병이 우리의 만세 부르는 것을 나와서 총을 놓고 칼로 찍어서 이십여 명이나 살인을 당한 것이지 우리가 폭동한 것이 아니오"라 답했다.[26]

2) 해방 이후: '습격'에서 '공세적 시위'로

해방 이후에도 수안면 만세시위는 황해도를 대표하는 만세시위로 자주 거론되었다. 대한민국에서 33인과 서울 중심의 삼일운동을 넘어 지방 시위에 주목한 것은 1950년대 말 이병헌의 『삼일운동비사三·一運動祕史』부터다. 총 1,000여 쪽의 분량에서 100여 쪽을 할애하여 지방 시위를 정리하였다. 수안면에 대해서는 다음과 같이 기술했다. "3월 3일 오전 약 삼백 명의 천도교인이 헌병대를 포위하고 독립만세를 부르며 시위운동을 하였는데, 헌병이 해산을 강요하였으나 동일 오후 7시까지 천도교인은 우리 조선이 독립되었으니 군청과 헌병대를 철거하라고 하다가 헌병 총탄에 수십 인의 부상자와 삼인의 피살자를 내고 백여 인이 검거되었

---

26 「獨立宣言事件의 控訴公判, 運動費의 出處와 理由, 耶蘇側에 交附한 五千圓問題, 第二日은 韓秉益外 十三名을 訊問」, 『동아일보』 1920. 9. 22, 4면; 「孫秉熙外四十八人 公訴不受理事件: 二十一日의 續行公判, 韓炳益 訊問」, 『每日申報』 1920. 9. 22, 3면에도 비슷한 내용이 다음과 같이 실렸다. "(문) 그러면 삼월 삼일 오후에 군중을 몰아 가지고 그대의 동리에 있는 수안헌병분대로 몰려가서 독립만세를 부르며 크게 시위운동을 하지 않았는가? (답) 그런 일이 있었소이다. 다만 시위운동이 아니라 조선 독립을 선언하매 기뻐서 만세를 부른 것이요. 실상 시위운동은 헌병분대가 심한 시위를 하였소. (문) 헌병대가 무슨 시위운동이란 말이냐? (답) 우리는 결코 난폭한 행동은 않기로 하고 기뻐 만세를 부를 뿐인데 헌병들은 칼로 찍으며 총으로 쏘아서 당장에 이십여 명의 살상을 내었소이다."

다."[27] '오후 7시까지'라는 서술로 볼 때 근거 자료는 앞에서 본 『매일신보』1919년 3월 7일자 보도인 것 같다. 이와 함께 수안 만세시위의 중요 자료가 『삼일운동비사』에 실려 있는데, 바로 앞에서 본 이경섭과 한병익의 신문조서들이다. 이 중에는 후대에 원본을 찾아볼 수 없는 경성지방법원 예심판사와 그들의 문답이 담긴 신문조서(1919. 5. 9~5. 10)가 포함되어 있다. 앞서 보았듯이 신문조서에서 한병익과 이경섭은 일본 헌병·경찰이 주장하는 것과 다른 시위상을 말했다.

1966년 국사편찬위원회가 펴낸 『한국독립운동사 2』에도 수안군 만세시위는 황해도의 대표적 시위로 언급되었다. "수안 같은 곳은 하루에도 몇 차례씩 일헌병대를 습격하여 일제 측 기록에도 근 30명씩이나 살상자가 발생하는 등의 격렬상을 시현示顯하였음으로써 여타 부에 앞장선 감이 있다.", "[3월 3일] 아침 일찍부터 개시된 시위는 오후 2시경부터 당지 일헌병주재소에 3차에 걸쳐 쇄도하여 헌병분대장 노로 다다시野呂正에게 '조선이 독립하였다'고 말하며 동 분대를 조선인에게 인도하라고 요구하였다. 그리하여 일본의 무차별 발사로 적어도 27명(즉사 9명, 중상 18명)의 살상자가 발생하였던 것이다."[28] 내용으로 보건대 「독립운동에 관한 건」 제5보(〈표 5〉의 ④)에 근거한 것 같다. 그러면서 중요 자료로 주동자의 판결문이 있다는 점을 소개했다. 『삼일운동비사』와 『한국독립운동사 2』는 다른 자료와 비교했을 때 시위 시간과 횟수가 부정확한 자료를 이용하여 수안 만세시위를 소개했다.

27 李炳憲, 『三・一運動祕史』, 時事時報社出版局, 1959, 963쪽.

28 國史編纂委員會 編, 앞의 책, 1966, 343~345쪽.

1969년 삼일운동 50주년을 맞이하여 동아일보사에서 발간한 기념논문집은 삼일운동 연구에 한 획을 그었다고 평가받는다. 수안면 만세시위와 관련해서도 중요한 전환이 이뤄졌다. 천관우는 「민중운동으로 본 삼일운동」에서 전체적으로 삼일운동 중 '중앙지도체'가 표방한 '비폭력시위' 원칙이 실지에선 "폭력 반, 비폭력 반"으로 귀결되었다고 보며, 폭력시위를 다음과 같이 나누었다. ① 시위 군중의 흥분 상태에서 '세勢에 승乘하여' 자연히 폭력화한 경우, ② 일본 군경의 탄압에 대한 보복 또는 예방을 위하여 폭력으로 임한 경우, ③ 처음부터 독립운동의 한 방법으로 폭력을 채택한 경우. 수안면 시위는 평안북도 의주군 옥상면 시위와 함께 위의 '폭력시위' 중 ③의 예로서 다음과 같이 거론되었다. "관리를 협박하여 일본 정부 통치하에 재在한 경찰권 행정권의 인수를 강요하는 지旨를 결정하고 헌병분대 사무소에 쇄도하여 … 동 분대의 인도를 강요(3월 3일 수안시위판결문)". 옥상면 시위의 근거 자료도 판결문이다. 이어 그는 일제 측 기록에서 사상자 20명 이상이 나온 시위 20건을 나열했는데, 그 목록의 첫머리를 차지하는 것이 "3월 3일, 수안읍, 사死 9 상傷 18, 헌병대 습격"이었다.[29] 일본 헌병·경찰이 '발포'의 부득이함을 강조하기 위해 부각한 시위대의 '폭력'이 이제 '독립운동의 한 방법으로서 폭력'으로 전환되었다. 시위대의 '헌병대 인도' 요구는 '경찰권 행정권 인수'로 해석되었다. 이는 뒤에서 보듯이 이 사건을 '내란죄로 몰아가려는 판검사의 주

---

29 千寬宇, 「民衆運動으로 본 三·一運動」, 『三·一運動 50周年 紀念論集』, 東亞日報社, 1969, 661쪽, 664쪽.

장과 같다.[30] 이로써 '습격'이 격렬함과 치열함의 징표, 독립운동의 한 방법으로 해석되는 길이 열렸다.

천관우가 닦아놓은 길은 삼일운동 70주년인 1989년 한국역사연구회·역사문제연구소가 펴낸 『3·1민족해방운동연구』로 이어진다. 이 책은 민중 주체의 전면적 비타협적 투쟁을 '올바른 노선'으로 상정하고 민중의 '폭력투쟁'에 대하여 높이 평가했다. 폭력투쟁은 제국주의의 폭압적 지배 본질을 올바로 인식하고 폭로하는 동시에 외교를 통한 청원이나 자치가 아니라 투쟁을 통한 절대독립쟁취 의식을 표출한 것이었다. 민중은 운동 초기부터 폭력투쟁을 지향했다. 황해도 수안면 시위는 이런 민중운동의 심화 발전된 사례이다. '공화정치는 대세다, 속히 분대를 양도하라'고 외치며, 헌병대의 접수에 나섰다.[31]

이와 같은 민중 중심의 시각은 아니지만, 지방 중심 또는 지방 완결의 시각에서 삼일운동을 연구한 이정은의 '공세적 시위'론도 천관우의 시각과 궤를 같이한다. 그는 삼일운동 당시 지역 시위가 3월 하순부터 4월 초순까지 지역해방형의 격렬한 공세적 시위운동으로 발전하여 일제 식민 지배 철폐라는 근원적인 문제에 다가갔다고 본다.[32] 수안면 시위는 이러한 '공세적 시위'의 초기 사례였다. "황해도 수안, 평안남도 안주·강서, 평안북도 선천 등지에서는 관공서에 쇄도, 습격하는 강력한 공세적인 시

---

30 이 책 「보론 2」 3장 3절 251~253쪽과 國史編纂委員會 編, 『韓民族獨立運動史資料集 12: 三一運動 II』, 國史編纂委員會, 1990, 174쪽 참조.

31 한국역사연구회·역사문제연구소 편, 『3·1민족해방운동연구』, 청년사, 1989, 35~36·247· 251쪽.

32 이정은, 앞의 책, 28·161~164쪽.

위운동이 일어났다. 수안에서는 헌병대의 철수를 요구했고, 다른 곳에서는 유치인의 구출을 위해서였다. 초기부터 나라가 독립선언을 하였으므로 일제 관헌은 철수하라고 요구한 수안군의 시위는 일제 지배를 근본적으로 부정했던 까닭에 일본군의 발포로 9명이 사망하였고 민족대표 재판 과정에서도 내란을 일으키려 했다는 근거로써 3대 지방 시위운동의 하나로 거론되었다. 따라서 공세적 시위는 단지 일제의 주도자 구금이나 유혈 진압에 항의하는 데서 비롯된 것만이 아니라 초기 시위부터 일제의 철퇴를 요구하는 강력한 정면 도전의 시위운동도 있었던 것이다."[33] 이정은은 수안면 시위에서 '유치인 구출' 요구가 있었다는 사실을 간과했다. 아무튼 '수안면 만세시위＝공세적 시위'란 인식은 최근까지도 이어지고 있다.[34]

3. 의문과 만세시위의 재구성

1) 시위 횟수: 한날 '세 차례'의 시위는 계획된 것인가

앞에서 수안면 만세시위에 관한 당대 기록과 후대 연구를 살펴보았다. 간단히 정리하면 일제의 기록에 쓰인 '습격', '헌병대 인도'가 해방 이후 식민 지배를 근본적으로 부인하는 '공세적 시위'의 근거가 되었다. 그런데 당대 대한민국임시정부가 비판했듯 일제의 기록은 발포를 합리화하

----

33 이정은, 앞의 책, 148쪽.

34 성주현, 앞의 글.

기 위한 것일 가능성이 있다. 사료를 비판적으로 검토해볼 필요가 있다.

수안면 만세시위의 특이한 점은 시위 시간과 횟수다. 보통 만세시위는 약속된 모일 모시 특정 장소에 모여 독립선언서 낭독, 만세 삼창 등으로 독립 의지를 공유한 뒤 세를 과시하며 또는 세를 얻기 위해 행진한다. 지역에 따라 식민권력의 핵심인 면사무소나 헌병분대 앞으로 나아가 독립 의사를 천명하기도 한다. 왜 수안면과 그 부근의 천도교도는 다 모여서 시위를 하지 않고 세 차례 나눠서 했을까. 세 차례 시위가 '치열'했다는 증거 같지만, 시위가 나뉘면 그 위력이 분산된다. 지역에 따라 여러 날에 걸쳐 여러 번 시위가 있는 경우는 있었으나 수안면 만세시위처럼 동일 세력에 의해 한날 세 차례 시위가 일어난 경우는 드물었다. 또 오전 6시는 시위 시간으로는 너무 이르지 않은가?[35]

수안면에 독립선언서를 전달한 이경섭이 손병희, 이종일 등과 공범으로서 경성으로 이송되어 신문을 받는 과정에, 그와 관련된 자료로 수안 헌병분대와 해주지방법원 서흥지청 검사국이 작성한 천도교 교구장 안봉하와 금융원 김영만에 대한 신문조서 등본도 같이 이송되었다. 2일 교

---

35 시험 삼아 국사편찬위원회의 〈삼일운동 데이터베이스〉를 검토해보자(필자는 2019. 8. 18. 검색). 삼일운동 시위 1,692건 중 '시간' 유형(새벽, 오전, 오후, 야간)이 3개 이상이며 단일 '주체'('일반' 제외)인 경우는 4건에 불과하다. '시간' 유형 개수가 곧 시위 횟수는 아니며 시위 시간대를 의미하는 것에 가까우니 범위를 좀 넓혀볼 필요가 있다. 시간 유형 2개 이상이며 단일 '주체'('일반' 제외)인 경우도 15건(전체 시위의 0.9%)에 불과하다. 이 중 하나가 수안면 만세시위다. 또 삼일운동 시위 1,692건 중 시위 시간으로 '오전 6시'가 나오는 경우는 단 3건이다. 3월 28일 충남 천안군 입장면 시위(광부 교대 시간 이용), 4월 7일 강원도 이천군 이천면 향교리 천도교도 시위와 수안 시위이다. 만세시위의 대략적인 추세에 비추어볼 때 수안면 시위가 드문 예임을 알 수 있다.

구실에 모여 '헌병대 점령을 결의하며 그 실행 방법은 한청일과 홍석정에게 맡기고 수안 각지에 3일에 모이라는 통지를 보냈느냐'는 질문에 안봉하는 헌병분대에선 '그 결의에 참여하지 않았다', 서흥지청에선 '그렇게 모인 일도 없고 합의도 하지 않았고 통지를 낸 일도 없다'고 답했다. 김영만은 '그런 일이 없다', '기억하지 못한다' 했다.[36] 판결문과 안봉하, 김영만의 진술 중 어느 쪽이 진실에 가까울까? 3월 3일 세 차례 시위는 계획된 것일까?

수안면 시위의 실상을 파악하기 위해서는 이웃한 곡산군 곡산면의 3월 4일 만세시위와 비교해 볼 필요가 있다.[37] 3월 1일 밤, 수안면에 독립선언서를 전달한 이경섭은 그만 발병이 나 홍석정에게 남은 독립선언서를 곡산에 전달해 달라 부탁했다. 그는 그날 새벽 3시에 신막역에 내린 뒤 걸어서 서흥에 선언서를 전달하고 해가 진 뒤에야 수안읍에 도착했었다. 홍석정은 2일 오전 3시경 수안면 석교리 자신의 집을 떠나 곡산면 연하리 원형도의 집과, 같은 면 송항리 천도교 교구실에 들러 독립선언서를 전달하고 독립만세를 부를 것을 말한 뒤 2일 저녁 또는 밤에 다시 수안으로 출발했다. 홍석정이 떠난 뒤 곧 곡산군에선 시위 준비에 들어갔다. 2일 밤 곡산면 송항리 천도교 교구실에서 김희룡은 마을 신도 이재경과 함께 독립선언서를 바탕으로 4일에 시위할 것을 결정했다. 그사이 교도

---

36 國史編纂委員會 編, 『韓民族獨立運動史資料集 15: 三一運動 Ⅴ』, 國史編纂委員會, 1991, 30~35쪽.

37 이하 3월 4일 곡산군 곡산면 시위에 대해서는 국사편찬위원회, 〈삼일운동 데이터베이스〉의 출처 정보들을 이용하여 정리하였다(2019. 8. 18. 검색). 직접 인용이 필요한 경우 별도의 각주를 달았다.

에게 알리고 '조선독립'이라 쓴 깃발도 만들었다. 4일 50인쯤의 교도가 교구실에 모여 기를 앞세우고 독립만세를 부르면서 곡산 읍내로 진입했다. 곡산군의 다른 지역도 비슷했다. 곡산면 부근의 운중면, 청계면, 서촌면, 화촌면에서는 3일 논의를 거쳐 4일 각 면의 교리강습소와 전교실 등에 교도들이 모여 '조선독립만세'나 태극기에 '한국독립만세'라 쓴 깃발을 들고 함께 읍내로 행진했다. 이 중 운중면과 화촌면 일부의 행진은 헌병대의 제지 또는 설득으로 도중에 해산되었다. 곡산면에 속속 모인 50~100명의 천도교도가 오전 10시경부터 1시간 반가량 깃발을 들고 독립만세를 외치며 행진했고, 독립선언서를 길거리 군중에게 나눠 주기도 했다. 50~60명이 헌병분대 앞까지 갔다가 대표 7인만 남고 해산하였다. 7인 중 김창현은 5월 13일 경성지방법원 판사가 "헌병분대에 간 것은 헌병을 쫓아내고 분대를 점령할 목적이었던가" 묻자 "그렇지 않다. 우리가 만세를 부르고 있는 곳에 헌병분대장이 와서 장안(市內)에서 소동하지 말고 분대로 가자고 말했기 때문에 간 것이다"고 했다.[38]

이경섭은 홍석정에게 독립선언서 배포를 부탁한 뒤 3월 3일 밤에 곡산면 송항리 교구실에 도착해서 다음 날 행진에 앞장섰고 대표 7인 중 한 명으로 구속되었다. 그날 헌병분대장이 곡산교구실에 온 뒤 "전에 보낸 선언서의 처리에 대하여 어떻게 되었느냐고 누구에게 묻지 않았는가?" 신문하자 "교도 약 30명이 모여 내일(4일) 시위를 준비하며 군내 동지 전부가 곡산면에 집합하여 만세를 부른다고 하므로, 선언서의 취지가 철

---

38 國史編纂委員會 編, 『韓民族獨立運動史資料集 16: 三一運動 VI』, 國史編纂委員會, 1993, 12쪽.

저하게 알려진 것으로 생각되어 누구에게도 물어보지 않았다"고 대답했다.[39] 홍석정이 이경섭의 말을 잘 전달한 것이다. 추정컨대 군 교구실에서 각 면의 교리강습소와 같은 거점이나 대표자에게 독립선언서를 보내서 교도들에게 취지를 알린 뒤 약속한 날에 기를 들고 읍내로 모여 함께 행진하며 독립만세를 외치고 독립선언서를 나눠 주는 것이 대강의 시위 방침이었을 것이다. 참고로 3월 11일 체포된 평안북도 영변군 천도교구장이 경찰에 밝힌 바에 따르면 3월 2일 경성에서 천도교 대도주 박인호가 자신을 비롯한 지역 교구장들에게 말한 지침은 "제1회 독립만세는 이미 어제 끝나고, 제2회 독립만세를 경성 시내에서 부를 계획이다. … 제3회째에는 각지의 천도교구실에 모두 통지할 것이니 그날 각 신도는 빠짐없이 독립만세를 부르면서 대소동을 일으켜라", "만약 경찰서원, 군청원 등이 제지한다면 반항하지 말라"였다. '대소동'이란 경찰이 번안한 용어일 거다. 영변교구장이 돌아와 영변 교도들에게 한 지시는 제3회째 통지를 받았을 때 "교구실에서 각 면의 전교사에게 통지하고, 전교사는 각 신도에게 통지해라. 그 통지를 받았을 때 각 교도는 교구실에 모여서 독립만세를 부르도록 하라"였다.[40] 영변교구장이 대도주의 지시를 받을 때 곡산교구장 이정석도 같이 있었다. 곡산 시위 기록에 전혀 나타나지 않지만, 이경섭 외에 곡산교구장을 통해 시위 방침이 지시되었을 가능성도 있다. 대체로 곡산면 시위는 천도교 대도주가 말한 방침대로 전개되었

39 國史編纂委員會 編, 『韓民族獨立運動史資料集 11: 三一運動 I』, 國史編纂委員會, 1990, 200쪽.

40 위의 책, 208~211쪽.

다. 군내 천도교 조직망을 통해 선언서를 배포하고 선전한 뒤 읍내에 모여 시위하되 권력에 '반항'하지 않았다. 이경섭이 3월 1일 밤 수안교구장 등에 독립선언서를 주면서 말한 시위 지침도 유사했을 것이다. 곡산군과 달리 수안군에 "헌병대를 점령하라"할 이유가 없다. 그렇다면 수안군 천도교인이 헌병대와 충돌한 것은 뭔가 곡산군과 다른 요인이 있었던 것 같다.

수안군 천도교 교구실도 애초 시위는 곡산군과 비슷하게 계획했던 것 같다.[41] 이경섭이 3월 1일 밤 독립선언서와 함께 경성의 소식과 중앙의 지시를 전할 때 안봉하, 김영만, 나찬홍, 홍순걸(전 교구장), 홍석정, 한청일 등이 같이 있었다고 했다. 아마 이때 대강의 지침이 전해지고 결정되었을 것이다. 같은 날 밤, 금융원 나찬홍은 연암면에서 온 봉훈奉訓[42] 한국영에게 독립선언서 2매를 전하며 "마을 사람들에게 회람시키라", "교구실에서 통지가 가면 교도를 인솔하고 수안으로 나오라" 했다.[43] 연암면은 수안면으로부터 서북쪽에 있는데, 중심지 율리에서 수안면의 읍내까지 직선거리로 20km(50리)가 넘지만, 그 사이는 '의정부 – 평양' 간 이등도로가 닦여서 비교적 길이 양호한 편이었다. 그래도 3월 3일 11시경 2차 시위에 참여한 연암면 사람들은 밤새 걸어야 했다. 아마 연암면이 읍내 당일치기 시위가 가능한 한계선이었을 것이며, 더 먼 곳이라면 1박을

------

41 이하 3월 3일 수안군 수안면 시위에 대해서는 국사편찬위원회, 〈삼일운동 데이터베이스〉의 출처 정보들을 이용하여 정리하였다(2019. 8. 18. 검색). 직접 인용이 필요한 경우 별도의 각주를 달았다.

42 당시 천도교의 조직 방식인 연원제의 직제 중 하나이다.

43 京城覆審法院,「1920刑控528·529·530號 判決: 安鳳河 등 68인」, 1920. 11. 22.

해야 했다. 연암면과 수안읍 사이에 있는 대천면과 같이 수안읍에 더 가까운 면들도 교도를 모아 읍으로 들어오게 하여 함께 시위할 계획이었던 것 같다. 곡산면 시위에 참여했던 교인도 주로 가까운 면에서 온 자들이었다. 그런데 수안군에는 읍과의 거리가 연암면과 비슷하거나 더 멀면서 교통이 불편한 면들도 꽤 있었다. 이런 경우는 그곳에서 각자 시위하게 할 방침이었던 것 같다. 실제 연암면의 동쪽에 위치한 수구면 석달리에서는 3월 7일 장날을 맞이하여 천도교도가 만세시위를 벌였다.[44] 주동자인 그곳 천도교 전도사 이승필(혹은 이승욱)은 3월 1일 수집한 성미를 내러 수안교구실에 갔다가 다른 전도사들과 함께 금융원 나찬홍의 지시를 받았다. 나찬홍은 독립선언서를 읽어주고 경성의 독립만세시위 소식을 전하며 "너희도 각각 마을에 돌아가 사람들에게 이러한 취지를 알리고 선언서를 교부하여 만세를 부르게 하라" 했다.[45] 그는 지시받은 대로 독립선언서를 배포하고 독려하여, 7일 약 30~40명의 천도교도가 기를 세우고 석달시장에서 독립만세를 불렀다.[46] 이 사건에 대해서도 일본 측은 '석달헌병주재소 습격 계획'이 있었으나 '미연 방지'했다고 기록했다.[47]

그러면 왜 수안면은 곡산면처럼 그 부근의 면 사람들과 함께 읍에 모여서 시위하지 않았을까? 이러한 차이는 왜 발생한 것일까? 앞에서 보았

---

44 3월 7일 수안군 수구면 시위에 대해서는 국사편찬위원회, 〈삼일운동 데이터베이스〉 참조(2019. 8. 18. 검색).

45 京城覆審法院, 「1920刑控528·529·530號 判決: 安鳳河 등 68인」, 1920. 11. 22.

46 원논문에서는 "수천 명의 군중 가운데서 독립만세를 불렀다"고 썼는데 바로잡는다.

47 黃海道長官→朝鮮總督, 「不穩事件二關スル報告」, 1919. 3. 18; 兒島惣次郎(朝鮮憲兵隊司令官)→山梨半造(陸軍次官), 「朝鮮騷擾事件一覽表二關スル件」, 1919. 10. 2, 56쪽.

듯이 곡산면과 달리 수안면에서는 시위가 있기 전날 헌병대가 교구실을 수색하여 독립선언서 2장을 찾아내고 교구실에 있던 교구장과 간부들을 연행했다. 때론 기록이 숨기거나 빠뜨리는 것에 진실이 존재할 때가 있다. 1920년 고등법원 예심 종결서에도, 경성지방법원의 판결문 공소사실에도 전혀 나오지 않는 시위 당시 요구 사항이 마지막 경성복심법원 판결문에 나온다. 그 판결문에도 '범죄 사실' 부분에는 나오지 않는다. 그 뒤 판사가 증거로 인용하는 피고인이나 증인의 진술에 나온다. 앞에서 보았듯이 증인 수안헌병분대장 노로 다다시, 헌병오장 시모카와 주이치는 시위대에게서 "구속자를 석방하라"라는 말을 들었다. 판검사가 보기에 '내란죄' 또는 '보안법' 위반을 적용하는 데 '구속자 석방'은 중요하지 않거나 방해물이었는지 모른다. 그러나 천도교도에게 교구장 구속은 놀라운 일이며 자신들이 믿고 따르는 종교공동체의 안위와 관련된 문제였다. 수안면 남쪽 대평면에서 유일하게 구속된 최명백은 연락을 받고 시위에 나온 게 아니라 '교구장 등이 연행되었다기에 그 동정을 살피고자' 3일 수안읍에 나왔다가 홍석정 등이 무리 지어 가고 있기에 그들을 따라가서 12시 반~1시경 '3차 시위'에 참여했다가 붙잡혔다.[48]

이렇게 볼 때 수안면 만세시위 중 오전 6시경에 시작된 '1차 시위'는 일본 측의 표현처럼 '습격'이나 '음습'이 아니라 '본 시위'를 하기 전에 상황을 탐색하기 위한 선발대의 '사전 시위'에 가까운 것 같다. '1차 시위' 주도자는 수안면에 거주하는 천도교 전·현직 간부였다(이영철 – 천도교 교구실 소사, 홍석정 – 전 교구장, 한청일 – 전교사 / 모두 수안면 석교리 거주).

---

48 京城覆審法院,「1920刑控528·529·530號 判決: 安鳳河 등 68인」, 1920. 11. 22.

관련 피의자도 수안면 석교리 거주자가 많았다(〈부표 3〉 참조). 이른 시간에 집합 가능한 자들이 모인 것이다. 시위 상황도 이후에 비해 '평화적'이었다. 일본 측이나 외국인 선교사 측의 자료에 의하면 시위대는 '헌병대 인도' 등을 요구했고, 헌병대는 본부에 문의해보겠다는 식으로 정면충돌을 피하면서 대표 2명을 남겨두고 일단 물러가게 했다(〈표 5, 6, 7〉 참조). '대표'를 남기고 떠나는 '습격'이 있을까? '1차 시위' 때 시위대 중 누군가가 헌병분대장에게 이렇게 말했다. "일단 교구실로 돌아가겠지만, 이 지방에서 [천도교인이] 계속 교구실로 모여들고 있으니 이들의 인원수는 계속 불어나 배가 되고 수천 배, 수만 배가 되어 분대의 인도를 요구할 것인즉 속히 인도함이 좋을 것 같다."[49] 이는 조만간 다수가 모이면 본격적으로 시위를 하겠다는 예고이고, 그러니 빨리 요구 사항을 들어주라는 압박이었다.

2) 발포 계기: '폭동화' 또는 돌변?

왜 헌병대는 '1차 시위' 때와 달리 '2차 시위', '3차 시위' 때는 발포했을까? 일본 헌병·경찰 측은 시위대가 '해산명령을 듣지 않고 함성 지르며 난입하려 했다'고 한다. 판결문에도 '헌병분대로 몰려가 조선독립만세를 외치고 헌병분대의 퇴거를 요구하면서 사무실로 돌진하려 했다'고 나와 있다. 일본 측 기록에 따르면 '1차 시위'와 달리 시위가 '폭동화'했기 때문에 발포한 것이었다. 외국인 선교사 측 자료에 따르면 2차 시위 때도 1차 시위와 같은 요구를 했는데 '이번에는' 헌병이 발포했다. 돌변이

---

49 위의 자료.

었다. 앞서 보았듯이 이경섭은 어린아이가 헌병분대 유리창을 깨는 실수를 하여 헌병이 발포했다고 했다. 우연적으로 발포가 이루어진 걸까. 그런데 이 말을 전한 한병익은 '2차 시위' 때 현장에 없었다.

기존 연구에서 이용되지 않았던 선교사 측 사료를 검토해보자. 1920년경 캐나다 오타와 기독교청년회 사무총장이 세브란스 의전의 허버트 오언스(Hurbert T. Owens, 1882~1958)의 부탁을 받아 스위스의 국제연맹에 제출한(1920년 5월 28일 접수) 한국독립운동 관련 서류 22건 중 하나가 「부상자들이 본 1919년 3월 3일 수안골 총격(Wound Men's Version of the Suan Kol Shooting of March 3 - 1919)」이다.[50] 내용으로 보건대 부상자들을 치료했던 수안군 대천면 남정리楠亭里(Tulmichang)에 있는 수안 광산회사 병원 근무자가 작성한 것으로, 『한국의 상황(The Korean Situation)』의 원자료 일부인 것 같다. 시위 참여 부상자들의 이야기를 듣고 정리한 것인데, 시위 상황에 대해서도 상세히 기록하고 있다. 길지만 인용해보겠다.

> 이 지역의 천도교 지도자는 안봉하인데, 그는 부상하지 않고 체포되었다. 그는 3월 1일 서울 지도부로부터 메시지 혹은 선언문을 받았다. 그 내용은 조선은 이제 독립이 되니 천도교도들에게 공식적으로 조선이 이제 독립되었음을 선언하고 어떤 우체국, 경찰서, 헌병대를 건드리지 않도록 조심하라고 지시하는 것이었다. 그런데 왕의 인산일 3월 3일에 그들은 질서 있게 무장하지 않은 채로 헌병대로 행진하여 조선은 이제

---

50 국가보훈처 편, 『海外의 韓國獨立運動史料 1: 國際聯盟篇』, 國家報勳處, 1991, 81쪽.

독립이 되었으니 너희들은 헌병대를 인계하고(hand over) 일본의 너희 고향으로 돌아가는 것이 바람직하다고 말했다. … 헌병대장이 그들의 방문 목적을 알고 그들에게 마을의 집으로 돌아가 있어라, 그동안 서울에 문의해서 경찰서를 천도교에 인도해야 하는지를 알아보겠다고 했다. 그는 이 시위대의 대표 2, 3명을 남게 했다.

이 시위대가 마을로 돌아가고 얼마 지나지 않아 한 일본 헌병대원이 와서 그들에게 1시간 이내로 집으로 돌아가지 않으면 모두 쏴버리겠다고 통지했다. 그동안 대략 비슷한 세력의 또 다른 시위대가 헌병대에 도착했다. 두 번째 시위대는 또 다른 지역에서 왔고 그들의 존재를 첫 번째 시위대는 몰랐다. 그리고 헌병대원들이 이제 매우 화가 났다. 왜냐하면, 그들은 똑같이 헌병대 앞에서 만세를 외치는 두 번째 시위대를 명령대로 해산하여 집으로 돌아가지 않고 다시 온 첫 번째 시위대와 같은 무리라고 생각했기 때문이다.

이 두 번째 시위대의 리더는 26세의 김창순이었다. 그는 그를 따르는 자들 앞에서 연설하고, 화나서 해산하라고 명령하는 헌병대장의 명령에도 불구하고 천천히 헌병대 구내로 들어갔다. '만세'를 외치는 것 외에는 어떤 무질서의 징후도 없었지만, 헌병대장은 계단 끝으로 나아가던 시위자[김창순]를 쏘았다. 그러자 그는 계단 끝으로 나아가 그의 옷을 풀어헤치면서 헌병에게 자신을 다시 쏘라고 하면서 계단을 오르기 시작했다. 그때 헌병대장이 검으로 그의 목을 쳤다 … 처음에 몇몇 사람이 말했던 것과 달리 그를 참수한 것은 아니었지만, 목의 반을 베었고 그는 치명적인 상처를 입고 쓰러졌다. 헌병대 베란다는 몇몇 일본인 헌병대원, 2~3명의 조선인 헌병대원, 마을에서 동원된 몇몇 일본인 상인과 사냥꾼들이 지켰고, 사격이 끝난 뒤 베란다 위에는 군용 소총들, 회전식 연발 권총, 엽총, 산탄총이 쌓여 있는 것이 보였다.

　김창순을 따라왔던 자들은 그때 헌병대의 총격에 대략 3명이 죽고 8~9명이 부상했다. 첫 번째 시위대는 헌병대에서 온 일본인 헌병이 마을로 해산하고 1시간 내로 떠나지 않으면 쏘겠다는 명령을 들은 후, 이 총격을 듣고 경찰서로 몰려갔다. 헌병대 구내 입구는 소총으로 무장한 일본인 헌병이 지키고 있었고 밧줄이 처져 있었다. 그 헌병이 시위대에게 밧줄을 넘지 말라고 했지만, 조선인들은 신경 쓰지 않았고 그를 옆으로 밀고 밧줄을 잘라서 뜰로 들어갔고 총격을 받았다. 조선인 중 뜰 안에 있던 몇몇은 문을 통해 도망갔는데, 보초를 서면서 첫 번째 총격에 참여하지 않았던 헌병대원들이 이제 담장 바깥에서 그들을 쏘았다. … 한 목격자와 한 관리(government employee)는 말한다. 시위자들은 무장하지 않았다. 어떤 막대기도 돌도 사용하지 않았다.

—국가보훈처 편, 『海外의 韓國獨立運動史料 1: 國際聯盟篇』,

國家報勳處, 1991, 87~88쪽.

　부상자들의 말을 정리한 문서에 따르면 '1차 시위' 이후 헌병이 교구실로 가서 '해산하지 않으면 발포하겠다'고 명령, 협박했다.[51] 다른 지역에서 온 2차 시위대는 이 사실을 모르고 바로 헌병대로 몰려갔다. 헌병대는 이를, 명령을 거부한 1차 시위대로 오인하고 발포했다. '3차 시위'는

51　'1차 시위'와 '2차 시위' 사이에 헌병대로부터 통보가 있었다는 점과 관련해, 구체적 내용은 다르지만 한병익도 진술했다. 「보론 2」 2장 1절 228~229쪽 참조.

별도의 시위가 아니라 당시 교구실에 모여 있던 사람들이 총소리를 듣고 달려갔다가 총격을 받은 것이다.

이 목격담이 성립하려면 '1차'와 '2차'의 시위대가 다른 집단이고 1차 시위와 2차 시위 사이에 서로 정보 교환이 없어야 한다. 양쪽 참가자가 달랐다는 점은 일본 측 기록인 판결문에서도 확인된다. 앞서 보았듯이 1차 시위 주도자와 참가자가 대체로 수안교구실과 관련 깊은 수안면 석교리에 거주하는 사람이었다면 2차 시위 주도자는 수안면 수촌리의 이동욱(전교사)과 대천면 시리원리의 오관옥이었으며, 관련 피의자도 대부분 수안면 수촌리와 자의리, 대천면 거주자가 많았다. 수안군 천도교 교구실이 있는 수안면 석교리에서 북서쪽 지역의 천도교도였다〈부표 3〉 참조). 물론 이상의 분석은 헌병에 붙잡힌 자들의 정보에 한정되었음을 감안해야 할 것이다. 목격담에 2차 시위 지도자로 나오는 김창순은 경성복심법원 판결문에도 2차 시위 참여자 2인(수안면 자의리)에게 시위 참여를 권했던 자로 나온다.[52]

그러면 2차 시위대는 교구실에 머물고 있던 1차 시위대에 통보된 헌병대의 명령 '해산 아니면 발포'를 알지 못했던가? 이는 2차 시위대가 교구실을 거치지 않고 바로 헌병대로 갈 가능성에 대한 질문이기도 하다. 판결문 자료인 〈부표 3〉을 보면 2차 시위 참가 피고인 31명(오관옥 포함) 중 수안면 거주자가 15명인데, 이 중 10명이 수안면 서쪽에 있는 수촌리와 자의리 거주자이다. 이쪽에서 수안면 동쪽 천도교 교구실(석교리)을 가려면 수안면 서쪽 헌병분대(창동 또는 용담리)를 거친다. 대천면 14명과 연암

---

52 京城覆審法院, 「1920刑控528·529·530號 判決: 安鳳河 등 68인」, 1920. 11. 22.

면 2명도 '의정부 – 평양' 간 국도를 따라 수안면 동쪽에서 읍내로 들어갈 수 있으나 산을 넘어간다면 서쪽에서 들어갈 수도 있다. 현재 이들의 신문조서가 남아 있지 않아 확증하기 어렵지만, 2차 시위 참가자들이 교구실보다 헌병대에 먼저 갔을 가능성이 있다. 경성복심법원 판결문을 보면 이들에게 연락이 간 것은 3월 2일 밤, 3일 아침이었다.[53] 시위 참여를 통지받으면서 천도교 지도부가 헌병분대에 구속된 상황을 알았을 가능성이 크다.

목격담의 '3차 시위'가 1차 시위대에 의해 일어났다는 점은 판결문에 따르면 절반은 맞고 절반은 다르다. '3차 시위' 주도자는 1차 시위대 때와 같이 홍석정, 한청일이었다. 다만 참여자는 그 주소가 수안면 석교리도 있지만, 대천면과 오동면이 다수였다. '1차 시위' 이후 속속 다른 면에서 교도들이 수안면 교구실로 모이고 있는 상황이 반영된 것으로 보인다. 총소리가 나자 1차 시위 지도자가 당시 교구실로 모여든 여러 면의 천도교도와 함께 헌병대로 달려갔을 가능성이 크다. '밧줄', '차단선'은 2차 시위 때의 사상자를 은폐하거나 수습하기 위해 발포 현장의 접근을 차단하기 위한 것이고, 3차 시위대는 자신의 동료 신도가 총을 맞자 분노와 흥분을 못 이겨 차단선을 넘었던 것으로 추정할 수 있다. '3차 시위'는 발포에 대한 '항의 시위'라 할 수 있다.

「부상자들이 본 1919년 3월 3일 수안골 총격」은 시위와 총격을 가장 가까운 곳에서 본 목격담이고 1차와 2차 시위의 차이, 발포 이유에 대해

---

53 위의 자료.

개연성 있는 설명을 한다는 점에서 주목할 만한 가치가 있다.[54] 또 기본적으로 '만행'을 고발하기 위한 목적으로 정리된 것이긴 하지만 발포 현장을 잘 전해주고 있다. 눈에 띄는 점은 헌병대만이 아니라 상인, 사냥꾼과 같은 일본 민간인이 발포에 동원되었다는 점이다. '1차 시위' 때 헌병대가 별다른 충돌 없이 시위대를 돌려보낸 것은 이런 무장력을 갖추기 위함이었던가. 반대로 그들 앞에 선 시위자들에게 '습격'의 모습은 찾아볼 수 없다. 어떤 막대기나 돌도 없었다고 한다. 한편 곡산면 시위대가

---

54 대부분의 관련 논저는 일본 측 기록이 말하는 시위대의 '폭동화(난입)'와 선교사 측 기록이 말하는 헌병대의 '돌변'을 결합하여 서술한다. '폭동화'는 격렬하고 치열한 운동으로 바뀌어 서술된다. 이 과정에서 모호한 점을 메우기 위해 자료에 근거하지 않은 '창작'이 이뤄지기도 한다. 대표적인 것이 1971년 독립운동사편찬위원회가 펴낸 『독립운동사 2: 3.1운동사 (상)』에 나오는 '헌병대의 서약'이다. 1차 시위에서 헌병대장이 "서울 본부에서 연락이 있는 대로 곧 물러 나가겠다는 서약을 하지 않을 수 없게 되었다" 했고, 시위대는 천도교 교구실로 돌아가 승리의 개가를 올렸다. 이 책에 따르면 2차 시위는 이렇게 시작된다. "애국의 대열은 아침보다 몇 배 더 증대되었으며 읍내는 온통 '독립만세'의 함성 속에 들어갔다. 흥분한 군중들은 헌병대를 쫓아보내지 않을 수 없다고 나섰다." 그리고 "정의의 대열 앞에서 어쩔 줄을 모르고 당황하던 적 헌병들은 그만 최후 발악으로 무차별 사격을 퍼부으니 애국 동포들은 적의 총탄에 맞아 쓰러졌다." 독립운동사편찬위원회 편, 『독립운동사 2: 3.1운동사(상)』, 독립유공자사업기금운용위원회, 1971, 262~267쪽. '서약'은 1995년 민족사바로찾기국민회의가 펴낸 『독립운동총서 2: 3·1운동』에선 도장까지 찍힌 '항복서'로 발전했고 '승리의 개가'는 '잔치'로 바뀌었다. 2차 시위에서 발포한 것은 굴욕감을 이기지 못한 헌병분대장이 "항복서는 먼젓번에 써 주었으면 되었지 왜 또 쓰느냐"며 버티다가 위급해지자 결사적 각오로 발포했다. 민족사바로찾기국민회의 기획, 『독립운동총서 2: 3·1운동』, (주)민문고, 1995, 115~116쪽. '항복서' 존재 여부는 차치하더라도 안봉하 등 수안군 천도교 지도자들이 여전히 구속되어 있는데 승리의 개가를 부르고 잔치를 벌였다는 점은 납득하기 어렵다. 또 1차 시위나 2차 시위의 시위자 수에 큰 차이가 없었다는 점을 고려하면 1차 시위에 비해 2차 시위가 크게 가열된 상황이라 판단하기 어렵다.

'평화적'으로 헌병의 해산명령을 받아들인 것은 전날(3월 3일) 수안면 시위의 이러한 '발포'와 '사망' 소식을 들었기 때문일 것이다.

3) 요구 사항: 헌병대 '접수'를 기도했는가

수안면 시위대가 외쳤다는 구호도 특이하다. '조선은 독립하였다', '공화정치는 세계의 대세이다', '헌병분대를 인도讓渡하라'. 경성복심법원 판결문에 인용된 검사의 신문조서에 따르면 시위에 참여한 피의자 대부분이 세 구호를 세트로 외치거나 들었다. 그런데 '헌병분대를 인도하라'는 당시 다른 시위에서 찾아보기 힘든 구호였다. 앞의 부상자 목격담을 정리한 문서에도 시위대 구호로 '인도하라(hand over)'가 나오긴 한다. 이 문서를 포함하여 선교사 측 자료들을 보면 '조선이 독립되었으니(또는 독립을 선언했으니) 헌병은 떠나고 헌병대는 우리에게 넘겨라'는 맥락에서 '헌병대를 인도하라'는 구호가 있었을 가능성도 있다. 그런데 이 구호를 일제 판검사는 시위대가 헌병대를 접수하려는 의도가 있었던 것으로 해석했다. 판결문에 의하면 이는 3월 2일 모의에서 결정되었다. 그러나 수안면 시위를 연구한 조규태도 이상했던지 헌병대 접수까지 논의되었는지는 좀 더 검토할 여지가 있다고 했다.[55]

또 '공화정치는 세계 대세'라는 구호도 이상하다. 당시 민중이 얼마나 공화정치를 이해했냐를 따지려는 것이 아니다. 이 구호는 당시 다른 시위에서도 찾아보기 힘들 뿐 아니라, 조선이 독립되었으니 물러가라고 했으면 그만이지 헌병대원에게 정치의 대세까지 외칠 필요가 있을까? 이

---

55 조규태, 앞의 글, 126쪽.

구호들은 시위가 '내란죄'에 해당함을 증명하기 위해 만들어진 것이 아닐까? 일본인의 관점에서 '조선 독립'은 물론 '공화정'도 천황제를 부정하는 '국헌 문란'이다. '헌병대 접수'는 이런 목적 수행의 확실한 증거가 될 수 있다. 수안면 시위를 내란죄로 몰아가기 위한 이러한 논리는 다음 1919년 10월 29일, 고등법원 예심판사 구스노키 조조楠常藏가 이승훈에게 한 신문에서 잘 드러난다.

> **문** 그대들에 대한 공소사실 중에 … 금년 3월 3일에 황해도 수안군 수안면에서 발발한 폭동, 곧 3월 2일에 그 면 석교리 수안 천도교구실에서 안봉하가 주모자가 되어 수십 명의 천도교도 등과 서로 꾀하여 천도교도 등을 규합하여 다음 3월 3일에 수안헌병분대, 그 군청 등을 습격하여 다수의 위세를 나타내고 관리를 협박하여 일본 정부의 통치 밑에 있는 경찰권·행정권의 인도를 강요하여 일본제국 주권의 행사를 폐파하게 함으로써 조선 독립의 목적을 달성하지 않으면 안 된다는 뜻을 결정하고, 그 획책의 실행에 있어서는 홍석정, 한청일 등이 주로 그것을 담당하기로 하고, 위 획책에 바탕하여 3월 3일에 그 수안군 수안면, 대천면, 오동면, 연암면, 공포면의 천도교도 등이 오전 6시경에 약 1백 3·40명, 오전 11시경에 약 1백 명, 오후 1시경에 약 1백 5·60명이 수안헌병분대로 몰려가서 다수의 위력을 나타내고 협박하여 그 분대의 인도를 요구한 사실 및 평안북도 의주군 옥상면에서 있었던 폭동, 곧 박경득, 김시항, 김시혁 등이 서로 꾀하여 피고인 등이 손병희 등과 공모하여 배포한 독립선언서의 취지에 따라 조선을 일본제국의 통치에서 이탈시켜 새로 그 지역에 독립국

을 건설하는 수단으로 다중을 규합하고 폭력으로써 제국의 통치에
속한 면행정을 철폐하고 그것에 대신할 자치민단을 조직할 것을 기
도하여 대정 8년 4월 2일에 면민 약 3천 명을 규합하고 수괴자 김시
혁, 김시항의 기획에 바탕하여 박경득은 솔선하여 그 군중을 지휘하
면서 옥상면사무소를 습격하고 폭행 협박을 하여 마침내 그 면사무
소에 비치된 공부 7책 및 현금 1백 93원 45전을 압수하는 등의 폭
행을 하고, 이후 약 수십 일에 걸쳐 그 사무소를 폐철하기에 이른 사
실은 모두 피고인이 손병희 등과 공모하여 발표한 독립선언서에 자
극을 받은 결과로 야기된 것이라는 것 …

답 그러한 폭동이 일어날 것으로는 예상하지 못했던 것인데, 우리가 배
포한 독립선언서에 의하여 그런 폭동이 일어났다면 그것은 폭동을
한 사람들이 우매한 결과로 우리가 관지할 바는 아니다.

— 國史編纂委員會 編, 『韓民族獨立運動史資料集 12: 三一運動 Ⅱ』,

國史編纂委員會, 1990, 174쪽.(밑줄은 인용자가 표시)

수안면 시위에 나온 '헌병분대 인도'는 '경찰권·행정권 인도' 강요로
해석되었고, 이는 '일본제국의 주권 행사를 폐하고 조선 독립을 달성하
려는 폭동이었다. 그런데 같이 '내란죄'로 고등법원 예심에 회부된 평안
북도 의주군 옥상면 시위의 경우도 다른 지역에서 찾아보기 힘든 혐의가
있었다. 위의 인용문에도 나와 있듯이 주동자 박경득이 '조선이 독립하
면 자치민단을 조직하여 면사무소를 폐지할 것'이라며 장부 7권과 공금
193여 원을 강탈했다는 것이다. 이것도 시위가 '내란죄'임을 증명하는
확실한 목적 수행이다. 그러나 경성복심법원의 판결에서 이 부분은 증

거 불충분으로 죄가 인정되지 않았다.[56] 수안면 만세시위의 경우 경성복심법원의 특별한 언급이 없는 것으로 보아 구호는 있었던 것으로 판단한 것 같다. 그러나 '헌병대 인도'를 '헌병대 접수', '경찰권·행정권 인도'로 해석하여 '내란죄'로 처벌하려는 시도는 이미 고등법원 예심에서 좌절되었다.

4. 결론: '구속자 석방'의 의미

1919년 3월 3일 황해도 수안군의 천도교도가 일으킨 수안면 만세시위는 '헌병대 인도'를 요구하며 하루에 세 번, 총격을 무릅쓰고 격렬하게 시위한 '공세적 시위'의 대표적 사례였다. 이 글에서 필자는 이러한 기존 역사상의 상당 부분이 일본 헌병이 발포를 합리화하고 조선총독부 일부 판검사가 '내란죄'를 적용하기 위해 쓴 용어('습격', '폭동' 등)와 해석(헌병대

---

56 京城覆審法院,「1920刑控524號 判決: 朴擎得」, 1920. 10. 30. "피고 박경득이 군중이 전시前示 소요를 하는데 면서기 최영균 및 기타 면직원에게 '조선은 독립할 것이니 면사무의 집행을 하지 않아야 한다'고 말하고 혹은 '조선은 독립하면 자치민단을 조직하여 일본 관헌의 지휘를 받고 있는 면사무소를 폐지할 것이니 면사무소 비품인 공부公簿 및 공금을 제공하라, 이에 응하지 않으면 동인들을 살해하겠다'고 협박해서 면직원들로 하여금 공부 7책 및 공금 193원 15전을 내놓게 하여 이를 강탈하고, 또 군중의 일부가 면사무소 숙직실을 침입할 때 그 지휘를 하였다는 등의 공소사실은 이를 인정할 증거가 충분치 않으나 이상은 판시判示 소요죄와 1개의 행위로서 기소된 것이라 인정되므로 특별히 이 점에 대해 무죄 언도를 하지 않는다." 의주군 옥상면 사건 등 당시 소위 '자치' 시도로 운위되던 만세시위 사건에 대한 사료 비판은 이 책「보론 1: '삼일운동 데이터베이스'와 사료 비판」 참조.

'접수' 기도)을 사료 비판 없이 부정에서 긍정으로 관점만 바꾸어 원용함으로써 구성된 것임을 주장했다. 시위 횟수, 발포 계기, 요구 사항에 대해 기존의 관행적 이해에서 벗어나 합리적 의심을 통해 새로운 역사상을 구축할 필요가 있다. 수안면 만세시위 이해의 관건은 '1차'와 '2차' 시위대가 다른 집단이었고, 1차 시위와 2차 시위 사이에 서로 정보를 교환하지 못했을 가능성이다. 이런 상황이 발생할 수 있었던 요인으로 험한 산골이 많은 수안군의 지리적 특성을 고려해야 한다. 다수가 시간을 맞추어 결집하기 어려운 지역이었다.

수안군 천도교도의 시위가 '습격', '공세적 시위'가 아니라고 해서 삼일운동 당시 격렬한 시위가 없었다는 것이 아니다. 수안면 만세시위의 의미를 깎아내리려는 것도 아니다. 보통 '공세적 시위'론에서 간과하는 시위대의 요구 사항 '구속자 석방'을 재음미할 필요가 있다. 삼일운동 초기 시위에서 발포가 이뤄지고 많은 희생자가 나온 시위는 평남의 중화군 상원면, 대동군 금제면, 강서군 반석면, 맹산군 맹산면과 같이 시위대가 '구속자 석방'을 요구하거나 그 구출을 목표로 헌병대·경찰서로 쇄도한 경우가 많았다. 종전에 이런 부분은 독립운동이라는 대의 속에 잘 드러내지 않았으나 당시 식민지민의 처지에서 새롭게 적극적으로 해석할 필요가 있다. 자신들을 보호해야 할 국가가 사라진 상황에서 식민지 피지배민이 그 국가와 같은 역할을 기대한 것 중 하나가 종교공동체였다. 그런 종교공동체의 지도자와 동료가 일제 군경에 의해 구속되었다면 어떻게 해야 할까? 비단 종교공동체만이 아니라 지역공동체에서도 '구속자 석방'을 외친 시위가 많았다. 3월 23일 전북 임실군 둔남면 만세시위처럼 실제 구출에 성공한 사례도 있다. '구속자 석방' 요구도 식민권력에 대한 도전이며 부정이다. 그 바탕에는 독립선언과 만세시위가 죄가 되지 않는다는 인식이 있었다.

마지막으로 필자가 새로 찾은 수안면 만세시위자의 의연한 모습을 전하며 글을 맺는다.

> 3월 7일 헌병은 그들[시위 후 구속된 자들]에게 집으로 돌아가라 했다. 오직 두 사람만이 걸을 수 있었다. 그중 1명은 오른팔이 박살났는데 헌병대를 떠나다 문 경비를 서는 일본인 헌병대원에게 제지당했다. 이 경비원은 자신에게 인사를 할 때까지 그 사람의 통과를 막았다. 그는 다시 헌병대로 돌아가 경비원에게 인사하는 법을 교육받았다. 그러나 그는 거절했다. 그는 2시간 더 억류되고 나서야 풀려났다. 통과하면서 그는 경비원에게 끝까지 인사하지 않았다.
>
> —국가보훈처 편, 『海外의 韓國獨立運動史料 1: 國際聯盟篇』, 國家報勳處, 1991, 90쪽.

보론 3
삼일운동과 학력주의의 제도화

1. 한국 자본주의와 학력주의

한국 자본주의는 다른 나라 자본주의와 어떤 점이 다른가? 여러 가지 답이 있겠지만 필자는 '사람'이라고 생각한다. 그리고 사람이 살아온 제도와 문화, 즉 역사가 다르다. 한국 자본주의의 발전 요인을 꼽을 때 '풍부한 양질의 노동력'은 빠지지 않으며, 높은 '교육열'은 그에 대한 설명으로 항상 따라다닌다. 그렇다면 한국인은 원래 우수한가, 교육을 좋아했나? 교육 투자의 주체는 국가인가, 기업인가? 교육을 중시하는 유교문화의 전통이 있었지만 개항 이후 위든 아래든 주체적으로 집단적 대안을 만드는 데 실패하면서, 한국인은 더욱 가족을 단위로 한 지위의 유지나 상승을 꾀했고 주된 수단은 학력이었다. 따라서 한국 자본주의사에서 주체의 형성에 초점을 맞출 때 자연히 가족과 학력주의에 주목하게 된다.[1]

---

[1] 한국의 근대와 가족·가족주의의 관계를 다룬 최근 연구로, 장경섭, 『가족·생애·정치

그러면 현재 우리가 보는 학력주의는 언제 제도로 정착되었을까? 학력주의는 학력이 진학과 취직을 위한 자격증 역할을 할 때 본격적으로 작동되며, 따라서 학교제도 및 기업의 인사제도와 긴밀히 결합된다.[2] 필자는 삼일운동과 제2차 '조선교육령' 실시로 학력주의가 제도화되었다고 본다. 이 글은 이에 관한 시론으로, 기존 연구를 검토하면서 글의 초점과 골자를 제시해보겠다.

삼일운동 이후 한국인이 보인 '교육열'은 당대부터 지금까지 많은 관심을 끌었다. 1923년에는 처음으로 공립보통학교 보통과 학생 수(29만 3,318명)가 서당 학생 수(25만 6,851명)보다 많았으며, 이후 그 격차는 더 벌어졌다. 공립보통학교를 일본이 펼친 동화정책의 주요 시설로 보고(지배) 서당을 그에 대한 민족 저항의 상징으로 보는(저항) 시각에서는 당혹스러운 장면이다. 더욱이 일본의 통치에 거족적으로 저항했다는 삼일운동 직후가 아닌가. 이런 '교육열'에 대해 조선총독부는 교육 기회 확대를 추진한 '문화통치'의 성과로 선전했고, 민족주의 세력은 실력양성운동의 확산으로 파악했다.

이에 대한 최근의 해석은 삼일운동을 기점으로 식민지 교육기관에 대한 한국인의 대응이 '기피'에서 '수용'으로 전환되었다고 본다. 한우희는 그 요인으로 실력양성론의 확대 전파, 학교의 선발 배치 기능과 지위 획

경제—압축적 근대성의 미시적 기초』, 창비, 2009가 있다.

2 조선시대 과거제는 관리가 되기 위한 것이었으며, 학교제도와의 연결도 느슨했다(李成茂, 『(改正增補)韓國의 科擧制度』, 집문당, 2000, 266~267쪽; 金敬容, 『科擧制度와 韓國 近代敎育의 再認識』, 교육과학사, 2003, 276~288쪽). 학력學力을 중시했지만 그것이 학력學歷과 동일시되지는 않았다.

득 요구, 학교교육을 통해 관리가 되려는 전통적 교육관을 꼽았다. 후루카와 노리코古川宣子도 삼일운동 이후 한국 민중은 보통학교를 민족적 개인적인 실력 양성을 위해서 적극적으로 이용하려 했다고 한다. 그는 식민지 교육이 반민족적이면서 근대적이라는 양면성을 가지며, 한국인은 전자에 저항하면서도 후자를 받아들여 발전·상승을 도모했다고 본다.[3]

1990년대 이후의 이러한 연구는 기존의 '지배와 저항' 구도에선 포착하기 어려웠던 한국인 주체에 대한 성찰적 접근이라 할 수 있다. 이 글의 한 축도 한국인의 동향 분석에 있지만(「보론 3」의 2장), 다음의 두 가지에 좀 더 주목하였다. 삼일운동 이후 '교육열'의 주체는 한국인 일반 또는 민중일까? 필자가 보기에 삼일운동 이후 모두가 식민지 교육을 '수용'했던 것은 아니듯이 삼일운동 이전에도 모두가 '기피'한 것은 아니었다. 계급·계층의 시각은 삼일운동 이후 '교육열'과 조선총독부 교육정책의 실체를 파악하는 데 요긴하다.[4] 또한 교육에 관한 한국인의 요구도 이념과 기능이라는 두 가지 층위로 나눠 보겠다. 이는 한국인의 요구가 조선총독부의 정책과 만나는 접점을 파악하는 데 유용하다.

한국인 일반의 관점에서 중요한 것은 제도의 성립이다. 제도가 성립할

---

3 佐野通夫, 『日本の植民地教育の展開と朝鮮民衆の対応』, 社会評論社, 2006; 한우희, 「식민지 전기의 보통학교」, 우용제·류방란·한우희·오성철, 『근대한국초등교육연구』, 교육과학사, 1998; 古川宣子, 「日帝時代 普通學校體制의 形成」, 서울대 교육학과 박사학위논문, 1996.

4 한국인 주체에 초점을 맞춘 기존 연구에서도 초기에는 이 점에 유의하여 당시 '교육열'의 주도층으로 유산계급에 주목하였으나(한우희, 「일제 식민통치하 조선인의 교육열에 관한 연구」, 우용제·류방란·한우희·오성철, 위의 책, 1998), 이후 연구는 계급·계층의 시각이 둔화된 것 같다.

당시는 계급·계층적 성격을 띠고 식민지적 제약이 있었다 할지라도 근대의 제도라는 속성상 이후 한국인 전체와 관계될 가능성이 높고, 실제 그랬기 때문이다. 이 글의 다른 한 축도 삼일운동에 대한 수습책으로 제도를 수정할 수밖에 없었던 조선총독부의 교육정책에 관한 분석이다(「보론 3」의 3장). 기존 연구를 통해 교육정책의 내적 논리와 본질의 대강은 밝혀졌다. 다만 한국인의 동향과 조선총독부의 정책 간 상호관계에 대한 분석은 미흡한 편이다. 앞의 한국인 주체를 분석한 연구가 조선총독부와 그 정책을 배경으로 다루는 것과 마찬가지로 정책의 내적 논리와 일본의 내적 배경을 분석한 연구는 삼일운동 등 한국인의 저항과 요구를 정책의 전제로서만 언급하는 경향이 있다.[5] 정책의 본질을 규명하려는 연구는 당대부터 지금까지 계속되었으며, 제2차 '조선교육령' 제정을 노예교육, 민족말살교육, 동화주의 정책으로 보며 문화통치의 기만성을 폭로하였다.[6] 이는 일본의 식민정책을 비판함으로써 식민 지배의 죄를 묻고 부정당한 민족 주체를 새롭게 수립하려는 입장에서 정당했고, 지금도 여전히 유효한 측면이 있다. 당연하겠지만 이런 연구에서는 1920년대 한국인이 보인 '교육열'의 요인이나 배경으로 조선총독부의 교육정책을 언급하

5 弘谷多喜夫·廣川淑子·鈴木朝英, 「臺灣·朝鮮における第二次敎育令による敎育體系の成立過程」, 『敎育學硏究』, 39-1, 1972; 廣川淑子, 「第二次敎育令の成立過程」, 『北海道大學敎育學部紀要』 30호, 1977. 10; 稻葉繼雄, 「水野鍊太郎と朝鮮敎育」, 『九州大學比較敎育文化硏究施設紀要』 第46号, 1994.

6 李北滿, 『帝國主義治下における朝鮮の敎育狀態』, 新興敎育硏究所, 1931; 이만규, 『조선교육사 Ⅱ』, 거름, 1988(1949); 鄭在哲, 『日帝의 對韓國植民地敎育政策史』, 一志社, 1985; 박철희, 「일제강점기 중등교육을 통해 본 차별과 동화교육」, 한일관계사연구논집 편찬위원회 편, 『일제강점기 한국인의 삶과 민족운동』, 경인문화사, 2005.

는 경우는 드물다.[7] 이 글에서는 조선총독부의 교육정책을 '내지연장주의'라는 맥락에서 그 본질과 한계를 분석하고, 또 한국인의 요구와는 어떠한 접점을 형성했는가를 살펴보겠다.

교육제도에 집중된 것은 아니지만 같은 시기를 다룬 다음 두 연구로부터 많은 시사를 받았다. 김동명의 연구[8]는 식민지배체제와 상관관계 속에서 한국인의 다양한 정치운동을 복원해냈다. 기존에 친일파로 불리던 세력을 분류하여 분석해낸 도구는 정치세력, 정치 과정에 대한 기능적 분석이며, 그 핵심 개념은 바게닝(bargaining)이다.[9] 필자는 한국인 사회, 한국인의 교육 요구에 대해서도 어느 정도 기능적 접근이 필요하다고 생각한다. 김동명에 따르면 제2차 '조선교육령' 제정으로 바게닝에 성공한 한국인 정치세력은 '동화형 협력' 세력을 제외하면 없다.[10] 그러면 제2차 교육령 체제하에서 '교육열'로 학교에 다닌 한국인은 '동화형 협력'자일까? 정치인 분석과 달리 한국인 사회에 이를 적용하여 단정하기는 힘들 것이다. 우선 기능적 접근을 통해 당시 한국인의 요구나 욕망을 날것 그대로 확인하는 작업이 필요하다. 고마고메 다케시駒込武의 연구는 식민

---

7 필자가 아는 한, 식민정책을 비판하면서도 '교육열'의 배경으로 '문화정치' 및 교육령 개정을 적극 인정한 이는 오천석이 유일하다(吳天錫, 「3·1운동 이후 민족교육」, 『吳天錫敎育思想文集 7 敎育論文選集』, 光明出版社, 1975, 304쪽. 원문은 東亞日報社, 『三·一運動 50周年紀念論集』, 1969에 수록).

8 김동명, 『지배와 저항, 그리고 협력』, 경인문화사, 2006.

9 정치 활동에 대한 기능적 접근은 장점이자 단점일 수 있다. 이에 대해서는 이태훈, 「권력과 운동만으로 정치사는 서술될 수 있는가?―『지배와 저항, 그리고 협력』에 대한 몇 가지 소감」, 『역사문제연구』 16, 2006. 10 참조.

10 김동명, 앞의 책, 145~146쪽.

지 교육의 이데올로기적 측면을 분석하였는데, 능력주의와 학력주의라는 근대적 준거로 볼 때 통감부 시기와 1910년대 제1차 '조선교육령' 시기는 갑오개혁 이래의 근대 교육제도 보급을 저지하는 쪽으로 선회하였다고 한다.[11] 당시 한국인이 다니는 보통학교가 일본과 달리 종결 교육기관이라 계층 상승의 사다리로서 기능하지 못했기 때문이다. 그런데 1920년대에 들어서면 보통학교 등 한국인이 다니는 여러 학교의 수업연한이 연장되어 상급학교 진학이 수월해진다. 이러한 선회는 어떻게 일어난 것일까. 정책의 선회를 강제한 것은 무엇보다 삼일운동으로 분출된 한국인의 열망, 즉 지위를 유지하거나 상승시키려는 욕구였다고 생각한다.

마지막으로 한국인의 요구와 그에 대응한 조선총독부의 정책에 의해 제도화된 학력주의가 어떻게 작동되었는가를 기업의 사례를 통해 간단히 살펴보겠다(「보론 3」의 4장). 학력에 의한 관리 선발은 근대 이전에도 있었다. 근대 학력주의의 특징은 기업과 학교의 결합이며, 이는 자본주의와 학력주의가 만나는 현장이기도 하다.

2. 삼일운동과 교육 요구의 두 가지 층위

선린상업학교 입학시험은 본월(3월) 28, 9 양일간 집행됐던 바, 조선인
지원자는 380명이며 수험자는 190명, 합격자는 55명이라 한다. 그런데

---

11 고마고메 다케시 지음, 오성철·이명실·권경희 옮김, 『식민지제국 일본의 문화통합: 조선·대만·만주·중국 점령지에서의 식민지 교육』, 역사비평사, 2008(駒込武, 『植民地帝國日本の文化統合』, 岩波書店, 1996), 140쪽.

「학교에 오기까지」라는 작문 과제에 대하여 수험자의 약 반수가 수험 하지 말라는 협박을 받았다는 뜻으로 답하였으며, 게다가 합격자를 각 각 별실에서 조사한 바 그중 8명은 종로 거리에서 '시험을 보면 죽인 다' 또는 '시험을 치지 말라'는 협박을 받았다고 대답했다 한다.

— 京畿道警察部,「査察彙報」제34회, 1919. 3. 30. 중에서

1919년 삼일운동 당시 경성의 학생들은 졸업시험, 입학시험, 등교 등 을 거부하였고 연말까지 대일 투쟁을 계속했다고 한다.[12] 위의 인용문은 경찰이 운동의 와중에 치러진 선린상업학교 입학시험의 상황을 보고한 것으로, 당시 조선인 사회의 복잡한 단면을 보여준다. 우선 7:1의 높은 지원율이 눈에 띈다. 선린상업학교는 '특별임용령'에 의해 졸업생에게 판 임관 임용 자격이 주어졌으며, 졸업생은 회사·은행 등 실업계로도 많이 진출하여 인기 있는 학교였다.[13] 다음으로 조선인 사회의 동요와 갈등상 을 보여준다. 지원자는 같은 수의 응시자와 포기한 자로 나뉘고, 그들 주 변에는 '협박'하는 자가 있었다. 삼일운동을 통해 민족의식이 고취된 상 황에서 개인(또는 가족)과 민족의 진로가 충돌하고 상당수가 양자 사이에 서 동요했다.

선린상업학교에 지원하는 자는 어떤 층이었을까. 학교 설립 초기인 1910년 이전에는 학비가 면제되고 장학금이 지급되어 "서민"의 지원이

---

12 鄭世鉉,『抗日學生民族運動史』, 一志社, 1975, 125~131쪽.

13 박이택,「조선총독부의 인사관리제도」,『정신문화연구』 29-2호, 2006, 294쪽; 善隣 八十年史編纂委員會,『善隣八十年史』, 善隣同門會, 1978, 159~160쪽.

많았다지만 1910년경부터는 그런 혜택이 사라졌으며 1920년대 중·후반에는 타교에 비해 학비가 높아 입학생의 절반 이상이 중퇴했다는 기록도 있다.[14] 또한 선린상업학교에 지원하기 위해서는 보통학교 졸업에 상당하는 학력이 필요한데 1910년대 보통학교 취학률은 5% 미만이었으며, 1920년대에도 10%대였다.[15] 요컨대 이 학교에 지원하는 자는 학비를 부담할 경제적 능력이 있고 근대교육에 대한 적응도 빠른 층이라 할 수 있다.[16]

위와 같은 갈등 상황을 염두에 두면서 삼일운동 이후 조선인의 교육에 대한 요구 사항을 알아보자. 삼일운동은 일본의 지난 10년간 식민 지배에 대한 총평가로, 조선인들의 불만이 쏟아져 나왔다. 1919년 6월 조선총독부의 경무부장 회의에서 헌병대장이 보고한 '소요 사건 상황'에는 조선인의 '불평과 희망'이 전국적으로 조사되어 수록되었다. 이 중 교육과 관련된 내용을 정리해보면 〈표 8〉과 같다.

우선 몇 가지 대립각이 눈에 띤다. 조선인으로서 '조선어' 교육의 필요성 강조(충북, 전남), 조선인을 위한 교육기관 설치(강원) 등은 당연한 것으로, 일본어 교육을 통해 일본 문화를 전파하고 '순량한 신민'을 양성하려

---

14 선린백년사편찬위원회, 『善隣百年史』, 선린중·고등학교 총동문회, 2000, 96·204쪽.

15 古川宣子, 앞의 글, 143~144쪽.

16 제2회(1909) 졸업생인 윤호병의 경우를 보자. 대한제국 하급 관리의 자제로 논산의 소지주 집안 출신인 그는 한성영어학교를 졸업하고 선린상업학교에 입학하였다. 졸업 후 진학하고 싶었으나 가정 형편상 취직하였다가 관비 유학생으로 동경고등상업학교에 진학하였다. 신학문을 배우고 싶은 열정에 더해, 고등학교에 진학시킬 정도는 아니더라도 서울에 머물며 중등교육을 받을 정도의 경제력이 있었다(한국일보사, 『財界回顧 9』, 한국일보사출판국, 1981, 149~151쪽).

〈표 8〉삼일운동 당시 조선인이 본 교육 문제(요약)

도道	불평 및 희망 사항
경기	【불평】 일부 서당 교사가 실직하는 것. 【희망】 학교교육은 내선인內鮮人[일본인과 조선인]이 함께 동일한 정도로 하고, 조선인의 고등교육기관을 설치.
충북	【희망】 교육제도의 개정: 역사지리 등 고상한 과목을 두며 국어[일본어]에만 중점을 두지 않음. 조선 고래의 예의·작법·'조선어' 등을 가르칠 것.
충남	【불평/희망】 제 법령의 개정: 내선인 동일 정도의 교육기관 설비를 희망 혹은 현재보다 많은 교육기관 설비. 신교육제를 싫어하니 서당제를 허가할 것. 조선인도 교장이 될 수 있게 할 것.
전북	【불평】 일본인 교육과 달리 조선인에 대해서는 학교조합을 설치, 자치권을 부여하지 않음{유식계급}. 일본인은 6년의 기본 교육을 실시하는 반면 조선인은 짧게 4년의 보통교육을 실시{도군참사유지道郡參事有志}. 소학교·중학교라는 일본인 교육기관과 달리 보통학교·고등보통학교라는 조선인 학교는 조직이 간단하며 차별이 있음. 【희망】 보통학교 과정을 소학교와 동등하게 높일 것{유식자 및 관리}.
전남	【불평】 국어를 보통학교의 아동에게 가르치면 '조선어'를 잊게 됨. 보통학교에서 식산근검 등의 교육만 가르치고 일반 윤리도덕을 가르치지 않는 것은 불가. 【희망】 교육기관의 증치.
경북	【희망】 교육의 보급: 1군 1·2교에 불과, 적어도 각 면 1교. 지방은 일본어 해독자가 적으니 현 제도대로 하더라도 도시에서 소학교는 내선인에 공동으로 하고 보통학교는 천민을 위해서 두거나 폐지. 중등 이상 학교는 모두 공통, 고등학교 증가{유식자}.
경남	【불평】 조선에 열등한 보통학교만 두고 기타 중등의 학교에서도 문명의 교육은 하지 않고 소사小使 또는 농가의 머슴같이 똥지게만 지고 일하는 등 내선인 구별 교육은 매우 유감. 보통 농민과 구별하여 유학생 우대의 길을 강구하지 않음. 【희망】 일본과 동등의 교육기관을 설치하고 교육상 내선인을 구별하지 말 것. 보통학교 교육과 소학교 교육은 동등의 정도로 할 것. 일본 유학 후 귀래자에게 상당한 임관 취직의 길을 열 것.
황해	【불평】 내선인을 구별하여 조선인은 고등교육을 받을 수 없음{유식자, 특히 관리}.
평남	【불평】 중등 정도의 학교 수가 적고 학과의 과정도 낮음. 일본인 소중학교에 입학 불능.

평북	【희망】 신교육에 의해 파괴된 조선의 장유의 서를 중시하는 미풍美風을 회복, 보통학교의 교육연한을 연장하여 한문 소양 배양, 보통학교 증설.
강원	【희망】 전문학교 이상의 교육기관 충실, 조선인 교육을 목적으로 조선에도 일본과 같은 교육기관을 설치{지식계급}.
함남	【희망】 교육을 내선인 동일하게 함.
함북	【희망】 각 도에 중학 정도의 학교 설치, 경성에 유학 보내는 불편과 비용을 없앨 것, 신교육 방침은 연장자를 경모하는 구습을 타파하는 경향이 있으니 교육 방침의 개선을 바람.

자료: 朝鮮憲兵隊司令部, 『大正八年朝鮮騷擾事件狀況(大正八年六月憲兵隊長警務部長会議席上報告)』, 1919, 383~430쪽. '{ }'은 자료에 기재된 정보제공층이다.

는 식민지 교육과 대립한다. 이 외에도 전통과 근대의 대립(경기, 충북, 충남, 평북, 함북), 농촌(지방)과 도시(중앙)의 대립(경북, 함북)을 발견할 수 있다. 특히 후자는 근대교육이 보급되면서 나타난 도시(중앙) 편중과 그로 인한 농촌(지방)의 소외를 나타낸다.[17]

이 같은 대립각이 잘 드러나지는 않지만 가장 많은 내용을 차지한 것은 제도와 시설 개선 요구다. 크게 세 가지로 추려볼 수 있다. 첫째, 일본인과 동등한 교육, 둘째, 교육기관의 증설, 셋째, 교육 내용의 개선. 첫째가 총론이라면 나머지 둘은 각론이라 할 수 있다. 이를테면 증설을 바라는 교육기관은 일본인 학교와 동등하게 학력을 인정받을 수 있는 학교다. 교육 내용도 실업 위주가 아니라 일본인과 같은 정도의 '문명 교육'

---

17 중국의 사례에 대해서는 로이드 E. 이스트만 지음, 이승휘 옮김, 『중국 사회의 지속과 변화: 중국 사회경제사 1550~1949』, 돌베개, 1999(Lloyd E Eastman, *Family, Fields, and Ancestors: Constancy and Change in China's Social and Economic History, 1550~1949*, Oxford University Press, Inc. 1988), 269~271쪽 참조.

을 바랐다. 이는 1910년대 조선총독부의 교육정책인 '간이실용簡易實用' 에 대한 비판이다. 1911년 공포된 제1차 교육령에 따르면 조선인은 보통학교(4년제) - 고등보통학교(4년제)를 다니게 되었으며 교육 내용도 실업교육 위주였다. 이런 교육은 계층 상승의 사다리로는 문제가 있었다. 예를 들어 판임관이 되려면 1913년 시행된 '문관임용령'에 따라 중등학교 이상의 학력이 필요했다. 아니면 별도의 시험(문관보통시험이나 문관고등시험)에 합격하거나 경력(3년 이상의 문관 또는 5년 이상의 고원)이 있어야 했다. 그런데 1910년대 조선인은 보통학교 - 고등보통학교를 나와도 중등학교 졸업자로 인정되지 않았다. 일본인의 소학교(6년제) - 중학교(5년제)에 비해 수업 연수가 짧기 때문이다. 따라서 별도의 시험을 보거나 자격을 낮춘 '특별임용령'에서 길을 찾아야 했다.[18]

위의 불평과 희망을 말하는 조선인은 어떤 층일까. 도별로 정보제공층의 기입 여부, 기입 방식이 달랐다. 전북은 항목별로 비교적 충실히(총 36 항목 중 34항목 기입) 정보제공층을 단수 또는 복수로 밝혔다. 가장 많이 나오는 층이 '관공리'(참사, 면장 포함) 17번, '유식자有識者' 11번, '중류 이상'층(유력자 포함) 7번이다. '일반 인민'은 3번, '중산층 이하'는 1번밖에 나오지 않는다.[19] 〈표 8〉에서 보듯이 전북의 교육 관련 4항목 중 기입되지 않은 1항목을 제외하면 모두 유식자 및 관공리의 의견이었다. 강원도는 '지식계급'과 '일반'으로 정보원을 나누어 각각 항목을 기재하였는데,

---

18 문관임용령과 특별임용령에 대해서는 박이택, 앞의 글, 289~296쪽; 장신, 「1919~43년 조선총독부의 관리임용과 보통문관시험」, 『역사문제연구』 8, 2002. 6. 참조.

19 朝鮮憲兵隊司令部, 『大正八年朝鮮騷擾事件狀況(大正八年六月憲兵隊長警務部長会議席上報告)』, 1919, 395~399쪽.

교육 항목은 '지식계급'이 말한 것이다. 다른 도에서도 교육 항목에 정보 제공층이 부기된 경우 모두 유식자 또는 관리였다. 전체적으로 헌병대사령부의 '민심' 조사는 중·상류층에 치중되었으며, 교육 관련 항목은 유식자나 관리의 의견이 많이 반영되었다.

관리나 유식자는 어떤 교육을 경험했거나 바랐던가. 〈표 8〉에서는 특이하게 초등교육기관의 경우 현실의 분포와 상관없이 보통학교에 관한 의견이 많다. 1919년 5월 말 현재 초등교육기관 수는 서당(23,556) − 사립 각종 학교(679) − 보통학교(517) 순이고, 학생 수는 서당(262,564) − 보통학교(77,239) − 각종 학교(32,477) 순이었다.[20] 그러나 〈표 8〉에는 서당이 2번 나오고, 각종 학교는 아예 언급되지 않았다. 와타나베 마나부渡部學는 조선총독부가 공립보통학교를 중심으로 서당이나 각종 학교를 포섭해가는 체제를 구축하였다고 보았는데,[21] 위의 답변자들, 특히 관리나 유식자는 직간접적으로 공립보통학교 체제에 순응했거나 적응하려는 층이라 할 수 있다.

삼일운동 직후 조선헌병대사령부의 조사에 나타난 조선인의 교육에 관한 요구는 두 가지 층위로 나눌 수 있다. 하나는 민족교육으로, 교육목표나 이념과 관련되었다. 다른 하나는 제도와 시설 개선으로, 교육 기능과 관련되었다. 불평과 희망의 내용은 후자에 치우쳤다. 이는 식민지 체제에 순응하는 관리나 유식자의 의견이 많이 반영되었기 때문이며, 헌병대의 조사라는 자료 자체가 갖는 체제 내적인 성격과도 유관할 것이다.

---

20 朝鮮總督府學務局, 『朝鮮諸學敎一覽(大正7年度)』, 1919, 87~90쪽, 217~218쪽.

21 渡部學, 『世界敎育史大系 朝鮮敎育史』, 講談史, 1975, 254~272쪽.

삼일운동 이후 1922년 '조선교육령' 개정에 이르기까지 나타난 조선인의 교육 요구들은 위의 두 가지 층위가 어떻게 분포되고 배치되는가에 따라 발화자나 자료의 성격을 가늠해볼 수 있다. 명목상 조선총독부의 자문 기구였던 중추원이 삼일운동 이후 제출한 '13도 민정'에 관한 의견서의 교육 항목은 "교육 정도는 내지인과 동일히 하되 초등교육은 의무교육의 실시를 요함"이었다.[22] 제도 개선만 요구하였다. 이에 반해 조선교육개선회, 조선교육개선기성회(부산) 등은 민족성 존중과 '조선어' 교육을 강조했다.[23] 김동명의 분류에 따르면 전자는 '동화형 협력', 후자는 '분리형 협력'이다.[24] 후자 중 비교적 내용이 체계적인 조선교육개선회의 주장을 보자.

1921년 5월 조선교육개선회가 제시한 안은 크게 '의견서'와 '건의안'으로 나뉘고, 건의안은 다시 '교육의 주지主旨', '교육의 제도', '교육 시설' 세 부분으로 구성되었다. '교육의 주지'로는 첫째, 개인의 인격 양성, 둘째, 민족성 존중, 셋째, 세계 문명과 인류 공영에 대한 이바지를 제시하였

---

22 中樞院,「十三道民情에 關한 意見書」, 1919(?)(高麗書林 編,『齋藤 實 文書 13』, 1990, 479~482쪽에 수록).

23 「教育改善을 爲하야」,『東亞日報』1921. 4. 19;「朝鮮教育改善建議」,『東亞日報』1921. 5. 3;「朝鮮教育改善建議(續)」,『東亞日報』1921. 5. 4;「教育改善期成」,『東亞日報』1921. 4. 28. 이 외에 평북 강해江海 청년회장 겸 동아일보 기자 한경하韓炅夏가 제기한 안도 대동소이한 주장이다(韓炅夏,「吾人の切實なる要求事項」,『朝鮮』85, 1922. 3, 250~251쪽). 조선교육개선회는『每日申報』1921년 4월 7일자「教育改善期成會」에는 '조선교육개선기성회'로,『東亞日報』1921년 5월 1일자,「教育改善案」에는 '교육개선단'으로 나와 있다.

24 '동화형'과 '분리형'의 구분 및 교육운동에 관한 분석은 김동명, 앞의 책, 92~100쪽과 136~137쪽 참조.

다. 일본의 식민 지배를 좀 더 보편적인 원리에 기반해 비판하는 방식은 삼일운동 당시의 독립선언서와 유사하다. 교육제도와 시설에 대해서는 헌병대 조사에서 보듯 일본과 동등한 교육 및 시설의 확충을 요구하면서, 조선의 말·역사·지리 교육과 조선인 교장·교원의 중용을 강조했다. 특히 보통학교의 경우 교장은 반드시 조선인을 채용하고, 교원은 조선인을 다수 채용하며, 일본어과를 제외한 모든 교과서와 교수의 용어로 '조선어'를 사용할 것을 주장했다.[25]

교육받는 당사자인 학생층의 요구는 어떠했을까? 조선총독부 학무국은 삼일운동 이후 1920년 말까지 학생층의 동향을 파악하여 『소요와 학교(騷擾と學校)』로 정리하였다. 삼일운동 이래 동맹휴교가 잦았는데, 학생들의 요구 사항을 학과 및 학제 개정, 전문 교수·교사 초빙 및 교육 시설 개선 등 제도와 시설에 관한 것으로 파악하였다. 나아가 이제 학생과 학부모가 충실한 교육의 중요성을 자각했으며, 이 문제로 사립이나 기독교계 학교 측과 대립하였다고 보았다.

조선총독부 학무국은 학생들의 요구를 제도와 시설에 관한 것으로 국한했으나 실제는 달랐다. 『소요와 학교』에는 1919년 '천장절天長節(11월 3일) 전후 학생 생도의 불온 상황'이라는 제목으로, 먼저 10월 22일 경성고등보통학교 학생이 「수공手工」과 「농업」 과목의 폐지를 요구하며 벌인 동맹휴교를 말하고,[26] 이런 흐름이 대구고등보통학교, 대구 및 진주 공립

25 「朝鮮敎育改善建議」,『東亞日報』 1921. 5. 3;「朝鮮敎育改善建議(續)」,『東亞日報』 1921. 5. 4.

26 敎史에는 "노예적 교과목"의 폐지 요구였다고 설명되어 있다(京畿高等學校七十年史 編纂會,『京畿高等學校七十年史』, 京畿高等學校同窓會, 1970, 96쪽; 京畿九十年史編

농업학교 등으로 퍼져 나갔으며, 요구 사항은 학과과정(농업학교) 개정으로 정리하였다.

그런데 당시 『매일신보』는 경성고등보통학교를 시작으로 보성·양정·배제·휘문 등 사립고등보통학교와 중앙학교, 인천공립상업학교로 동맹휴교가 이어졌으며, 그중 휘문고등보통학교 학생들은 일본어 시간 폐지를 주장했다는 기사를 실었다. 조선총독부의 기관지답게 『매일신보』는 이를 "국권 분란" "반역 행위"로 간주하고 엄격히 처분할 것이라는 당국의 경고를 전했다.[27] 동맹휴교가 동시에 일어난 것으로 볼 때 경인 지역의 중등학교 학생들 사이에 교감이 있었던 것 같다. 요구 사항은 제도나 시설 개선에 국한되지 않았으며 식민지 교육의 폐지도 포함되었다.

『매일신보』의 기사를 고려하면 조선총독부가 '고등보통학교규칙'을 왜 그렇게 서둘러 고쳤는지 이해하기 쉽다. 그해 12월 조선총독부는 '규칙'을 개정하여 '외국어'를 필수과목으로 하고 '이과'를 '박물'과 '화학' 두 과목으로 나눴으며 '실업 및 법제경제'도 '실업'과 '법제경제'로 나누고 이를 수의과목隨意科目으로 지정하였다.[28] 이에 대해 오천석은 개정의 목표를 첫째, 일본의 일반 중등학교에서 볼 수 없는 실업 편중 교육을 수정하고, 둘째, 일본의 상급학교와 연락을 용이하게 하려는 것으로 보고 "교육의 차별 완화를 위한 제1보"로 평가했다.[29] 교육 내용을 일본의 중학

纂委員會,『京畿九十年史』, 京畿高等學校同窓會, 1990, 132~133쪽).

27 「徽文高等普統學校生徒 國語의 廢止를 強請」,『每日申報』 1919. 11. 11.

28 朝鮮總督府,『朝鮮總督府官報』 2192호, 1919. 12. 1.

29 오천석, 앞의 글,『吳天錫教育思想文集 7 教育論文選集』, 光明出版社, 1975, 299~300쪽

교와 동등한 수준으로 고쳐서 고등보통학교 학생들의 진학 욕구에 부응했다는 소리다. 조선총독부가 교육에 대한 학생들의 요구에서 무엇을 거부하고 무엇을 수용했는지 잘 보여준다. 학무국은 『소요와 학교』에 실제 상황을 기술하기보다는 학생과 학부모의 요구를 체제 내의 제도와 시설 개선으로 순치하여 '탈민족'시키려는 전략을 담았다.

3. '내지연장주의'와 '조선교육령' 개정

> 조선의 교육열이 얼마나 높은가 실례는 많지만, 당시 조선을 떠나 멀리 내지[일본]로 유학하는 자는 대강 2,000명쯤이었다. 이들 다수는 조선 내에 대학 시설이 없기 때문에 멀리 반도와 떨어져 상경하여 다액의 학비를 사용하지 않으면 그 목적하는 교육을 받을 수 없었다. 그런데 경성대학의 개학에 의해 이러한 상태는 완화될 것이라 생각했지만 그 완화를 보지 못할 뿐인가. 금일에 대중소大中小 각 학교의 재학자 4,000명을 헤아린다는 것은 다소 의외인 바이다.
>
> ―柴田善三郎,「文化政治と學制改革」,『朝鮮統治の回顧と批判』,
>
> 朝鮮新聞社, 1936, 217쪽.

삼일운동 이후 사이토 마코토齋藤實가 조선총독으로, 미즈노 렌타로水野鍊太郎가 정무총감으로 부임하면서 내무성 출신의 많은 관료가 미즈노

▬▬

(원문은 東亞日報社,『三·一運動 50周年紀念論集』, 1969에 수록).

를 따라 조선에 들어왔다.[30] 오사카부大阪府의 내무부장이었던 시바타 젠사부로柴田善三郞도 이때 조선총독부의 학무국장으로 자리를 옮겨 교육정책의 실무를 지휘했다. 그로부터 10여 년 뒤 당시를 회고하면서 조선인의 교육열이 자신들의 교육정책으로 완화될 줄 알았는데 예상보다 높았다며 놀라워했다.

사이토와 미즈노의 '문화통치'는 당시 일본 수상 하라 다카시原敬의 '내지연장주의內地延長主義'를 따른 것이다. 하루야마 메이테쓰春山明哲는 하라의 '내지연장주의'를 동화를 위한 전제 조건으로 본국(인)과 식민지(민) 사이에 제도적 평등을 이루고 그 아래 자유로운 경쟁을 실현시키는 것으로 파악했다. 다만 하라도 밝혔듯이 조선의 경우는 "문명의 정도, 생활의 상태"에 따라 점진적으로 적용하려 했으니 '점진적 내지연장주의'라 했다.[31] '내지연장주의'도 동화정책이라는 점에서 독립이나 자결의 부정임은 물론이며, '점진'은 차별인 경우가 많아 평등이나 자유로운 경쟁과 배치된다. 교육정책 역시 이러한 '점진적 내지연장주의'의 속성에서 벗어나지 않았다.

앞서 조선인의 교육 요구를 민족교육과 제도·시설 개선이라는 두 가지 층위로 나눠 보았는데, 조선총독부는 식민 통치의 근간을 흔드는 전자를 수용하지 않았다. 그들은 조선인의 민족성 존중과 '조선어' 교육 강조의 이면에 '반일본 사상', '비국민적 감성'이 잠복되어 있음을 잘 알았

---

30 李炳植, 「'文化統治'初期における朝鮮總督府官僚の統治構想」, 『史學雜誌』 115-4, 2006. 4, 75~78쪽.

31 春山明哲, 「近代日本の植民地統治と原敬」, 春山明哲·若林正丈, 『日本植民地主義の政治的展開 一八九五-一九三四年』, アジア政經學會, 1980, 24~27쪽, 61쪽.

다.[32] 따라서 민족교육을 허용하더라도 그것은 민족성 존중이 아니라 식민 지배를 합리화하기 위해서였다.[33]

물론 민족교육 주장이 효과가 없었다고 단정할 수는 없다. 조선인의 강력한 민족교육 요구를 무마하거나 그에 대응하기 위해 조선총독부는 뭔가 방안을 내놓아야 했다. 앞서 보았듯이 '고등보통학교규칙' 개정이 신속하게 이뤄진 것도 한 예다. 또한 1922년 '조선교육령' 개정 때 기존의 제2조 내용인 "교육은 교육에 관한 칙어의 취지에 따라 충량한 국민의 육성을 본의로 한다"가 삭제되었다. 조선총독부도 일본 정부도 교화 이념으로서 교육칙어가 보편성을 갖지 못한다는 점을 인정한 셈이다.[34] 이러한 조치는 일본 내적인 논리도 있었겠지만, 앞의 조선교육개선회와 같이 보편적인 원리에 입각하여 식민지 교육을 비판하고 민족교육을 주장하는 조선인의 저항에 대한 대응으로 볼 수 있다.

민족교육과 달리 제도·시설의 개선은 삼일운동 이후 일본의 식민 지배 정책이 변화함에 따라 직접적으로 수용될 가능성이 높았다. 하라 수상은 사이토 조선총독과 미즈노 정무총감에게 준 「조선통치사견」에서 "내지內地 동양同樣의 교육 방침" 실시를 주문했다.[35] 1919년 12월 '고등보통학교규칙' 개정도 조선인이 다니는 고등보통학교의 교육 내용을 일

---

32 釋尾春芿, 「朝鮮人敎育の根本方針に就て」, 『朝鮮及滿洲』 165호, 1921. 6, 5~12쪽.

33 하라 다카시도 '조선의 역사'를 가르칠 필요성을 말하지만 어디까지나 식민 통치하 '오늘의 행복'을 강조하기 위해서였다(原敬, 「朝鮮統治私見」, 1919[高麗書林 編 『齋藤 實 文書 13』, 1990], 78~79쪽).

34 고마고메 다케시, 앞의 책, 261~262쪽.

35 原敬, 앞의 글, 76~79쪽.

본의 중학교와 동일한 수준으로 바꾸는 것이었다. 그런데 이런 동등한 교육은 1910년대 '간이실용' 위주라는 제1차 '조선교육령'의 기조와는 상반되었다. 종래 고등보통학교는 실업교육 중심의 종결 교육기관이었으나, 이제 상급학교 진학을 준비하는 교육기관이 되었다. 조선총독부는 '내지연장주의'에 맞게 '조선교육령' 개정에 착수하였다.

제2차 '조선교육령'은 사이토가 밝혔듯이 조선총독부의 조사와 임시교육조사위원회의 자문을 통해 준비되었다.[36] 위원회의 자문은 총독부 측에서 제시한 "대체의 복안"을 토의하는 것이어서[37] 총독부 측의 조사가 중심이었다고 할 수 있다. 조사는 타국의 식민지 사례에 대해서도 이루어졌으며,[38] 미즈노는 법령 공포에 즈음하여 본국과 식민지의 동일한 교육제도 실시를 각국의 유례가 없는 일, "세계 교육사敎育史상 신기록"이라 자찬했다.[39] 이 글에서는 조사의 결과로 나온 조선총독부의 지침과

---

36 齋藤實,「論告」,『朝鮮』85호, 1922. 3, 2~3쪽.

37 朝鮮總督府,『朝鮮に於ける新施政』, 1923, 35쪽.

38 예컨대 조선총독부 학무국은 아일랜드, 미국(흑인), 필리핀 사례와 관련하여 1920년 3월에『愛蘭敎育狀況』과『亜米利加合中国に於る黑人敎育の狀況』, 같은 해 8월에『比律賓敎育年報(第一八回)』을 간행했는데, 모두 조선교육연구회에서 조사했다. 이 연구회는 1915년 정무총감을 회장으로 하여 설립되었으며 1923년 조선교육회로 확대되었는데, 주로 학무국 내에서 교육 관련 조사 작업을 수행했다(國史編纂委員會編,『日帝侵略下 韓國三十六年史』3・4권, 1968・1969;「朝鮮敎育硏究會擴張」,『東亞日報』1923. 3. 29).

39 水野鍊太郞,「朝鮮敎育令公布に際して」,『朝鮮』85호, 1922. 3, 4~5쪽. 타국 사례 조사와 법령 개정의 관계는 좀 더 규명될 필요가 있다. 가장 유사한 경우가 미국 점령하의 필리핀인데, 1920~1921년경 이미 4년제 소학교의 취학률이 60%를 넘어섰다(약 130만 명 중 80만 명)는 기록도 있다(朝鮮情報委員会,『比律賓の敎育及其の将来』,

방안을 중심으로 '조선교육령' 개정의 성격을 파악해보겠다.

조선총독부의 초기 방침은 사이토 총독이 부임 이후 학무국에 명하여 작성하게 했다는 「조선학제개정안요항」을 통해 알 수 있다.[40] 크게 '대체의 방침'과 '학제의 개요'로 구성되었다. '대체의 방침' 첫 번째는 "학제개정안은 시세의 요구에 순응하여 내선인內鮮人(일본인과 조선인)의 교육을 가능한 한 구별하지 않는다"이고, 두 번째는 그래도 조선에 재주하는 일본인의 자녀 교육에 대한 만족은 "국민교육", "조선 개발"에 필요하므로 당분간 어느 정도 특별 시설을 인정한다는 것이었다. 세 번째는 "조선인을 점차 완전한 일본 국민으로 만드는 것이 교육의 대방침"이므로 반대는 있지만 일본어 교수를 중시하겠다는 방침이다.[41] 동화를 목표로 하면서(세 번째 방침), 제도의 평등을 추구하되(첫 번째 방침) 현지의 상황에 따라 점진적으로 시행한다. 즉, 당분간 일본인과 한국인의 구별을 둔다(두 번째 방침). '점진적 내지연장주의'였다.

그러면 '제도적 평등'이 겨냥하는 바는 무엇일까. '학제의 개요' 첫머리는 이렇게 시작한다.

현행 조선인에 대한 학제는 보통학교(4개년), 고등보통학교(4개년), 여자

고등보통학교(3년), 실업학교(2, 3개년), 전문학교(3개년 혹은 4개년)가 주요

1922. 7, 9쪽).

40 박철희, 앞의 글, 92쪽.

41 朝鮮總督府, 「朝鮮學制改正案要項」, 1919(?), 1~3쪽. 이 외에도 교육칙어 고수, 조선교육조사회 설치, 교과서조사위원회 설치 등이 방침으로 제시되었다.

학교이며, 보통학교부터 전문학교 졸업까지 11년 또는 12년을 요하여 내지의 학제와 비교하면 중학교 졸업에 요구되는 연한과 동일하든가 또는 그보다 1개년 길뿐으로, 이는 조선인에게 간이실용簡易實用의 교육을 받게 하여 쉽게 의식衣食의 길을 얻게 하고 공론도식空論徒食의 자者를 발생하지 않게 하려는 취지에서 나온 것이다. 그러나 이러한 방법은 실제 예기의 결과는 얻지 못했을 뿐만 아니라 원래 조선은 ○○국國으로서 일찍이 크게 떨칠 수 없었을지라도 일부 인사의 두뇌는 일찍 상응의 발달을 하고 특히 근시 외국인에게 신공기新空氣를 흡수한 자가 적지 않아 이들은 내지와 다른 간이한 교육제도에 자못 불만을 가져 시정施政상에 영향이 적지 않다. 그러므로 단연 내지와 동일 제도(약간 예외는 둘지라도)에 따른 각종 학교를 설치하여 인민으로 하여금 그 능력과 자력에 응해서 적당한 정도의 교육을 선택하게 하는 것으로써 득책을 삼아야 한다.

— 朝鮮總督府, 「朝鮮學制改正案要項」, 1919(?), 4~5쪽.

우선 1910년대의 '간이실용' 교육정책이 실패했음을 인정하는 대목이 눈에 띈다. 또한 일본과 유사하게 학교제도를 바꾸는 주된 목적이 "두뇌가 발달한" 일부 여론 주도층을 포섭하기 위한 것임을 알 수 있다. 뒤이어 '학제의 개요'에는 각급 학교별로 조선인 교육과 일본인 교육을 어떻게 일치시키고 차이를 둘 것인가에 대한 방안이 제시되었다.

「조선학제개정안요항」 다음에 나온 것으로 보이는 「조선교육제도개정요항」은 일종의 개정 지침서인데, 첫 번째가 "조선에서 내선인 교육은 동일한 제도에 의하도록 한다. 단, 실행상 소학교, 중학교, 고등여학교는 내선인 별개의 학교에서 교육하도록 한다"였다. 두 번째는 "조선인 교육도 교육칙어의 취지에 따른다"였고, 세 번째는 학교의 종류를 나열했으며, 네 번째가 "전기 각 학교[소학교부터 대학까지]의 수업연한 입학 자격 등은 모두 내지[일본]의 것과 동일하게 한다"였다.[42]

1921년 1월과 5월 두 차례 임시교육조사위원회가 열렸다. 조선인으로 이완용李完用과 고원훈高元勳, 석진형石鎭衡이 참여한 이 회의의 제1회 (1월) 결의 사항(要綱)은 다음과 같다. "1. 조선에서 교육제도는 민도 사정이 허락하는 한 내지의 교육제도에 준거할 것. 2. 조선인의 교육에 관해 특별한 제도를 설치하는 경우에도 각 제도하에 내선인을 교육하는 것을 방해하지 않을 것. 3. 내지와 조선의 학교 간 연락聯絡을 일층 밀접히 할 것. 4. 향학심을 존중하여 사정이 허락하는 한 그것에 응하는 시설을 할 것." 제2회(5월) 결의 사항(조선교육제도개정요항)은 각 학교가 일본의 어떤 학교에 준하며 어떤 차이를 둔다는 식으로 작성되었다. 예를 들자면 보통학교는 "심상소학교에 준하지만 그 교과상 차이는 다음과 같다. 수업연한 6년으로, 단 지방의 사정에 따라 5년 혹은 4년으로 단축할 수 있다. 교과목에 조선어를 더하고" 등등이다.[43]

임시교육조사위원회의 결의 사항에는 조선총독부의 지침에 나타나는 일본어 교육, 교육칙어 준수와 같은 동화에 대한 강력한 의지가 보이지 않는다. 그렇다고 동화정책이 후퇴한 건 아니었다. 동화는 결의되지 않

42 朝鮮總督府,「朝鮮敎育制度改正要項」, 1920, 1쪽.

43 이상 임시교육조사위원회의 결의 사항은 朝鮮總督府,『臨時敎育調査委員會決議要項』, 1921 참조.

음으로써 오히려 논란 없는 자명한 것이 되었다. 회의에서 고원훈은 교육 용어로 '조선어' 사용을 주장했으나 거부되었다.[44] 결의 내용은 철저히 제도와 시설의 개선 문제에 국한되었으며, 1항과 2항에서 알 수 있듯이 동일하되 구별을 인정하는 '점진적 내지연장주의'였다.

조선총독부가 조사와 자문을 거쳐 제출한 '조선교육령'은 1921년 말 일본의 관련 기관과 추밀원의 자문을 거쳐 1922년 2월 칙령 제19호로 공포되었다. 제2차 '조선교육령'에 대해 기존 연구에서는 여전한 차별과 계속된 동화주의를 강조했다. 전자의 대표적인 예로 6년 연한보다는 4~5년 연한의 보통학교가 많이 설립되었다는 점, 후자의 대표적인 예로 조선 역사·지리 교과목이 별도 설치되지 않는 등 교과 내용이 여전히 조선의 민족성과 개성을 중시하지 않았다는 점을 든다.[45] 이 외에도 많은 문제점이 있지만 필자는 다음 두 가지에 주목한다.

하나는 '내지연장주의'가 지향하는 '제도적 평등'은 실현되지 않았다는 점이다. 일본과 동일한 교육제도를 취했다지만 조선인과 일본인의 차이, 차별은 여전했다. 제2차 '조선교육령'에 의해서도 초등·중등학교는 조선인과 일본인의 학교가 따로 운영되었으며, 공학이 도입된 실업학교·전문학교·대학교도 민족별로 입학 정원을 따로 두어 '자유로운 경쟁'은 이뤄지지 않았다. 조선인이 압도적으로 많은 조선에서 선린상업학교는 조선인과 일본인 학생을 절반씩 뽑았고 경성고등상업학교는 1:3의 비율로 선발했다. 조선인의 입학 경쟁은 일본인의 그것에 비해 몇 배나 치열

---

44 「敎育用語에 對하야 再論하노라(中)」, 『東亞日報』 1921. 2. 24.

45 260쪽 주 6의 논저 참조.

했다.[46] 자연히 일본인의 취학률·진학률이 높았다. 학제가 바뀐 뒤 좀 늦은 시기이지만 1944년 5월 통계에 따르면 일본인은 조선 인구의 2.6%에 불과했지만 소학교 고등과 졸업 이상의 학력 소지자 수는 조선인보다 많았으며, 중학교·전문학교·대학교의 졸업자 수는 거의 비슷한 수준이었다.[47] 하라는 조선(인)의 문명 정도, 생활 상태를 구실로 '내지연장주의'의 점진적 실시를 주장했지만, 실제 문제가 되었던 것은 일본인의 문명 정도나 생활 상태였던 것 같다. 점진주의는 지배자로서 일본인의 지위를 보호했다.

다른 하나는 조선인 학생의 진학 증가다. 위와 같은 차별에도 불구하고 제2차 '조선교육령'에 의해 일본과 동일한 학제가 적용됨에 따라 이전에 비해 진학의 길이 넓어졌다. 수업연한이 보통학교 6년, 고등보통학교 5년으로 연장됨으로써 학제상 일본의 상급 고등교육기관과 연결되었고, 교과 내용도 진학을 위한 것으로 일부 수정되었다. 또한 1920년 11월에는 '유학생규정'이 폐지되어 일본 유학의 자유화가 이뤄졌다.[48] 이는 자연히 진학과 유학의 증가를 초래했다. 〈표 9〉와 〈그림 46〉을 보면 절대적 수치로는 초등교육기관의 학생 수가 압도적으로 많지만, 증가 속도는 초등교육기관에 비해 중·고등교육기관, 중·고등교육기관에 비해 유학생이 빨랐다. 진학과 유학에 상당한 학비가 들었다는 점을 감안하면

46 정병욱, 「조선식산은행원, 식민지를 살다」, 『역사비평』 2007 봄호(통권 78호), 2007. 2 참조.

47 허수열, 『개발 없는 개발』, 은행나무, 2005, 246~248쪽.

48 朝鮮總督府, 『朝鮮に於ける新施政』, 1923, 49쪽.

〈표 9〉 일제강점기 각급 교육기관 조선인 학생 수의 추이(단위: 명)

	1915	1920	1925	1930	1935	1940
초등교육기관	334,205	443,347	641,276	649,429	978,937	1,701,916
중등교육기관	13,030	15,424	29,136	34,598	48,656	79,718
고등교육기관	141	454	1,114	1,957	3,044	3,865
유학생	578	1,230	2,694	3,793	4,954	13,273

자료: 朝鮮總督府, 『朝鮮總督府統計年報』 1930년판, 1935년판, 1940년판, 1941년판; 佐藤由美·渡部宗助, 「戰前の臺灣·朝鮮留學生に關する統計資料について」, 『植民地敎育史硏究年報』 7, 2005, 91쪽.
초등교육기관은 보통학교·간이학교·각종학교·서당, 중등교육기관은 고등보통학교·실업(보습)학교·사범학교·교원양성소·각종학교, 고등교육기관은 전문학교·경성제국대학을 말한다. 사립 각종학교의 경우 1935년과 1940년의 예에 따라 이전 연도의 수치 중 85%는 초등, 15%는 중등으로 계산했다.

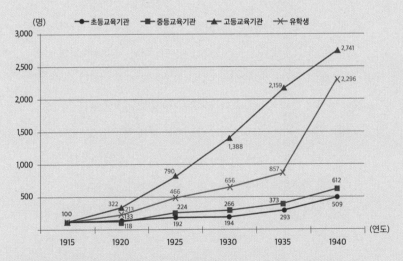

〈그림 46〉 일제강점기 각급 교육기관 조선인 학생 수 증가 추이(지수: 1915=100)

제2차 '조선교육령' 제정을 전후하여 유산층의 억눌렸던 교육 욕구가 분출했다고 할 수 있다. 당시 시바타의 회고에서 알 수 있듯이, 이는 정책 입안자의 예상을 뛰어넘는 것이었다.

4. 학력주의의 제도화와 기업

조선 사람의 가슴에 교육, 신교육에 대한 갈망을 넣어준 것은 현 세기 초엽에 바야흐로 눈을 뜨기 시작한 '내셔널리즘'이다. … 교육을 그들의 직면한 정치적 문제를 해결하는 가장 확실한 방법으로 생각하였기 때문이다. … '우리도 남과 같이 살려면 배워야 한다!' 이것이 당시 그들의 절규이었다. 그러나 여기서 말한 '살려면'은 경제적 의미보다도 정치적 의미가 포함되었던 것은 물론이다. 이러하던 교육관이 합병 직후 대다수의 조선인의 가슴에서 깨어져버렸다. 그러다가 기미년운동과 더불어 재생된 것이다. … 그러나 이것은 기미운동 직후 수년의 일이었고 그 뒤로 해가 바뀜에 따라 점차로 거기에는 전에 찾기 어렵던 신경향이 조선 사람의 교육 사상에 잠입함을 보게 되었다. 그것은 곧 교육을 일종의 개인 경제문제 해결책으로 보게 된 현상이다. 그전에 누가 '당신은 무슨 목적으로 학교에 다니시오?' 하고 물으면 반드시 '우리 사회를 위하야 일하고저' 하고 대답하였지마는 근년에 물으면 그 솔직한 대답이 '취직하기 위하야'다. 이 사상이 최근에 이르러 걷잡을 수 없이 강렬하여진 것은 숨길 수 없는 현상이다. …

— 吳天錫, 「己未以後 十五年間 朝鮮教育界의 變遷(完)」, 『東亞日報』 1935. 4. 11.

학력주의는 학력이 진학과 취직을 위한 자격증 역할을 할 때 본격적으로 작동되며, 따라서 학교제도와 결합이 필요하다. 1894년 이후 과거제가 폐지되고 근대학교체제가 수립되어감에 따라 교원, 법관, 관료 등 공공 부문을 필두로 학력이 자격으로 요구되었다.[49] 이러한 추세는 1905년 이후 더욱 확산되었고 1910년 강점 이후 표준 학력은 일본의 학제였다. 그러나 조선총독부가 교육의 '간이실용'을 표방한 결과 식민지 조선의 학제는 일본의 그것과 분절되었다. 조선의 중등학교를 나와도 수업 기간이 짧아 진학이나 취직의 자격 요건으로 인정되지 않았다. 삼일운동 이후 조선총독부는 조선인의 요구를 수용하여 학교의 수업연한을 연장함으로써 일본과 학제를 동등하게 하고 상호 연결시켰다. 따라서 1922년 제2차 '조선교육령'으로 학력주의가 제도화되었다고 할 수 있다. 이제 학력이 진학과 직결됨에 따라 학비를 마련할 수 있는 조선 중·상층의 학생들은 진학의 길로 나아갔고, 그 결과 일부는 만인이 선망하는 직장에 취직하였다.

기업이 채용과 승진에서 학력주의를 활용함에 따라 근대 학력주의의 제도화는 완성된다. 조선인 대우가 가장 좋았다는 조선식산은행의 경우를 통해서 알아보자.[50] 조선식산은행에 당해년 학교 졸업생을 대상으로 한 신규 정시 채용이 정착된 것은 '조선교육령'이 개정된 뒤인 1924년경

---

49 이광호, 『구한말 근대교육체제와 학력주의 연구』, 文音社, 1996 참조.

50 이하 내용은 정병욱, 「조선식산은행원·한국산업은행의 직원 채용과 변화」, 역사문제연구소·경제사학회 공동학술대회(해방 전후 한국의 기업과 경제변동) 발표문, 2008. 10에 의거한다(이후 다음과 같이 공간公刊되었다. 「조선식산은행과 한국산업은행의 직원 채용: 연속과 차이」, 『한국사학보』 51, 2013. 5).

이었다.[51] 조선식산은행의 직원은 고원, 용원, 행원으로 나뉘었고, 각 신분의 출입구는 학력별로 엄격하게 구분되었으며 그에 따라 월급도 달랐다. 고원은 초등학교, 용원은 을종상업학교, 행원은 중등학교 이상의 학력이 요구되었으며 월급은 각각 120원 이하, 150원 이하, 500원 이하였다. 행원 안에서도 학력에 따라 채용 절차와 초임이 달랐다(〈표 10〉 참조). 은행은 그간 실적 관계가 있는 학교에 추천을 의뢰하고, 추천받은 학생을 전형하여 행원을 채용하였다. 은행의 직원 채용은 학교를 통한 간접채용이며 공개채용이 아니었다. 이런 지정학교제(추천의뢰제)는 학력주의에 의해 뒷받침되었다. 기업은 학교에 일부 선발 기능을 위임하였고, 학교는 성적과 생활 평가를 통해 내부 선별 기능을 강화했으며 자연히 입학 시 선별이 한층 엄격해졌다. 1935년 조선식산은행에 취직한 송인상은 선린상업학교에 13:1, 경성고등상업학교에 6.7:1의 경쟁을 뚫고 입학하였다. 성적이 좋아 학교의 추천을 받은 송인상이 조선식산은행에 취직할 때 경쟁률은 7~8:1이었다.

근대화에서 시험은 '경쟁' 이데올로기를 사회에 보급하고 침투시키는데 그 어떤 정책보다 중요한 역할을 한다. 시험은 학생이 경험하는 중요한 경쟁세계였고, 학생은 자신이 사는 시대가 업적 본위의 경쟁시대임을 절감하였다. 시험 경쟁이 치열하면 치열할수록 경쟁과 업적주의는 내면화되었다. 그 결과로 얻게 되는 학력과 성적·석차는 기업으로 들어가

---

51 Karl Moskowitz, *The Employees of Japanese Banks in Colonial Korea*, Harvard University Ph.D. Thesis, 1979(殖銀行友會 譯, 『植民地朝鮮における日本の銀行の從業員達』, 1986), 36쪽.

〈표 10〉 1938년 조선식산은행의 학교 졸업생 첫 월급여액과 항목 (단위: 円)

		초임금	재근수당	사택료	상여금 (월 평균)	계
행원	대학교	70.0	21.0	15.0	35.0	141.0
	전문학교	55.0	16.5	15.0	27.5	114.0
	중등 학교 갑종상업학교 (5년제)	35.0	10.5	12.0	17.5	75.0
	중학교	33.0	9.9	12.0	16.5	71.4
	을종상업학교 (3년제)	30.0	9.0	12.0	15.0	66.0
		28.0	9.0	10.0	14.0	61.0
고원 여학교	고녀(5~4년제)	30.0	–	7.0	7.5	44.5
	실업(3년제)	28.0	–	7.0	7.0	42.0

자료: 朝鮮殖産銀行人事課長,「昭和十四年新規採用二關スル件」,『採用決定書類(昭和十四年)』, 1938. 8. 18.

는 '비자'가 되었다. 대신 기업은 경쟁과 업적주의로 충만한 양질의 노동력을 공급받았다. 일본의 기업은 직원 채용 시 학교력을 중시하였고, 학력에 따라서 초임에 격차를 두는 방식으로 학력주의적 질서를 추인하고 명시하였다. 이는 기업이 자체적으로 실시할 수 있는 선발의 일부를 학교에 의존함으로써 선발 비용을 학교에 전가하는 것이다. 학교는 기업의 선발을 대신하게 됨으로써 기업이 부담해야 할 사회적 선발 비용을 떠안고 내부의 선별 기능을 강화하였다. '시험지옥'은 학교교육이 기업의 선발을 대신 떠맡으면서 나타난 결과였다.[52]

---

52 아마노 이쿠오天野郁夫 지음, 석태종·차갑부 옮김,『교육과 선발』, 良書院, 1992, 220쪽.

이렇게 채용에서 나타난 기업과 학교의 강한 결합은 일본 근대화의 한 특징이다. 18세기 후반 독일에서 발생한 서구식 학력주의는 19세기에 이르러서는 유럽 대부분의 국가에 확대되었다. 그러나 유럽에서 학력주의는 전문적인 직업과 관청·관료의 경우에만 한정적으로 적용되었지, 산업화의 담당자이자 산업사회의 중핵인 기업에는 확산되지 않았다. 유럽에서는 산업화의 진전이 곧 학력주의의 발전으로 이어지지 않았다. 반면에 후발국으로서 일본은 산업화 초기 단계에서 학교, 특히 고등교육의 모든 기관이 기업 직원층의 양성 및 공급 기능을 담당하면서 학력주의가 발전하였고, 기업의 발전 및 관료제화와 더불어 사회 전체에 확산되었다. 일본의 학교교육제도는 산업화를 먼저 이룩했던 유럽 제국의 그것보다 더 '산업사회형' 제도였다.[53] 조선식산은행의 직원 채용 과정은 이러한 일본의 학력주의가 조선에 도입·적용된 사례이다.

5. 학력주의의 빛과 그림자

삼일운동 이후 조선인의 교육 요구는 민족성을 존중하는 민족교육과 제도·시설의 개선이라는 두 가지 층위로 나뉜다. 근대학교체제에 적응한 중·상류층은 후자에 치중하였다. 조선총독부는 동화를 목표로 '제도적 평등'을 추진하는 '내지연장주의'에 따라 일본과 동일한 제도를 표방하는 교육정책을 폈다. 민족교육과 동화는 서로 공존하기 어려운 목표·이념인

---

53 위의 책, 154~161쪽.

반면, 제도나 시설 같은 기능적 측면은 서로 수용될 여지가 컸다. 이러한 조선인의 요구와 조선총독부의 정책이 갖는 공통분모를 토양으로 1922년 제2차 '조선교육령'이 제정되었다. 이로써 학력이 진학과 취직의 자격이 될 수 있도록 학제가 구비되었고, 기업은 학력을 인사제도에 적극 활용할 수 있었다. 학력주의의 제도화다.

과거제가 중국왕조나 조선왕조에 안정성을 부여했던 것만큼은 아니더라도 유사한 원리로 학력주의가 일본의 식민 통치에 얼마간 탄력성을 부여했다. 이른바 '문화통치'에 의한 협력체제 형성이다. 물론 식민지 조선에서 성립된 학력주의가 조선총독부의 바람대로 조선인 중·상층을 포섭하는 쪽으로만 작용한 것은 아니었다. '내지연장주의'는 조선의 사정을 구실로 점진적으로 적용되었는데, '점진'은 일본인과 조선인의 구별·차별을 의미했다. 학력의 각 단계에서, 취직과 승급·승진에서 민족별 구분과 차별은 뚜렷했으며, 그때마다 민족 감정은 누적되었다. 학력주의로 구축된 협력체제는 내부 모순에 의해 끊임없이 동요했다.[54] 반대로 학력 쌓기가 민족이 아니라 개인의 실력양성에 그친 경우도 많았다. 차별에 의해 진학과 취직이 어려우면 어려울수록 조선인들 사이의 경쟁은 치열했고, 경쟁을 통해 획득된 학력과 지위는 선민의식을 부여했다. 학력은 신분이었고, 대다수가 그 성취에 안주했다.[55]

---

54 이 점은 일본 추밀원이 제2차 '조선교육령'을 심의하는 과정에서 이미 예견되었다. 추밀원은 식민지에 고등교육 시설을 설치하면서 졸업자에 대한 채용 대책을 마련하지 않으면 이들이 도리어 "난민亂民"이 될 위험이 있다고 보았다(정선이, 『경성제국대학 연구』, 문음사, 2002, 36쪽).

55 조선식산은행원이 겪은 차별과 동화, 학력주의 등 식민지 경험에 관해서는 정병욱,

한국근현대사 전체에서 학력주의를 조망해보면 한국인의 교육 욕구가 삼일운동을 통해 조선총독부에 학력주의의 제도화를 강제했다고도 볼 수 있다. 선린상업학교 입학시험에서 보았듯이 삼일운동 시기에도 진학에 대한 열망은 식지 않았다. 1894년 동학농민전쟁 때도 과거시험은 치러졌고 운동의 진원지에서도 합격자가 여럿 나왔다.[56] 1931년 이북만은 일본의 식민지 교육이 제국주의 교육, 노예교육임을 밝히며 교육 문제의 진정한 해결책은 제국주의 타도, 조선의 완전한 독립, 프롤레타리아트 혁명뿐임을 천명했다.[57] 그런데 제도화된 학력주의는 초기에 특정층의 주의였지만, 이후 1930~1940년대, 해방, 한국전쟁을 거치면서 한국인 전체가 관계하였다. 이북만의 바람과 달리 오늘날 국민 전체가 계급투쟁이 아니라(또는 그 변형된 형태로) 학력투쟁에 몰입하고 있다.

최근 학력주의는 한국 근대화 또는 한국 자본주의 형성의 주체적 조건이라는 측면에서 새롭게 조명되고 있다. 해방 이후 식민사학 극복을 위해 제기되었던 '내재적 발전론' 중에는 '우리도 할 수 있다'는 차원의 능력론도 있었는데, 이제 어느 정도의 발전을 이뤄낸 지금 '해냈다'는 차원의 능력론이 다시 대두되고 있다. 발전의 내적 조건과 적응력이 무엇인가를 물으며 풍부한 양질의 노동력과 그 근원으로서 조선 후기 이래 자기 개발과 교육의 중시를 주목하는 주장이다.[58]

앞의 글(2007. 2) 참조.

56 宋俊浩, 「朝鮮後期의 科擧制度」, 『國史館論叢』 제63집, 1995, 46~47쪽.

57 李北滿, 『帝國主義治下における朝鮮の教育狀態』, 1931, 50~51쪽.

58 이헌창, 『한국경제통사』, 법문사, 1999, 제5장; 박섭, 「근대 경제에 대한 한국인의 적응:

물론 기업은 학력주의를 통해 경쟁과 업적주의를 내면화한 양질의 노동력을 공급받았고, 이는 식민지 자본주의의 축복이며, 이후 그 틀을 유지한 남한 자본주의의 축복이었다. 학력주의는 기업에게 이익을 주었지만 실현 주체인 노동자에게도 기회를 주었다. 신분제에 비하면 근대 학력주의는 개방적이다. 기존의 질서가 헝클어진 구한말의 근대화와 식민지화, 그리고 한국전쟁은 사회 구성원에게 위기이자 기회였다. 상승이나 재생산의 단위는 가족이었고 통로는 학력이었다. 왕족이나 자본가에서 노동자·농민에 이르기까지 전 계층이 학력투쟁에 나섰다. 이 과정에서 미래의 노동자는 경쟁과 업적주의를 내면화하여 이후 높은 노동강도를 견뎌내며 한국 자본주의의 성장을 이끌었다. 문제는 이런 식의 성장이 지속될 수 있느냐이다. 실패는 성공의 어머니라고 하듯이 성공도 실패의 어머니일 수 있다.

19세기 후반부터 20세기 전반까지」, 『歷史學報』 제202집, 2009. 6.

부표

〈부표 1〉 삼일운동 관련 피고인 직업별 통계

직업 (대분류)	① 1919년 3월말 서울 시위 피고인			② 1919년 12월 말 삼일운동 관련 피고인			③ 1919년 말 조선인 직업별 인구	
	소분류	인원	%	소분류	인원	%	인원	%
공무·자유	학생	5	4.1	교사	355	1.9	254,531	1.5
				학생	1,782	9.4		
				면·구장, 면서기	204	1.1		
	면서기	1	0.8	관공서, 공공단체, 회사 등의 고원, 사무원	137	0.7		
	고원 (경기도청, 철도국)	2	1.6	의사, 의생	81	0.4		
				대서업	25	0.1		
				승려	120	0.6		
				목사	54	0.3		
	통역, 서화書畫, 악수樂手	3	2.4	전도사	114	0.6		
				기독교임원 기타	61	0.3		
				천도교임원	122	0.6		
				기타 공무·자유업	383	2.0		
	소계	11	8.9	(소계)	3,438	18.0		
	(소계-학생)	6	4.9	(소계-학생)	1,656	8.7		
농림목축	농업	7	5.7	농업·목축·양잠	10,823	56.8	14,254,000	84.9
어업	–	–	–	어업	50	0.3	216,200	1.3
공업	수선, 제조업	3	2.4	광업·야금	17	0.1	346,080	2.1
				토석채취제조	11	0.1		
				금속류 제조	60	0.3		
				가구기계 제조	40	0.2		
				직물·편물류 제조, 염주업染酒業	31	0.2		
				지紙 및 지품 제조製造	12	0.1		
				피혁·피혁품·호모품 제조	54	0.3		
				목죽류 제조	10	0.1		
				음식품·기호품 제조	55	0.3		
				의복, 장신구 제조, 세탁업	87	0.5		

직공(견습)		36	29.4	토목건축업	15	0.1		
				동·석·목판 조각, 인쇄, 사진업	30	0.2		
				이발업	63	0.3		
				기타 공업	61	0.3		
소계		39	31.7	(소계)	546	2.9		
상업 교통업	곡물상	4	3.3	곡물상	193	1.0		
	대금업	1	0.8	매약상	73	0.4		
	잡화상	3	2.4	잡화상	498	2.6		
	중개(매)업	3	2.4	매매매개업	41	0.2		
	각종 상인	9	7.3	고물상	35	0.2		
	행상	3	2.4	물품임대, 창고, 기타 보관업	60	0.3		
	음식점, 술집, 요리인	3	2.4	여인숙, 하숙, 음식점업	233	1.2	984,850	5.9
	음식점, 권번의 고용인	2	1.6	기타 상업	475	2.5		
	우편국집배원	3	2.4					
	수레꾼(車夫), 쌀배달, 인력거부	4	3.3	교통업	8	0.0		
	소계	35	28.5	(소계)	1,616	8.5		
기타 유업	고·용인雇傭人, 일가日稼	15	12.2	비복婢僕, 일용가업日傭稼業	739	3.9	492,454	2.9
	노동, 도로 인부, 잡역	7	5.7	기타 노동자	254	1.3		
	소계	22	17.9	(소계)	993	5.2		
무업	무직	9	7.3	무직업	1,053	5.5	235,395	1.4
				불상	535	2.8		
				(소계)	1,588	8.3		
합계		123	100		19,054	100	1,6783,510	100

자료: ① 본문 〈표 3〉의 자료 ② 朝鮮總督府法務, 「妄動事件處分表」, 1920. 1 ③ 朝鮮總督府, 『朝鮮總督府統計年報』 1919년도판, 72~83쪽. 서울 시위 피고인의 소분류는 「망동사건처분표」의 분류를 따랐다. 소분류 직업의 대분류는 당시 '국세조사'의 직업 분류를 참조하였다. 소분류의 '학생'은 원래 대분류의 '무업'에 속하나 「망동사건처분표」에선 '공무·자유업'에 포함되었다. 아마 삼일운동에서 학생이 종교인, 교사 등 '공무·자유업' 층과 비슷한 역할을 했기 때문인 것 같다.

〈부표 2〉 삼일운동 각 사건 중 '내란죄'로 고등법원에 예심 청구된 사례

피의자 명	일시, 지역, 주요 활동	일시 ┃ 판결 법원 ┃ 주요 판결 내용(사건 번호)
손병희 등 47/48/48/48인	1919. 3. 1.~ 경성 등 독립선언 및 선언서 배포	● 1919. 8. 1. ┃ 경성지방법원 예심 ┃ 내란죄, 관할 변경 요구 ● 1920. 3. 22. ┃ 고등법원 예심 ┃ 내란죄 아님, 경성지방법원 관할(1919特豫1·5) ● 1920. 8. 9. ┃ 경성지방법원 ┃ 공소 불수리不受理(1920地公刑398·399) ● 1920. 10. 30. ┃ 경성복심법원 ┃ 원판결 취소, 양형(1920刑控522·523)
김현묵 등 52/27/27/27인	1919. 4. 3. 경기 수원군 장안· 우정면 시위	● 1919. 8. 7. ┃ 경성지방법원 예심 ┃ 일부 내란죄로 관할 변경 요구, 일부 면소 또는 방면 ● 1920. 3. 22. ┃ 고등법원 예심 ┃ 내란죄 아님, 경성지방법원 관할(1919特豫2) ● 1920. 8. 9. ┃ 경성지방법원 ┃ 공소 불수리(1920刑公400) ● 1920. 12. 9. ┃ 경성복심법원 ┃ 원판결 취소, 양형(1920刑控527)
최은식 등 127/127/125/125인	1919. 4. 1~2 경기 안성군 원곡· 양성면 시위	● 1919. 8. 8. ┃ 경성지방법원 예심 ┃ 내란죄, 관할 변경 요구 ● 1920. 3. 22. ┃ 고등법원 예심 ┃ 내란죄 아님, 경성지방법원 관할(1919特豫3) ● 1920. 8. 10. ┃ 경성지방법원 ┃ 공소 불수리(1920刑公401) ● 1921. 1. 22. ┃ 경성복심법원 ┃ 원판결 취소, 양형(1920刑控531)
박경득	1919. 4. 2. 평북 의주군 옥상면 시위	● 1920. 3. 22. ┃ 고등법원 예심 ┃ 내란죄 아님, 경성지방법원 관할(1919特豫4) ● 1920. 8. 7. ┃ 경성지방법원 ┃ 공소 불수리(1920刑公405) ● 1920. 10. 30. ┃ 경성복심법원 ┃ 원판결 취소, 양형(1920刑控524)

피의자 명	일시, 지역, 주요 활동	일시 | 판결 법원 | 주요 판결 내용(사건 번호)
안봉하 등 71 / 70 / 68인	1919. 3. 3. 황해 수안군 수안면 시위	● 1920. 3. 22. | 고등법원 예심 | 내란죄 아님, 경성지방법원 관할(1919特豫6·7·10) ● 1920. 8. 7. | 경성지방법원 | 공소 불수리(1919刑公402) ● 1920. 11. 22. | 경성복심법원 | 원판결 취소, 양형(1920刑控528·529·530)
윤상태 등 27 / 30인	대구 독립단 (중앙총부) 조직 활동	● 1919. 9. 23. | 대구지법 예심 | 내란죄, 관할 변경 ● 1920. 3. 22. | 고등법원 예심 | 내란죄 아님, 윤상태 등 20인 면소 방면 또는 면소(1918特豫8·9)
권영대 등 10인 / 윤상태 등 30인 / 변상대 등 10 / 10인	1919. 4. 3. 경남 창원군 진전· 진북·진동면 시위	● 1919. 11. 6. | 부산지법 마산지청 | 내란죄, 관할 변경 요구(1919刑公 117) ● 1920. 3. 22. | 고등법원 예심 | 내란죄 아님, 권영대 등 10인 경성지방법원 관할(1918特豫8·9)(위와 병합) ● 1920. 8. 7. | 경성지방법원 | 공소 불수리(1920刑公406) ● 1920. 10. 30. | 경성복심법원 | 원판결 취소, 양형 결정(1920刑控525·526)
이정화 등 20인	1919. 3~4. 평북 강계군, 자성군, 후창군 자금 모집	● 1920. 4. 30. | 고등법원 예심 | 내란죄 아님, 일부 평양지방법원 관할, 일부 면소(1919特豫11)

자료: 국가기록원, 〈독립운동관련판결문〉, 2019. 8. 18 검색. 이 외에도 조선총독부 검사 측이 '내란죄' 적용을 요구한 단독 사건으로 '개성 허내삼 등의 시위'가 있다(최종 기각). 하지만 이 사건은 고등법원 예심을 거친 경우가 아니며 위 사건들과는 별도의 사건으로 처리되었다.

〈부표 3〉 수안면 만세시위 피고인과 사상자

이름	주소		직업	천도교 교구 내 지위	나이	혐의					연락·선동	형량/사망
	면	리				모의	1차 시위	2차 시위	3차 시위	참여 시도		
안봉하 安鳳河	수안면	석교리	교구장	좌동	65	○						2년
김영만 金永萬	공포면	마산리	짚신 장수	전도사, 전 교구장*	57	○					한청일 홍석정	2년
나찬홍 羅燦洪	수안면	석교리	농업	금융원	48	○						1년6월
최용식 崔鎔植	수안면	석교리	농업	공선원*	51	○						1년3월
김형선 金炯宣	도소면	금화리	농업	전 전도사, 전 교구장*	66	○						1년3월
이달하 李達河	연암면	보전리	한문 교사		65	○						1년3월
나용일 羅龍日	연암면	율리	한문 교사		44	○					안봉하	1년3월
장성도 張聖道	수안면	석교리	농업	전 전도사, 전교사*	50	○						1년3월
안창식 安昌植	수안면	석교리	농업		35	○						1년3월
홍길재 洪吉載	수안면	석교리	농업		22	○						1년3월
이윤식 李潤植	수구면	석달리	농업		59	○						1년3월
이응호 李應浩	수안면	석교리	한문 교사		29	○						1년3월
홍두익 洪斗益	수안면	석교리	농업		22	○						1년
홍두옥 洪斗玉	수안면	석교리	농업		39	○	○				홍, 한	2년

이름	주소		직업	천도교 교구 내 지위	나이	혐의					연락·선동	형량/사망
	면	리				모의	1차 시위	2차 시위	3차 시위	참여 시도		
이영철 李永喆	수안면	석교리	교구실 소사	좌동	36	○	○				한, 홍	2년6월
강국보 康國甫	대천면	남정리	농업	전도사	49		○				한청일	1년3월
최양봉 崔陽鳳	대천면	사창리	자유 노동		39		○				홍석정	1년3월
차제남 車濟南	대천면	사창리	마부		71		○				한, 홍	1년3월
김응하 金應河	수안면	석교리	농업	전 교구장*	63		○					1년3월
유광선 柳光善	수안면	석교리	농업		43		○		○*			1년3월
김태혁 金泰赫	수안면	석교리	농업		38		○		○*		홍, 한	1년3월
최석구 崔錫龜	수안면	석교리	농업	전 금융원*	57		○					1년3월
김응도 金應道	수안면	창후리	농업	전교사*	54		○				홍석정	1년3월
한진석 韓眞錫	수안면	창후리	농업		42		○*	○			오관옥	1년3월
박이봉 朴利鳳	수안면	석교리	머슴		65		○	○**			한청일	1년3월
이재관 李在觀	대천면	시리원	농업	전교사*	53			○			홍석정	1년3월
이동욱 李東郁	수안면	수촌리	농업	전교사	31			○			홍, 오	2년
백수화 白受和	수안면	수촌리	농업		64			○			오관옥	1년3월

이름	주소		직업	천도교 교구 내 지위	나이	혐의					연락·선동	형량/사망
	면	리				모의	1차 시위	2차 시위	3차 시위	참여 시도		
최석구 崔錫九	수안면	수촌리	농업		52			○				옥중 사망
김문상 金文祥	수안면	자의리	농업		44			○			김창순	1년3월
이채룡 李彩龍	수안면	자의리	농업		40			○			이동욱	1년3월
전창오 田昌五	수안면	자의리	농업		52			○			김창순	1년3월
이진국 李鎭國	대천면	사창리	농업		23			○			오관옥	1년3월
김용수 金龍洙	수안면	창후리	농업		50			○			김흥국	1년3월
용계홍 龍桂弘	대천면	상대리	농업		64			○			이동욱, 오	1년3월
김원걸 金元杰	대천면	하대리	농업		31			○			오관옥	1년3월
정달명 鄭達明	대천면	수치리	농업		29			○			오관옥	1년3월
유양진 柳良鎭	대천면	수치리	농업		46			○			오관옥	1년3월
이균형 李均瀅	대천면	창곡리	농업		25			○				1심 후 소실*
정두선 鄭斗璿	대천면	창곡리	농업		38			○			오관옥	1년3월
박창순 朴昌淳	대천면	창곡리	농업		43			○			오관옥	1년3월
김건영 金健榮	대천면	창곡리	농업		26			○			오관옥	1년3월

이름	주소		직업	천도교 교구 내 지위	나이	혐의					연락· 선동	형량/ 사망
	면	리				모의	1차 시위	2차 시위	3차 시위	참여 시도		
김지섭 金智涉	대천면	시리원	농업		41			○			오관옥	1년3월
김정만 金貞萬	연암면	율리	대장 장이		47			○			오관옥	1년3월
양석두 梁石斗	연암면	율리	농업		63				○		오관옥	1년3월
이의선 李義善	연암면	율리	농업		20			○			오관옥	1년
김기홍 金基弘	수안면	수촌리	농업		48			○			오관옥	1년3월
이종식 李宗植	수안면	석교리	농업		44			○			홍석정	1년3월
이대인* 李臺仁	대천면	시리원	농업		54			○			오관옥	1년3월
박진화 朴鎭化	수안면	수촌리	농업		32			○			오관옥	1년3월
김희덕 金熙德	수안면	소촌리	농업		32				○		홍석정	1년3월
서상린 徐相獜	수안면	자의리	농업		19			○			오관옥	1년
최응기 崔應基	수안면	수촌리	농업		33			○			이동욱	1년3월
정진하 鄭鎭河	대천면	수치리	농업		59			○			오관옥	1년3월
정익순 鄭益淳	수안면	옥현리	농업		29			○			한청일	1년3월
정이언 鄭理彦	대천면	남정리	나무 장수		55				○		홍석정	1년3월

이름	주소		직업	천도교 교구 내 지위	나이	혐의					연락·선동	형량/사망
	면	리				모의	1차 시위	2차 시위	3차 시위	참여 시도		
하운택 河雲澤	대천면	상대리	돗자리 제조		44				○			1심 후 소실*
이치제 李致濟	오동면	갈현리	농업		56				○		한청일	1년3월
최명백 崔明白	대평면	하조리	농업		45				○		홍석정	1년6월
강몽락 姜夢洛	대천면	남정리	연초상		48				○		홍석정	1년6월
박정훈 朴貞薰	대천면	남정리	잡화상		52				○		김영선	1년3월
이종섭 李宗燮	대천면	남정리	한문 교사		61				○		홍석정	1년3월
김병령 金炳領	대천면	남정리	농업		42				○		홍석정	1년6월
양계은 梁啓殷	연암면	율리	농업		38				○		오관옥	1년6월
김여진 金麗鎭	오동면	상구리	농업		66				○			1년3월
김하경 金河京	오동면	상구리	농업		25				○		홍석정	1년6월
오병선 吳炳善	대천면	사창리	농업		20				○		한,홍	1년
임창운 林昌云	도소면	홍덕리*	농업		37					○	홍, 이시용	금고 6월
이시용 李時庸	도소면	홍덕리*	농업	전도사	51					○	홍석정	금고 6월
이두천 李斗闡	공포면	기내리	농업		31					○	홍석정	금고 6월

이름	주소		직업	천도교 교구 내 지위	나이	혐의					연락·선동	형량/사망
	면	리				모의	1차 시위	2차 시위	3차 시위	참여 시도		
박태수 朴泰守	수안면	창후리	농업		54		○				홍석정	1년3월

조선총독부 기록에 나타난 사상자

이름	주소		직업	천도교 교구 내 지위	나이	혐의					연락·선동	형량/사망
홍석정 洪錫貞	수안면	석교리**		전 교구장		○	○		○			시위 중 사망
한청일 韓淸一	수안면	석교리**		전교사*		○	○		○			시위 중 사망
오관옥 吳觀玉	대천면	시리원							○	○		시위 중 사망 추정
홍순걸 洪淳杰				전 교구장*					?			부상, 기소 중지

자료: 高等法院, 「1919特豫6·7·10號 決定書: 安鳳河 등 71인」, 1920. 3. 22; 京城地方法院, 「1919刑公402號 判決: 安鳳河 등 70인」, 1920. 8. 7; 京城覆審法院, 「1920刑控528·529·530號 判決: 安鳳河 등 68인」 1920. 11. 22; 海州地方法院瑞興支廳 檢事分局, 「谷山騷擾李景燮 外 6人 調書」, 1919. 3. 28; 조규태, 「황해도 수안지역 천도교인의 3·1운동」, 『崇實史學』 23, 숭실사학회, 2009, 122~123쪽.

'주소'의 '*'는 판결문에 '興洞里'리로 나오나 당시 없는 지명으로 '興德里'로 바로잡았다. '**'는 각각 자식의 주소를 따랐다(예 홍석정→홍두익, 한청일→한병익). '천도교 교구 내 지위'의 '*'는 조규태 논문에 의거한다. '혐의' 중 '*'는 고등법원 예심 판결에만, '**'는 1심(경성지방법원) 판결에만 나온다. '연락·선동'의 '홍'은 홍석정, '한'은 한청일, '오'는 오관옥을 말한다. 이균형, 하운택 2인은 판결문에 의거해서 '형량/사망'에 '소실'로 기입하였는데, 논문 작성 후 검토한 京城覆審法院檢事局, 『大正九年 刑事控訴事件簿』에 따르면 옥중 사망하였다. 이 외 사망자에 관해서는 이 책 「3. 수안의 황천왕동이 홍석정, 한낮에 비로소 쉬다」 참조.

참고문헌

참고문헌은 크게 자료와 논저로 나누었다. 자료는 다시 문헌과 인터넷 사이트로 나누고, 문헌은 생산일·간행일 순으로 배열했다. 논저(영상 포함)는 저자의 가나다라 순으로 나열했다. 두 번이상 나오는 참고문헌은 앞의 '공통'에 제시했다.

공통

1) 자료

朝鮮總督府 警務總監部 高等警察課, 「獨立運動ニ關スル件」, 1919.

朝鮮總督府內務局, 『大正八年 騷擾事件ニ關スル道長官報告綴 七冊』, 1919.

京畿道警務部, 『査察彙報』, 1919(『사찰휘보』는 1919년 3~7월분이 현재 국사편찬위원회에 필사본으로 보관되어 있다. 내용으로 보건대 조선총독부 경무총감부 고등경찰과가 작성한 일일보고 「독립운동에 관한 건(獨立運動ニ關スル件)」의 기초 자료 중 하나인 것 같다).

朝鮮總督府法務, 「妄動事件處分表」, 1920. 1.

朝鮮總督府 編, 『朝鮮法令輯覽 上·下卷』, 1940·1938.

李炳憲, 『三·一運動祕史』, 時事時報社出版局, 1959.

國史編纂委員會 編, 『韓民族獨立運動史資料集 11~27』, 1990~1996.

국가기록원, 〈독립운동관련판결문〉 https://theme.archives.go.kr/next/indy/viewMain.do.

국가보훈처, 〈공훈전자사료관〉 e-gonghun.mpva.go.kr.

국사편찬위원회, 〈삼일운동 데이터베이스〉 http://db.history.go.kr/samil.

국사편찬위원회, 〈한국사데이터베이스〉 http://db.history.go.kr.

국사편찬위원회, 〈한국사데이터베이스_일제감시대상인물카드〉 http://db.history.go.kr/
item/level.do?itemId=ia.

독립운동사편찬위원회 편, 『독립운동사자료집 4·6: 3.1운동사자료집』, 독립유공자사업
기금운용위원회, 1972·1973.

독립운동사편찬위원회 편, 『독립운동사자료집 5: 3.1운동재판기록』, 독립유공자사업기
금운용위원회, 1972.

2) 논저

독립운동사편찬위원회 편, 『독립운동사 2·3: 3.1운동사(상·하)』, 독립유공자사업기금운
용위원회, 1971.

권보드래, 『3월 1일의 밤: 폭력의 세기에 꾸는 평화의 꿈』, 돌베개, 2019.

松田利彦, 『日本の朝鮮植民地支配と警察 一九〇五~一九四五年』, 校倉書房, 2009.

水野直樹, 「三一運動期の植民地權力と朝鮮民衆―地域における「對峙」の樣相を考え
る」, 『コリアン·スタデイーズ』 8, 2020.

박찬승, 『1919: 대한민국의 첫 번째 봄』, 다산북스, 2019.

이정은, 『3·1 독립운동의 지방시위에 관한 연구』, 국학자료원, 2009.

정병욱, 「1919년 3월 황해도 수안 만세시위의 재구성」, 『민족문화연구』 84, 2019. 8(이
책 「보론 2」).

조규태, 「황해도 수안지역 천도교인의 3·1운동」, 『崇實史學』 23, 2009.

原口由夫, 「三·一運動彈壓事例の研究―警務局日次報告の批判的檢討を中心にして」,
『朝鮮史研究會論文集』 23, 朝鮮史研究會, 1986.

한인섭, 『식민지 법정에서 독립을 변론하다』, 경인문화사, 2012.

0. 최흥백, 두만강을 건너다

1) 자료

「銃殺事件 內容, 崔在亨은 如何한 人?」, 『東亞日報』 1920. 5. 9, 3면.
國史編纂委員會 編, 『韓國獨立運動史 2』, 探求堂, 1966.
친일인명사전편찬위원회, 『친일인명사전』, 민족문제연구소, 2009.
최 올가, 최 발렌친 지음, 정헌 옮김, 『나의 아버지 최재형』, 상상, 2019.
「최 올가 페트로브나의 자서전」, 「최 표트르 세묘노비치(최재형)의 짧은 전기」, 「산자
　　와 죽은 자」, 「아버지에 대해서 기억하고 알고 있는 것들에 대해서」 등 최재형 관
　　계 자료(독립기념관, 〈한국독립운동정보시스템〉 https://search.i815.or.kr의 '콘텐
　　츠_독립운동가 자료_최재형'에 수록. 2021. 6. 30. 검색).

2) 논저

강석화, 「19세기 함경도 지역의 환폐(還弊)와 민의 동요」, 『역사학보』 232, 2016.
권내현, 『노비에서 양반으로, 그 머나먼 여정: 어느 노비 가계 2백 년의 기록』, 역사비
　　평사, 2014.
김민우, 「'乙酉(1885)·丁亥(1887) 勘界'의 교섭 과정과 '流民'문제 연구—'借地安民' 논
　　쟁을 중심으로」, 고려대학교 교과교육학과 석사학위논문, 2019.
김보희, 「1917년 독일포로 고려인이 부른 독립운동가요」, 『한국독립운동사연구』 42,
　　2012.
디르크 회르더, 「이주와 소속감」, 에밀리 S. 로젠버그 편, 조행복·이순호 옮김, 『하버드
　　C.H. 베크 세계사 1870~1945: 하나로 연결되는 세계』, 민음사, 2018[2012].
박환, 『페치카 최재형』, 선인, 2018.
반병률, 『성재 이동휘 일대기』, 범우사, 1998.
반병률, 「러시아 최초의 한인 마을 地新墟」, 『한국근현대사연구』 26, 2003.
반병률, 『러시아 고려인사회의 존경받는 지도자, 최재형』, 한울, 2020.
이사벨라 버드 비숍 지음, 이인화 옮김, 『한국과 그 이웃 나라들』, 살림, 1994.
이병조, 「생존자의 회상을 통해서 본 스탈린 탄압의 비극: 최초의 한인 해군장교, 최 파

벨 페트로비치(최선학) 가족을 중심으로」, 『재외한인연구』 24, 2011.

1. 단천 천도교인 최덕복의 어떤 결심

1) 자료

韓國駐箚軍參謀長落合豊三郎 → 特命全權公使林權助, 「韓駐參第598號 (一進會現況에 관한 調査報告)」, 1904. 11. 22(국사편찬위원회, 〈한국사데이터베이스_주한일본공 사관기록&통감부문서〉에 수록).

咸鏡南道 松下警視 「砲契員通牒 및 告示文」, 1907. 12. 29(國史編纂委員會 編, 『韓國獨 立運動史 1』, 探求堂, 1965, 665~666쪽에 수록).

「日進遇害調査」, 『大韓每日申報』 1908. 6. 16, 2면.

李寅爕 編, 『元韓國一進會歷史』 卷6, 文明社, 1911.

朝鮮駐箚軍司令部, 『朝鮮暴徒討伐誌』, 1913.

高等法院刑事部, 「1919年刑上第918·919號 判決: 廉元亨 등 19인」, 1919. 10. 16.

京城覆審法院刑事部, 「1919年刑控第427·428號 判決: 金明洙 등 18인」, 1919. 6. 20.

京城覆審法院刑事部, 「1919年刑控第717號 判決: 金成浩 등 5인」, 1919. 8. 1.

石川檢事, 『大正8年 保安法事件』, 1919(독립기념관 한국독립운동사연구소 편찬, 『함흥 지방법원 이시카와(石川) 검사의 3.1운동 관련자 조사 자료 I · Ⅱ』, 독립기념관 한 국독립운동사연구소, 2019).

京城覆審法院刑事部, 「1921年刑控第325號 判決: 薛雲龍, 崔錫崑」, 1921. 5. 25.

「廉元亨氏出獄還鄕」, 『東亞日報』 1921. 5. 9, 4면.

京城覆審法院刑事部, 「1923年刑控第559號 判決: 崔德福 등 18인」, 1924. 1. 16.

「荷田里民의 중대사항결의」, 『中外日報』 1928. 2. 25, 3면.

端川郡, 『郡勢一斑』, 1930. 8.

朝鮮總督府(村山智順), 『朝鮮の類似宗敎』, 朝鮮總督府, 1935.

김용문, 「'대담' 독립선언 반세기의 회고 단천군 편」, 『新人間』 263호, 1969. 4.

김용문, 「독립선언 반세기의 회고—당시 내 고장의 주역들(薛雲龍先生編)」, 『新人間』 263호, 1969. 5.

端川郡誌編纂委員會 編, 『端川郡誌』, 1971.

김용문, 「단천교구사 〈1〉·〈2〉」, 『新人間』 384·385호, 1981. 1·2.

김용문, 「단천교구사 〈3〉·〈4〉」, 『新人間』 387·388호, 1981. 5·6.

國史編纂委員會 編, 『韓民族獨立運動史資料集 11: 三一運動 I』, 國史編纂委員會, 1990.

송상도 지음. 강원모 김도훈 이관성 이재숙 정만호 옮김, 『기려수필: 망국의 한 기록으로 꽃 피우다』 1-3, 대전: 문진, 2014.

朝鮮憲兵隊司令部 編, 『朝鮮憲兵隊歷史 第1-2卷』, 不二出版, 2000(복각판).

2) 논저

김정인, 『천도교 근대 민족운동연구』, 한울, 2009.

Yumi Moon, *Populist collaborators: the Ilchinhoe and the Japanese colonization of Korea, 1896~1910*, London: Cornell University Press, 2013.

朴敏泳, 『大韓帝國期 義兵研究』, 한울, 1998.

반병률, 『홍범도 장군: 자서전 홍범도 일지와 항일무장투쟁』, 한울아카데미, 2014.

성주현, 「문암 박인진의 천도교 활동과 민족운동」, 『한국민족운동사연구』 75, 2013.

이애숙·김도훈, 『삼일운동 데이터베이스로 보는 1919, 그날의 기록』 제4권, 국사편찬위원회, 2019.

이용창, 「일진회와 자위단의 의병 사냥」, 『내일을 여는 역사』 30, 2007. 12.

林雄介, 「運動団体としての一進会―民衆との接触様相を中心に」, 『朝鮮学報』 172, 1999. 7.

홍영기, 『한말 의병에서 독립군으로: 후기 의병』, 독립기념관, 2017.

2. 평양 시민, 경찰서에 돌질하다

1) 자료

Korean Independence Band, "Extra Important Announcement", 1919. 3. 3(국사편찬위원회, 〈삼일운동 데이터베이스〉의 '재한선교사기록'에 수록. 이하 영문 자료

동일).

S.L.Roberts, "Thursday March 6th 1919", 1919. 3. 6.

「平壤, 경찰서에 돌질」, 『每日申報』 1919. 3. 7, 3면.

Jessie M. Re, "Dearest Mother", 1919. 3. 9.

「소요사건의 後報: 평양, 교회 경계 해제」, 『每日申報』 1919. 3. 12, 3면.

高等法院刑事部, 「1919年刑上第97號 判決書: 鄭在哲」, 1919. 5. 29.

朝鮮總督府, 「騷擾事件報告月報 第1號」, 1919. 7. 31.

高等法院刑事部, 「1919年刑上第463號 判決書: 尹基化」, 1919. 7. 24.

京城地方法院, 「1919年刑第1649號 判決: 金善斗 등 8인」, 1919. 8. 21.

The Commission on Relations with the Orient of the Federal Council of the
     Churches of Christ in America, "Exhibit 1— THE DISTURBANCES IN
     KOREA"(1919. 3. 21.), *The Korean Situation*, 1919. 7.

高等法院刑事部, 「1919年刑上第739號 判決書: 盧元賛 등 3명」, 1919. 9. 18.

高等法院刑事部, 「1919年刑上第803·804號 判決書: 李最煥 張芝林 劉確信」, 1919. 9.
     25.

高等法院刑事部, 「1919年刑上第800號 判決書: 金澤鴻」, 1919. 9. 27.

高等法院刑事部, 「1919年刑上第801號 判決書: 趙亨植 金夢鍵」, 1919. 9. 27.

高等法院刑事部, 「1919年刑上第826~828號 判決書: 金燦興 등 15인」, 1919. 9. 29.

高等法院刑事部, 「1919年刑上第881號 判決書: 崔永孝 劉永煥 劉漢基」 919. 10. 9.

高等法院刑事部, 「1919年刑上第984號 判決: 金善斗 丁一善」, 1919. 10. 20.

J. W. Crofoot, "Korean Independence Outbreak Beginning March 1st., 1919 Part
     1: The Beginning of the Korean independence uprising March 1-5", *Korean
     Independence Outbreak Beginning March 1st., 1919*, 1919. 10.

日本 陸軍省, 『大正8年乃至同10年 朝鮮騷擾事件關係書類 共7冊 其1』.

金來成, 「三一運動과 나의 少年時節: 平壤 南門通의 追憶」, 『民聲』 6-3, 1950. 3. 1.

國史編纂委員會 編, 『韓民族獨立運動史資料集 11~13』, 國史編纂委員會, 1990.

도인권 구술, 「도인권 선생의 기록」, 『한국기독교와 역사』 22, 2005.

정호웅 순정수 엮음, 『김남천 전집 II』, 박이정, 2000.

방린봉 외, 『조선지명편람: 평양시』, 박이정, 2001.

숭실대학교 120년사편찬위원회, 『평양숭실 회고록』, 숭실대학교, 2017.

2) 논저

염복규 등, 『경성과 평양의 3.1운동』, 서울역사박물관, 2018.

3. 수안의 황천왕동이 홍석정, 한낮에 비로소 쉬다

1) 자료

黃海道遂安郡教區室(?), 「遂安郡天民寶錄」, 1909.

「Wound Men's Version of the Suan Kol Shooting of March 3—1919(부상자들이 본 1919년 3월 3일 수안골 총격)」, 1919(국가보훈처 편, 『海外의 韓國獨立運動史料. 1: 國際聯盟篇』, 國家報勳處, 1991, 87~90쪽에 수록).

京城地方法院 檢事局, 「身元照會書類送付件: 韓秉益(戶籍謄本)」, 1919.

朝鮮總督府內務局, 「大正八年 騷擾事件二關スル道長官報告綴 七冊ノ內二, 五」, 1919.

朝鮮憲兵隊司令部, 『朝鮮騷擾事件狀況』, 1919.

高等法院, 「1919年特豫6·7·10號 決定書: 安鳳河 등 71인」, 1920. 3. 22.

京城地方法院, 「1919年刑公402號 判決: 安鳳河 등 70인」, 1920. 8. 7.

「獨立宣言事件의 控訴公判, 運動費의 出處와 理由, 耶蘇側에 交附한 五千圓問題, 第二 日은 韓秉益外 十三名을 訊問」, 『東亞日報』 1920. 9. 22, 4면.

京城覆審法院, 「1920年刑控528·529·530號 判決: 安鳳河 등 68인」, 1920. 11. 22.

京城覆審法院檢事局, 『大正九年刑事控訴事件簿』.

車相瓚 朴達成, 「黃海道踏査記」, 『開闢』 60, 1925. 6. 1.

김병조 지음, 한국독립운동사연구소 편, 『한국독립운동사략 상편』, 독립기념관, 2018[1921].

黃海道 遂安郡, 『郡勢一斑』, 1930.

黃海道 谷山郡, 『郡勢一斑』, 1933.

李敦化, 『天道教創建錄 第壹輯』, 天道教中央宗理院, 1934.

村山智順, 『朝鮮の類似宗教』, 大海堂, 1935.

표영삼, 「수안교구의 만세운동」, 『新人間』 468, 1989. 2.

표영삼, 「곡산교구사 (상)」, 『新人間』 484, 1990. 7.

國史編纂委員會, 『韓民族獨立運動史資料集 11~16』, 國史編纂委員會, 1990~1993.

遂安郡誌編纂委員會編, 『遂安郡誌』, 遂安郡誌編纂委員會, 1992.

谷山郡誌編纂委員會編, 『谷山郡誌』, 谷山中央郡民會, 1997.

이동초 편저, 『동학 천도교 인명사전(제1판)』, 모시는사람들, 2015.

2) 논저

홍영기, 「蔡應彦 의병장의 생애와 활동」, 『한국독립운동사연구』 26, 2006. 6.

4. 심영식, 겉눈만 못 보지 속눈마저 못 보는 줄 아냐

1) 자료

京城地方法院, 「判決: 韓宗錫 등 17인」, 1919. 5. 6.

「遂安事件 七十一名 公判(2)」, 『每日申報』 1920. 11. 3, 3면.

朝鮮總督府濟生院, 『朝鮮盲啞者統計要覽(1921年 7月末 調査)』, 1922.

朝鮮總督府濟生院盲啞部, 『朝鮮總督府濟生院盲啞部創立二十五年』, 1938.

이경신·송용현, 「日人郡守가 '大韓獨立萬歲': 開城」, 『新東亞』, 1965. 3.

장수복, 『(신체장애자 심영식여사의 감동의 애국정신!!) 대한이 살았다!』, 고려문화사, 1989.

장수복, 『(심영식 열사의 감동의 애국정신) 선죽교 피다리』, 대우, 1991.

김천년, 『맹인실록』(미간행원고).

2) 논저

김진호·박이준·박철규, 『한국독립운동의 역사 제20권: 국내 3·1운동 Ⅱ-남부』, 독립기념관 한국독립운동사연구소, 2009.

노성태, 「광주 3·1운동의 재구성―판결문을 중심으로」, 『향토문화』 38, 2019.

주윤정, 『보이지 않은 역사: 한국 시각장애인들의 저항과 연대』, 들녘, 2020.
조민호 감독, 영화 〈항거: 유관순 이야기〉, 2019.

5. 삼일운동 참여자 수감 사진의 비밀

1) 자료

최남선, 「동정 받을 필요 있는 자 되지 말라」, 『유심』 1, 1918. 9(高麗大學校 亞細亞問題研究所 六堂全集編纂委員會 編, 『六堂 崔南善全集 10』 1973, 211~213쪽에 수록).
한용운, 「조선독립의 서」, 1919(한용운, 『한용운전집 1』, 신구문화사, 1973, 346~360쪽에 수록).
「寫眞寫할 人은 見落지 마으시오」, 『每日申報』 1919. 2. 1, 1면.
「손병희등 사십칠인의 안부」, 『동아일보』 1920. 6. 12, 3면.
李承薰, 「監獄에 對한 予의 主文(一)~(四)」, 『동아일보』 1922. 07. 25~26, 28~29, 3면.
정인보, 「남강선생 묘비」, 1930(남강문화재단 편, 『南岡 李承薰과 民族運動』, 남강문화재단출판부, 1988, 645~650쪽에 수록).
김기석, 『南岡 李昇薰』, 한국학술정보, 2005[1964].
金珖燮, 『나의 獄中記: 日記·手記·自傳的 에세이』, 창작과 비평사, 1978.
이장락, 『한국땅에 묻히리라: 프랭크 윌리엄 스코필드 박사전기』, 정음사, 1980.
이소가야 스에지 지음, 김계일 옮김, 『우리 청춘의 조선: 일제하 노동운동의 기록』, 사계절, 1988.

2) 논저

고재석, 『한용운과 그의 시대』, 역락, 2010.
김영민, 「국립중앙박물관 소장 유리건판」, 『국립중박물관소장 유리건판 궁궐』, 국립중앙박물관, 2007.
류시현, 『최남선 연구』, 역사비평사, 2009.

박경목, 「일제강점기 수형기록카드 현황과 명칭」, 『한국독립운동사연구』 64, 2018. 11.

염복규, 「1910년대 일제의 태형제도 시행과 운용」, 『역사와 현실』 53, 2004.

이경민, 『제국의 렌즈』, 산책자, 2010.

이애숙, 「일제감시대상인물카드(해제)」, 2014. 12(국사편찬위찬위회, 〈한국사데이터베이스_일제감시대상인물카드〉의 '자료소개').

이정은, 『유관순: 불꽃같은 삶, 영원한 빛』, 류관순열사기념사업회, 2005.

최인진, 『韓國寫眞史 1631~1945』, 눈빛, 2000.

6. 태형, 고통의 크기

1) 자료

朝鮮總督府 編, 『朝鮮總督府統計年報』, 1915~1925년판.

司法部監獄課, 「笞刑に就て」, 『朝鮮彙報』 1917. 10·11.

江原道長官(元應常) → 朝鮮總督府 內務部長(宇佐美勝夫), 「騷擾事件ニ關スル件報告」, 1919. 5. 14(朝鮮總督府內務局, 『大正八年 騷擾事件ニ關スル道長官報告綴 七冊ノ 內五』, 1919에 수록).

高等法院刑事部, 「1919年刑上第476·477號 判決書: 李能烈, 金元植, 李炯雨」, 1919. 8. 16.

朝鮮總督府 警務總監部, 「騷擾事件檢擧件數調査表(7月1日~7月10日)」, 1919. 8. 19.

日本基督教會各派同盟 等 派遣員, 「朝鮮騷擾地巡廻日誌」, 1919[近藤釼一(友邦協會) 編, 『朝鮮近代史料(9) 万才騷擾事件(三·一運動) (1)』, 東京: 巖南堂書店, 1964].

Henry Chung, *The case of Korea*, New York: Fleming H. Revell Company, 1921(영인본 Henry Chung, 『The case of Korea(近世 東亞細亞 西洋語 資料叢書 126)』, 서울: 경인문화사, 2001).

오기영, 『사슬이 풀린 뒤』, 성균관대 출판부, 2003[1948].

오윤환 지음, 속초문화원 편, 『國譯 梅谷日記』, 강원일보사출판국, 2007.

국가보훈처, 「보도자료: '독립운동' 관련 수형자 5천 323명 확인」, 2019. 1. 17.

2) 논저

김만중, 「『梅谷日記』, 구한말부터 해방직후까지 속초 유림의 기록」, 『江原史學』 36, 2021.

金龍德, 「三·一運動 以前의 笞刑」, 東亞日報社 編, 『三·一運動50周年紀念論集』, 동아일보사, 1969.

도면회, 『한국 근대 형사재판제도사』, 푸른역사, 2014.

염복규, 「1910년대 일제의 태형제도 시행과 운용」, 『역사와 현실』 53, 2004.

정병욱, 「1919년 삼일운동과 일기 자료」, 『한국사학보』 73, 2018.

조동걸, 「三一運動의 地方史的 性格—江原道 地方을 中心으로」, 『역사학보』 47, 1970.

7. 3월 22일 서울 남대문역 부근 만세시위, 누가 주역인가?

1) 자료

大阪十字屋 編, 朝鮮總督府土地調査局 校閱, 「京城市街全圖」, 1915.

京畿道警務部, 『査察彙報』 제5회(1919. 3. 2)~제35회(1919. 3. 31), 1919.

조선총독부 경무총감부 고등경찰과, 「독립운동에 관한 건」 제23보, 1919. 3. 22.

조선군사령부, 「소요사건에 관한 속보(續報)」 제46호, 1919. 3. 22.

「독립신문」 제13호, 1919. 3. 24(국사편찬위원회, 〈삼일운동 데이터베이스〉의 '격문·선언서'에 수록).

朝鮮憲兵隊司令部·朝鮮總督府 警務總監部, 「騷擾事件ノ槪況」, 1919. 5(일본 외무성, 『不逞團關係雜件 朝鮮人ノ部 在內地 七』에 수록.

京城地方法院, 「判決: 金公瑀 등 10인」, 1919. 5. 6.

京城覆審法院刑事部, 「1919刑控450·451判決: 金公瑀 등 4인」, 1919. 6. 23.

高等法院刑事部, 「1919刑上554·555 判決原本: 金公瑀 등 4인」, 1919. 9. 4.

「勞働會 發起, 청년회관 안에서」, 『每日申報』 1920. 2. 18, 3면.

「釜山勞貧騷動, 경성노동대회에서 위원 2명을 파송해」, 『每日申報』 1920. 4. 20, 3면.

朝鮮總督府 官房庶務部 印刷所, 『朝鮮總督府官報』 號外, 1920. 4. 28.

「勞働大會創立總會」, 『每日申報』 1920. 5. 4, 2면.

「盛況이었던 勞働大會 7백 명이 출석, 2일 광무대에서」, 『每日申報』 1920. 5. 4, 3면.

「勞働大會 近況」, 『每日申報』 1920. 6. 1, 2면.

「自由勞働大會, 명야 각황사에서」, 『東亞日報』 1922. 10. 24, 3면.

赤間騎風, 『大地を見ろ:變裝探訪記』, 大陸共同出版會, 1924(아카마 기후 지음, 서호철 옮김, 『대지를 보라: 1920년대 경성의 밑바닥 탐방』, 아모르문디, 2016).

細井肇 編, 『鮮滿の經營: 朝鮮問題の根本解決』, 東京: 自由討究社, 1921.

「巡廻探訪(七十七) 四千年舊都 平壤의 偉觀」, 『東亞日報』 1926. 9. 16, 4면.

조선총독부내무국경성토목출장소, 『京城市區改正事業: 回顧20年』, 1930.

京城地方法院, 『刑事第一審訴訟記錄: 1931刑3465/1931刑公916, 保安法·出版法違反, 金聖男 등 4인』.

全州地方法院刑事部, 「1934刑公1200 判決: 金聖男 등 13인)」, 1934. 12. 24.

京城地方法院鐵原支廳, 『刑事第一審訴訟記錄: 1934刑1516, 治安維持法違反, 金順萬 등 9인』.

경성부, 「(지번구획입) 대경성정밀도」, 1936.

李錫台 編, 『社會科學大辭典』, 文友印書館, 1949.

박제행, 「3·1운동 당시를 회상하면서」, 『조선예술』, 1957. 3.

한국기독교역사연구소, 『(자료총서 제17집) The journals of Mattie Wilcox Noble 1892~1934』, 한국기독교역사연구소, 1993.

매티 윌콕스 노블 지음, 강선미·이양준 옮김, 『노블일지 1892~1934: 미 여선교사가 목격한 한국근대사 42년간의 기록』, 이마고, 2010.

송충기·지수걸 등, 『1910년대 일제의 비밀사찰기 酒幕談叢: 공주를 주막에서 엿듣다』, 공주대학교 공주학연구원, 2017.

2) 논저

김경일, 『일제하 노동운동사』, 창작과비평사, 1992.

김인덕, 「민족해방운동가 차금봉 연구」, 『일제시대 민족해방운동가 연구』, 국학진흥원, 2002.

박현, 「도시 시위의 계보와 3·1운동」, 한국역사연구회 3·1운동100주년기획위원회 엮음, 『3·1운동 100년: 4 공간과 사회』, 휴머니스트, 2019.

楊尙弦, 「韓末 부두노동자의 존재양태와 노동운동—木浦港을 중심으로」, 『韓國史論』 14, 1986.

이원규, 『백조(白潮)가 흐르던 시대』, 새물터, 2000.

정우택, 「『문우』에서 『백조』까지—매체와 인적 네트워크를 중심으로」, 『국제어문』 47, 2009. 12.

8. 3월 말 서울의 만세시위, '군중'

1) 자료

京城地方法院, 「判決: 崔導絃 등 28인」, 1918. 10. 3.

京畿道警務部, 「査察彙報」 제5회(3. 2)~제42회(4. 7), 1919.

조선총독부 경무총감부 고등경찰과, 「독립운동에 관한 건(獨立運動二關スル件)」 제25 보(3. 24)~제29보(3. 28), 1919.

「先頭는 乞人, 群衆은 兒童: 색다른 소요자」, 『每日申報』 1919. 3. 28, 3면.

「京城附近 又復騷擾, 이십 육일 밤에 이십여 처 소요」, 『每日申報』 1919. 3. 28, 3면.

朝鮮軍參謀部(→ 陸軍省), 「4月 1日二於ケル配備」, 1919. 4. 7(日本陸軍省, 『朝鮮騷擾事件関係書類 7』에 수록).

「電車를 停留시키고 승객을 끌어내리어」, 『每日申報』 1919. 4. 15, 3면.

「騷擾煽動者 懲役五年, 동아연초직공」, 『每日申報』 1919. 4. 30, 3면.

高等法院刑事部,, 「1919年刑上第742號 判決書: 李鐘遠 등 19인」, 1919. 9. 20.

朝鮮總督府, 『朝鮮總督府統計年報』, 1919년판.

「失戀靑年飮毒, 생명이 위독」, 『每日申報』 1923. 7. 26, 3면.

白川秀南 編, 『在支半島人名錄 第二版 記念號』, 白川洋行, 1941.

李寬鎭·李永斗 共編, 『地方議員名鑑(4289年版)』, 中央通信社, 1956.

국사편찬위원회 편, 『韓民族獨立運動史資料集 13·14』, 國史編纂委員會, 1990·1991.

국사편찬위원회 편, 『韓民族獨立運動史資料集 27』, 國史編纂委員會, 1996.

국사편찬위원회 편, 박정신·이민원·박미경 번역, 『(국역) 윤치호 영문일기 6』, 국사편찬위원회, 2015.

2) 논저

김원, 『박정희 시대의 유령들』, 현실문화, 2011.

서중석, 『사진과 그림으로 보는 한국현대사』, 웅진지식하우스, 2013.

오제연, 「4·19혁명 전후 도시빈민」, 『한국현대생활문화사 1960년대: 근대화와 군대화』, 창비, 2016.

이송순, 『삼일운동 데이터베이스로 보는 1919, 그날의 기록: 제2권 서울 | 경기도 | 충청도』 국사편찬위원회, 2019.

이양희, 「조선총독부의 3·1운동 탄압책과 피해 현황」, 『백년 만의 귀환: 3·1운동시위의 기록』, 국사편찬위원회, 2019.

정병욱, 「식민지 조선의 반중국인 폭동과 도시 하층민」, 『역사와 담론』 73, 2015. 1.

정병욱, 「1931년 식민지 조선 반중국인 폭동의 학살 현장 검토」, 『史叢』 97, 2019. 5.

9. 수원군 장안면·우정면 만세시위, "많은 인민을 이길 수 없다"

1) 자료

임시토지조사국, 「토지조사부(우정면 주곡리, 장안면 석포리 수촌리 등)」, 1911.

조선총독부, 「임야조사부(장안면 석포리)」, 1918(이상 국가기록원 소장).

조선총독부, 「國有未墾地處分事項: 貸付許可」, 『朝鮮總督府官報』 제1798호, 1918. 7. 13.

角田生, 「川端巡査の絶筆, 實兄に送れる最後の手紙」, 『朝鮮公論』 7-5, 1919. 5.

朝鮮總督府內務局, 『大正八年 騷擾事件ニ關スル道長官報告綴 七冊ノ内四~五』, 1919.

鄭恒謨 等, 「民人歎寃書」, 1920. 11. 20(京城地方法院, 『1920檢刑第943刑事訴訟記錄: 金賢默 外 26名』, 1920에 수록(국사편찬위원회 전자도서관, 〈경성지방법원 형사사건 기록〉 32 http://library.history.go.kr/dhrs/dhrsXIFViewer.jsp?system=dlidb&id=KS0000000032).

京城覆審法院「1920年形控제527호 判決: 金賢默 外 26인」, 1920. 12. 9.

「水原事件의 巡査殺害犯, 동대문서에서 취조를 마치고 나서 檢査局에 送致」, 『每日申報』 1921. 1. 23, 3면.

京城地方法院刑事部, 「1921年刑公206호 判決: 李鳳九」, 1921. 4. 15.

京畿道內務部社會課, 『京畿道農村社會事情』, 京畿道內務部社會課, 1924.

文鎭國 編, 『朝鮮全道面職員錄』, 文鎭堂, 1927.

西大門刑務所長 → 朝鮮總督, 「假出獄의 件 具申」, 1929. 4. 12.

「各地面議選擧」, 『조선일보』 1929. 12. 2, 4면.

수원군, 「地稅名寄帳(장안면 석포리, 우정면 주곡리)」, 1943(국가기록원 소장).

鄭庶松, 「雙峯山의 '義兵'들: 水原」, 『新東亞』 1965년 3월호, 東亞日報社, 1965.

國史編纂委員會, 『韓民族獨立運動史資料集 19~21』, 국사편찬위원회, 1994~1995.

차진환 증언, 「차병혁」, 『수원 근현대사 증언 자료집 Ⅰ』, 수원시, 2001.

2) 논저

김도형, 「'3·1운동시 피살자 명부'를 통해 본 화성지역 3·1운동」, 화성시, 『화성독립운동연구』, 화성시청 문화유산과, 2019.

金善鎭, 『일제의 학살만행을 고발한다: 제암·고주리의 3.1운동』, 미래문화사, 1983.

김영범, 「3·1운동과 혁명적 민중폭력의 사상」, 한국역사연구회 3·1운동100주년기획위원회 엮음, 『3·1운동 100년 5 사상과문화』, 휴머니스트, 2019.

마쓰다 도시히코(松田利彦), 「'무단정치기' 조선의 헌병경찰과 위생행정」, 한국역사연구회 3·1운동100주년기획위원회 엮음, 『3·1운동 100년 3 권력과 정치』, 휴머니스트, 2019.

박환, 「수원군 우정면 화수리 3·1운동의 역사적 성격」, 『정신문화연구』 27-1, 2004(박환, 『경기지역 3·1독립운동사』, 선인, 2007, 제2부 2장).

배항섭, 「19세기 동아시아 민중운동과 폭력」, 배항섭·이경구 엮음, 『비교와 연동으로 본 19세기의 동아시아』, 너머북스, 2020.

송찬섭, 「1862년 농민항쟁과 시위문화」, 『통합인문학연구』 10-1, 2018.

安丸良夫, 『日本の近代化と民衆思想』, 東京: 靑木書店, 1974.

양선아·오석민, 『화성시사 04 연해지역의 간척과 주민 생활의 변화』, 화성시, 2018.

양선아·이경묵·정헌목, 『화성시사 12 마을의 어제와 오늘』, 화성시, 2020.

李東根, 「水原지역 3·1운동에서 天道敎의 역할―雨汀·長安面을 중심으로」, 『경기사학』 7, 2003.

이정은, 「화성군 장안면 우정면 3·1운동」, 『한국독립운동사연구 9』, 1995(이정은, 「3·1독립운동의 지방시위에 관한 연구」, 국학자료원, 2009, 제6장).

이용창, 「재판 관련 기록으로 본 화성 장안·우정면 3·1만세운동」, 『한국독립운동사연구』 62, 2018. 5.

이종민, 「가벼운 범죄, 무거운 처벌」, 『사회와 역사』 107, 2015.

한신대학박물관, 『남양만의 역사와 문화』, 한신대학교박물관, 2005.

화성시사편찬위원회, 『화성시사 Ⅰ 충 효 예의 고장(乾)』, 화성시사편찬위원회, 2005.

洪錫昌, 『水原地方 三·一運動史』, 왕도출판사, 1981.

10. 제주 신좌면 만세시위, 그 후

1) 자료

朝鮮總督府, 「騷擾事件報告 臨時報 第22」, 日本 陸軍省, 『大正8年乃至同10年 朝鮮騷擾事件關係書類 共7冊 其4』, 1919. 5. 22.

大邱覆審法院刑事第一部, 「1919年刑控第405號 判決: 金時範 등 14인」, 1919. 5. 29.

「金時淑女史의 敎育熱」, 『朝鮮日報』, 1924. 1. 19, 4면.

「지방단체집회, 朝天婦人會定總」, 『時代日報』 1926. 4. 25, 3면.

「조선부녀야학 조혼교사를마저」, 『東亞日報』 1926. 5. 20, 3면.

「조선녀자청년 야학을 계속」, 『東亞日報』 1926. 6. 9, 3면.

高等法院檢事局思想部, 「濟州道ノ治安狀況」, 『思想月報』 2-5, 1932. 8.

「삼일사건 공판 21일 개정; 약식재판으로 이십구 명이 출감!」, 『濟州新報』 1947. 4. 20, 2면.

「島民戰强化! 議長에 朴景勳氏推載」, 『濟州新報』 1947. 7. 18, 1면.

濟州地方檢察廳, 「情報檢事會議提出書」(국사편찬위원회 소장), 1958.

金寶鉉, 『朝天誌』, 1976.

제주도지편찬위원회, 『濟州抗日獨立運動史』, 제주도, 1996.

김찬흡 편저, 『20世紀濟州人名事典』, 제주문화원, 2000.

이재홍, 「4.3명예회복, 그것은 거짓입니다」, 『제주의 소리』, 2007. 3. 30(http://www.jejusori.net).

김창후, 『자유를 찾아서: 金東日의 억새와 해바라기의 세월』, 선인, 2008.

한형진, 「항일했지만 4.3 희생자 빨간 낙인 … 100년 만에 독립유공자 된 한백홍 선생」, 『제주의 소리』 2018. 8. 13.

박승자, 「아픈 기억을 뒤로 하고 일본으로 떠났지」, 제주4·3연구소 편, 『4·3과 여성, 그 살아낸 날들의 기록』, 도서출판 각, 2019.

2) 논저

김영미, 「미 군정기 남조선과도입법의원의 성립과 활동」, 『韓國史論』 32, 1994.

Bruce Cumings, *The origins of the Korean War Volume* 1, Princeton, N.J.: Princeton University Press(Fourth printing: Seoul: Yuksabipyungsa, 2002), 1981.

송광배, 「제주지방의 삼일운동과 그 후의 항일운동」, 국민대학교 교육대학원 석사학위논문, 1984.

이송순, 「농촌지역 3·1운동 확산과 공간적·형태별 특성」, 『백년만의 귀환: 3·1운동 시위의 기록』, 국사편찬위원회, 2019.

이영권, 『새로 쓰는 제주사』, 휴머니스트, 2005.

이지치 노리코 지음, 안행순 옮김, 『(탐라문화학술총서 16) 일본인학자가 본 제주인의 삶』, 경인문화사, 2013.

임흥순 감독, 영화 〈우리를 갈라놓는 것들〉, 2019.

濟民日報 4·3 취재반, 『4·3은 말한다 1: 해방의 환희와 좌절』, 전예원, 1994.

濟民日報 4·3 취재반, 『4·3은 말한다 4: 초토화작전』, 전예원, 1997.

지수걸, 「한국전쟁과 군(郡) 단위 지방정치―공주·영동·예산지역 사례를 중심으로」, 『지역과 역사』 27, 2010.

후지나가 다케시, 「재일 방적 여공의 노동과 생활―오사카(大阪) 지역을 중심으로」, 『제주여성사Ⅱ』, 제주발전연구원, 2011.

보론 1. '삼일운동 데이터베이스'와 사료 비판

논저

김정인·이정은, 『국내 3·1운동 I — 중부·북부』, 독립기념관 한국독립운동사연구소, 2009.

김정인, 『오늘과 마주한 3·1운동』, 책과함께, 2019.

끼노시따 따까오(木下隆男), 「105인 사건과 청년학우회 연구」, 숭실대학교기독교학과 박사학위논문, 2011. 6.

金鎭鳳, 『三·一運動史研究』, 國學資料院, 2000.

윤병석, 『(증보) 3·1운동사』, 국학자료원, 2004[1974].

정병욱, 「김창환, 살아서 불온한 낙서, 죽어서 불온한 역사」, 『식민지 불온열전』, 역사비평사, 2013.

정병욱, 「식민지 기억과 분단」, 『역사문제연구』 32, 2014.

趙東杰, 「독립운동사편찬위원회의 존폐와 저술 활동」, 『韓國史學史學報』 24, 한국사학사학회, 2011.

보론 2. 1919년 3월 황해도 수안 만세시위의 재구성

1) 자료

黃海道遂安郡教區室(?), 『遂安郡天民寶錄』, 1909.

「各地騷擾事件: 수안遂安, 아홉 명이 죽어」, 『每日申報』 1919. 3. 7, 3면.

「又!無『送致』의大公判! 第一日은 遂安及新義州事件」, 『東亞日報』 1920. 7. 23, 3면.

「獨立宣言事件의 控訴公判, 運動費의 出處와 理由, 耶蘇側에 交附한 五千圓問題, 第二日은 韓秉益外 十三名을 訊問」, 『東亞日報』, 1920. 9. 22, 4면.

「孫秉熙外四十八人 公訴不受理事件: 二十一日의 續行公判, 韓炳益 訊問」, 『每日申報』 1920. 9. 22, 3면.

京城覆審法院, 「1920刑控524號 判決: 朴擎得」, 1920. 10. 30.

「遂安事件 七十一名 公判(二)」, 『每日申報』 1920. 11. 3, 3면.

京城地方法院, 「1919特豫1・5號 決定: 孫秉熙 등 47인」, 1919. 8. 1.

高等法院, 「1919特豫6・7・10號 決定書: 安鳳河 등 71인」, 1920. 3. 22.

京城地方法院, 「1919刑公402號 判決: 安鳳河 등 70인」, 1920. 8. 7.

京城覆審法院, 「1920刑控528・529・530號 判決: 安鳳河 등 68인」, 1920. 11. 22.

國史編纂委員會 編, 『(韓國史料叢書11)續陰晴史』 下, 國史編纂委員會, 1960.

國史編纂委員會 編, 『韓國獨立運動史 2』, 探求堂, 1966.

姜德相 編, 『現代史資料 25: 朝鮮 1: 三・一運動 1』, 東京: みすず書房, 1966.

國史編纂委員會 編, 『韓民族獨立運動史資料集 11~16: 三一運動 Ⅰ~Ⅵ』, 國史編纂委員
    會, 1990~1993.

국가보훈처 편, 『海外의 韓國獨立運動史料 1: 國際聯盟篇』, 國家報勳處, 1991.

백암박은식선생전집편찬위원회, 『白巖朴殷植全集 제2집』, 동방미디어(주), 2002.

國史編纂委員會 編, 『대한민국임시정부자료집 7: 한일관계사료집』, 국사편찬위원회,
    2005.

國史編纂委員會 編, 『대한민국임시정부 자료집 별책 1: 독립신문』, 국사편찬위원회,
    2005.

박은식 지음, 김도형 옮김, 『한국독립운동지혈사』, 소명출판, 2008.

2) 논저

김승태, 「3.1독립운동과 선교사들의 대응에 관한 연구」, 『한국독립운동사연구』 제45집,
    독립기념관 한국독립운동사연구소, 2013.

민족사바로찾기국민회의 기획, 『독립운동총서 2: 3・1운동』, (주)민문고, 1995.

성주현, 「3.1운동과 공세적 만세시위의 전개―강서군・맹산군・수안군을 중심으로」,
    『3・1운동의 역사적 의의와 지역적 전개』, 한국사연구회 편, 경인문화사, 2019.

임경석, 「3.1운동기 친일의 논리와 심리―『매일신보』를 중심으로」, 『역사와 현실』 제69
    호, 한국역사연구회, 2008.

장 신, 「삼일운동과 조선총독부의 司法 대응」, 『역사문제연구』 제18호, 역사문제연구
    소, 2007.

정병욱, 「'삼일운동 데이터베이스'와 사료 비판」, 『역사의 창』 2019년 상반기 통권 48

호, 국사편찬위원회, 2019(이책 보론 1).

千寬宇, 「民衆運動으로 본 三·一運動」, 『三·一運動 50周年 紀念論集』, 東亞日報社, 1969.

최우석, 「3·1운동, 그 기억의 탄생―『한일관계사료집』, 『한국독립운동지혈사』, 『한국독립운동사략 상편』을 중심으로」, 『서울과 역사』 제99호, 서울역사편찬원, 2018.

한국역사연구회·역사문제연구소 편, 『3·1민족해방운동연구』, 청년사, 1989.

보론 3. 삼일운동과 학력주의의 제도화

1) 자료

京畿道警察部, 「査察彙報」 제34회, 1919. 3. 30.

朝鮮憲兵隊司令部, 『大正八年朝鮮騷擾事件状況(大正八年六月憲兵隊長警務部長会議席上報告)』, 1919. 6.

「徽文高等普統學校生徒 國語의 廢止를 強請」, 『每日申報』 1919. 11. 11.

朝鮮總督府, 『朝鮮總督府官報』 2192호, 1919. 12. 1.

原敬, 「朝鮮統治私見」, 1919(高麗書林 編, 『齋藤 實 文書 13』, 1990, 78~79쪽에 수록).

朝鮮總督府學務局, 『朝鮮諸學教一覽(大正7年度)』, 1919.

朝鮮總督府, 「朝鮮學制改正案要項」, 1919(?).

中樞院, 「十三道民情에 關한 意見書」, 1919(?)(高麗書林 編, 『齋藤 實 文書 13』, 1990, 479~482쪽에 수록).

朝鮮總督府, 「朝鮮教育制度改正要項」, 1920.

「敎育用語에 對하야 再論하노라(中)」, 『東亞日報』 1921. 2. 24.

「敎育改善을 爲하야」, 『東亞日報』 1921. 4. 19.

「敎育改善期成」, 『東亞日報』 1921. 4. 28.

「朝鮮敎育改善建議」, 『東亞日報』 1921. 5. 3.

「朝鮮敎育改善建議(續)」, 『東亞日報』 1921. 5. 4.

釋尾春芿, 「朝鮮人敎育の根本方針に就て」, 『朝鮮及滿洲』 165호, 1921. 6.

朝鮮總督府, 『臨時敎育調査委員會決議要項』, 1921.

齋藤實, 「諭告」, 『朝鮮』 85호, 1922. 3.

水野鍊太郎, 「朝鮮教育令公布に際して」, 『朝鮮』 85호, 1922. 3.

韓戻夏, 「吾人の切實なる要求事項」, 『朝鮮』 85, 1922. 3.

朝鮮情報委員会, 『比律賓の教育及其の将来』, 1922. 7.

「朝鮮教育研究會擴張」, 『東亞日報』 1923. 3. 29.

朝鮮總督府, 『朝鮮に於ける新施政』, 1923.

朝鮮總督府, 『朝鮮總督府統計年報』 1930년판, 1935년판, 1940년판, 1941년판.

李北滿, 『帝國主義治下における朝鮮の教育狀態』, 新興教育研究所, 1931.

吳天錫, 「己未以後 十五年間 朝鮮教育界의 變遷(完)」, 『東亞日報』 1935. 4. 11.

柴田善三郎, 「文化政治と學制改革」, 『朝鮮統治の回顧と批判』, 朝鮮新聞社, 1936.

朝鮮殖産銀行人事課長, 「昭和十四年新規採用ニ關スル件」, 『採用決定書類(昭和十四
　　年)』, 1938. 8. 18.

이만규, 『조선교육사Ⅱ』, 거름, 1988[1949].

國史編纂委員會編, 『日帝侵略下 韓國三十六年史』 3・4권, 1968・1969.

京畿高等學校七十年史編纂會, 『京畿高等學校七十年史』, 京畿高等學校同窓會, 1970.

吳天錫, 『吳天錫教育思想文集 7 教育論文選集』, 光明出版社, 1975.

善隣八十年史編纂委員會, 『善隣八十年史』, 善隣同門會, 1978.

한국일보社, 『財界回顧 9』, 1981.

京畿九十年史編纂委員會, 『京畿九十年史』, 京畿高等學校同窓會, 1990.

선린백년사편찬위원회, 『善隣百年史』, 선린중・고등학교 총동문회, 2000.

2) 논저

고마고메 다케시 지음, 오성철・이명실・권경희 옮김, 『식민지제국 일본의 문화통합: 조
　　선・대만・만주・중국 점령지에서의 식민지 교육』, 역사비평사, 2008(駒込武, 『植民
　　地帝國日本の文化統合』, 岩波書店, 1996).

金敬容, 『科舉制度와 韓國 近代教育의 再認識』, 교육과학사, 2003.

김동명, 『지배와 저항, 그리고 협력』, 경인문화사, 2006.

로이드 E. 이스트만 지음, 이승휘 옮김, 『중국 사회의 지속과 변화: 중국 사회경제사
　　1550~1949』, 돌베개, 1999(Lloyd E Eastman, *Family, Fields, and Ancestors : Constancy*

and Change in China's Social and Economic History, 1550~1949, Oxford University Press, Inc. 1988).

박선미, 『근대 여성 제국을 거쳐 조선으로 회유하다』, 창비, 2007.

박섭, 「근대 경제에 대한 한국인의 적응: 19세기 후반부터 20세기 전반까지」, 『歷史學報』 제202집, 2009. 6.

박이택, 「조선총독부의 인사관리제도」, 『정신문화연구』 29-2, 2006.

박철희, 「일제 강점기 중등교육을 통해 본 차별과 동화교육」, 한일관계사연구논집 편찬위원회 편, 『일제 강점기 한국인의 삶과 민족운동』, 경인문화사, 2005.

佐野通夫, 『日本の植民地教育の展開と朝鮮民衆の対応』, 社会評論社, 2006.

佐藤由美・渡部宗助, 「戦前の臺灣・朝鮮留學生に關する統計資料について」, 『植民地教育史研究年報』 7, 2005.

宋俊浩, 「朝鮮後期의 科擧制度」, 『國史館論叢』 제63집, 1995.

天野郁夫 지음, 석태종・차갑부 역, 『교육과 선발』, 良書院, 1992.

오성철, 『식민지 초등교육의 형성』, 교육과학사, 2000.

渡部學, 『世界教育史大系 朝鮮教育史』, 講談史, 1975.

우용제・류방란・한우희・오성철, 『근대한국초등교육연구』, 교육과학사, 1998.

원지연, 「近代日本에서 학교제도의 보급과 학력주의의 형성」, 『蘭谷李銀順教授 定年記念史學論文集』, 冠岳社, 2000.

이광호, 『구한말 근대 교육체제와 학력주의 연구』, 文音社, 1996.

稻葉繼雄, 「水野錬太郎と朝鮮教育」, 『九州大學比較教育文化研究施設紀要』 第460号, 1994.

李成茂, 『(改正增補) 韓國의 科擧制度』, 집문당, 2000.

이태훈, 「권력과 운동만으로 정치사는 서술될 수 있는가?—『지배와 저항, 그리고 협력』에 대한 몇 가지 소감」, 『역사문제연구』 16, 2006, 10.

이헌창, 『한국경제통사』, 법문사, 1999.

李炯植, 「'文化統治'初期における朝鮮總督府官僚の統治構想」, 『史學雜誌』 115-4, 2006. 4.

李興基, 「日帝의 中等學校 재편과 朝鮮人의 대응(1905~1931)」, 서울대 국사학과 석사학위논문, 1998. 8.

장경섭, 『가족・생애・정치경제—압축적 근대성의 미시적 기초』, 창비, 2009.

장 신, 「1919~43년 조선총독부의 관리임용과 보통문관시험」, 『역사문제연구』 8, 2002. 6.

정병욱, 「조선식산은행원, 식민지를 살다」, 『역사비평』 2007 봄호(통권 78호), 2007. 2.

정선이, 『경성제국대학 연구』, 문음사, 2002.

鄭世鉉, 『抗日學生民族運動史』, 一志社, 1975.

鄭在哲, 『日帝의 對韓國植民地教育政策史』, 一志社, 1985.

Karl Moskowitz, *The Employees of Japanese Banks in Colonial Korea*, Harvard University Ph.D. Thesis, 1979(殖銀行友會 譯, 『植民地朝鮮における日本の銀行の從業員達』, 1986),

春山明哲, 「近代日本の植民地統治と原敬」, 春山明哲·若林正丈, 『日本植民地主義の政治的展開 一八九五――一九三四年』, アジア政經學會, 1980.

허수열, 『개발 없는 개발』, 은행나무, 2005.

古川宣子, 「日帝時代 普通學校體制의 形成」, 서울대학교 교육학과 박사학위논문, 1996.

古川宣子, 「日帝時代의 中·高等教育」, 서울대학교 教育史學會, 『教育史學 研究』 6·7집, 1996.

廣川淑子, 「第二次教育令の成立過程」, 『北海道大學教育學部紀要』 30호, 1977. 10.

弘谷多喜夫·廣川淑子·鈴木朝英, 「臺灣·朝鮮における第二次教育令による教育體系の成立過程」, 『教育學研究』 39-1, 1972.

초출일람

0. 최흥백, 두만강을 건너다 : 신규 집필

1. 단천 천도교인 최덕복의 어떤 결심
「낯선 삼일운동 ②: 단천 천도교인의 만세 시위, 어떤 결심」, 한국역사연구회 웹진 「역사랑歷史廊」 5, 2020. 5. 10.

2. 평양 시민, 경찰서에 돌질하다
「3.1운동의 참여자와 목격자」, 염복규 등 『경성과 평양의 3.1운동』, 서울역사박물관, 2018. 12. 일부 수정.

3. 수안의 황천왕동이 홍석정, 한낮에 비로소 쉬다
「낯선 삼일운동 ⑥: 수안의 황천왕동이 홍석정, 한낮에 비로소 쉬다」, 한국역사연구회 웹진 「역사랑」 12, 2020. 12. 18.

4. 심영식, 겉눈만 못 보지 속눈마저 못 보는 줄 아냐
「낯선 삼일운동: 시작하며_엘리트 편향을 넘어서, ① 겉눈만 못 보지 속눈마저 못 보는 줄 아냐」, 한국역사연구회 웹진 「역사랑」 4, 2020. 4. 1.

5. 삼일운동 참여자 수감 사진의 비밀
「낯선 삼일운동 ⑤: 삼일운동 참여자 수감 사진」, 한국역사연구회 웹진 「역사랑」 9, 2020. 8. 31.

6. 태형, 고통의 크기 : 신규 집필

7. 3월 22일 서울 남대문역 부근 만세시위, 누가 주역인가?

「낯선 삼일운동 ③: 3월 22일 서울 봉래정 만세시위, 누가 주역인가?」, 한국역사연구회 웹진 「역사랑」 6, 2020. 6. 5.

8. 3월 말 서울의 만세시위, '군중'

「낯선 삼일운동 ④: 3월 말 서울의 만세시위: '군중'」, 한국역사연구회 웹진 「역사랑」 8, 2020. 8. 11.

9. 수원군 장안면·우정면 만세시위, "많은 인민을 이길 수 없다"

「낯선 삼일운동 ⑦: 4월 3일 수원군 장안·우정면 만세시위, "많은 인민을 이길 수 없다"」, 한국역사연구회 웹진 「역사랑」 14, 2021. 2. 11.

10. 제주 신좌면 만세시위, 그 후

「낯선 삼일운동 ⑧: 3월 21일 제주 신좌면 만세시위, 그 후」, 한국역사연구회 웹진 「역사랑」 16, 2021. 4. 1.

보론 1. '삼일운동 데이터베이스'와 사료 비판

「'삼일운동 데이터베이스'와 사료 비판」, 『역사의 창』 48, 국사편찬위원회, 2019.

보론 2. 1919년 3월 황해도 수안 만세시위의 재구성

「1919년 3월 황해도 수안 만세시위의 재구성」, 『민족문화연구』 84, 2019. 8(국사편찬위원회 편, 『백년 만의 귀환: 3·1운동 시위의 기록』, 국사편찬위원회, 2019에 재수록).

보론 3. 삼일운동과 학력주의의 제도화

「3·1運動과 학력주의 제도화」, 박헌호·류준필 편, 『1919년 3월 1일에 묻다』, 성균관대학교 동아시아학술원, 2009.

그림, 표 차례

〈그림 1〉　함경남도 단천군 만세시위 장소, 최덕복 거주지, 단천군농회의 잠견蠶繭 반
　　　　　　출 현장 사진　28

〈그림 2〉　1928년 단천군 천도교 교구당 모습　31

〈그림 3〉　평양 시내 만세시위 참여와 전단 배포로 수감된 정영업 사진　42

〈그림 4〉　수안면 만세시위 참가자의 거주 지역 및 홍석정 루트　55

〈그림 5〉　개성 만세시위에 대한 경성지방법원 판결문 중 심영식 관련 부분　62

〈그림 6〉　수안면 만세시위(1919. 3. 3)의 이용호 수감 사진　63

〈그림 7〉　심영식을 다룬 동화책　69

〈그림 8〉　심영식이 다녔던 평양맹아학교 여맹학생의 뜨개질하는 모습　71

〈그림 9〉　영화 〈항거〉의 도입부, 유관순의 입감 장면　74

〈그림 10〉　1919년 서대문감옥에 수감된 유관순 사진　75

〈그림 11〉　1965년 유관순 수감 사진 발견을 보도하는 신문기사　75

〈그림 12〉　1919년 서대문감옥에 수감된 어윤희 사진　76

〈그림 13〉　1919년 서대문감옥에 수감된 박장록 사진　77

〈그림 14〉　1942년 서대문감옥에 수감된 김광섭 사진　78

〈그림 15〉　서대문감옥에 수감된 수안면 만세시위자　81

〈그림 15-1〉서대문감옥에 수감된 수안면 만세시위자의 측면 사진　82

〈그림 16〉　1916년 황해도 수안군 남자 체격측정 사진　84

〈그림 17〉　1919년 12월 2일 서울 훈정동 대묘 앞 만세시위 참여자 수감 사진　86

〈그림 18〉　서대문감옥에 수감된 이승훈, 한용운, 최남선의 사진　87

〈그림 19〉 오윤환의 『매곡일기』 중 1919년 4월(음력 3월) 기록 95

〈그림 20〉 오기영이 해방 이후 출판한 저작들의 초판본 표지 99

〈그림 21〉 1915~1925년 조선총독부 경찰·헌병의 범죄즉결사건과 처벌 인원수 추이 105

〈그림 22〉 정지현의 '전과' 기록 109

〈그림 23〉 서울 남대문역 부근 만세시위의 주요 행진로와 '피고인' 주거지 116

〈그림 24〉 『독립신문』과 『노블일지』가 전하는 남대문역 부근 만세시위 모습 117

〈그림 25〉 남대문역 부근 만세시위의 시작 지점 추정지 121

〈그림 26〉 남대문역 부근 만세시위로 기소된 사람들 123

〈그림 27〉 거지와 아이들의 만세시위(1919. 3. 26)에 대한 『매일신보』의 보도 126

〈그림 28〉 1919년 4월 1일 서울의 조선군 배치도(부분) 131

〈그림 29〉 1919년 3월 22~27일 서울 만세시위 참가자(피고인) 직업의 산업별 비중 133

〈그림 30〉 1919년 3월 23일 서울 만세시위 때 전차 투석 상황 137

〈그림 31〉 1919년 3월 27일 밤 서울 재동파출소 습격 및 투석 사건 139

〈그림 32〉 1919년 서대문감옥에 수감된 황인수 사진 146

〈그림 33〉 장안면·우정면 만세시위 개략도 154

〈그림 34〉 2019년 화성시가 조성한 '화성 3.1운동 만세길' 안내지도 155

〈그림 35〉 차병혁의 무죄를 주장하는 석포리·주곡리 주민들의 「민인탄원서」 171

〈그림 36〉 제주 일주동로변 조천읍 입구 표지석 178

〈그림 37〉 제주도 조천만세동산과 삼일운동기념탑 179

〈그림 38〉 일제강점기 김시숙 관련 신문기사 184

〈그림 39〉 1910~1920년대 오사카 조선인 여공 186

〈그림 40〉 김시숙의 묘비 187

〈그림 41〉 김순탁의 묘비 앞면과 뒷면 189

〈그림 42〉 조천야학당 190

〈그림 43〉 조천리 2840번지 김동일의 생가, 즉 일제강점기 김순탁의 집 194

〈그림 44〉 평안북도 의주군 만세시위 및 헌병·경찰의 발포 지역(1919. 3. 29~4. 5) 202

〈그림 45〉 서대문감옥에 수감된 의주군 옥상면 시위자 박경득 204

〈그림 46〉 일제강점기 각급 교육기관 조선인 학생 수 증가 추이 281

〈표 1〉 1908년 '의병전쟁' 사망자 23
〈표 2〉 삼일운동 관련 태형 처분자 통계 102
〈표 3〉 1919년 3월 22~27일 서울 만세시위 상황과 참가자 판결문 128
〈표 4〉 1919년 제주도 만세시위자 신상 정보 181
〈표 5〉 조선 헌병·경찰·군과 도장관의 '수안면 만세시위' 관련 보고 212
〈표 6〉 외국인 선교사와 한국인 측 '수안면 만세시위' 기록 217
〈표 7〉 판결문 '공소사실'에 나타난 '수안면 만세시위' 225
〈표 8〉 삼일운동 당시 조선인이 본 교육 문제(요약) 265
〈표 9〉 일제강점기 각급 교육기관 조선인 학생 수의 추이 281
〈표 10〉 1938년 조선식산은행의 학교 졸업생 첫 월급여액과 항목 285

〈부표 1〉 삼일운동 관련 피고인 직업별 통계 290
〈부표 2〉 삼일운동 각 사건 중 '내란죄'로 고등법원에 예심 청구된 사례 292
〈부표 3〉 수안면 만세시위 피고인과 사상자 294